高等职业教育新形态一体化教材

大学生职业发展与就业指导

刘巧芝　史文革　杨　涵　主编

课程资源

- 在线课程
- 视频学习
- 拓展阅读
- 案例赏析

南京大学出版社

图书在版编目(CIP)数据

大学生职业发展与就业指导 / 刘巧芝，史文革，杨涵主编. — 南京：南京大学出版社，2024.8. — ISBN 978-7-305-28364-2

Ⅰ. G717.38

中国国家版本馆 CIP 数据核字第 2024LP1654 号

出版发行　南京大学出版社
社　　址　南京市汉口路 22 号　　　　邮　编　210093
书　　名　大学生职业发展与就业指导
　　　　　DAXUESHENG ZHIYE FAZHAN YU JIUYE ZHIDAO
主　　编　刘巧芝　史文革　杨　涵
责任编辑　刘　飞　　　　　　　　编辑热线　025 - 83592146
照　　排　南京南琳图文制作有限公司
印　　刷　南京鸿图印务有限公司
开　　本　787 mm×1092 mm　1/16 开　印张 16.5　字数 387 千
版　　次　2024 年 8 月第 1 版　2024 年 8 月第 1 次印刷
ISBN 978 - 7 - 305 - 28364 - 2
定　　价　49.00 元

网址：http://www.njupco.com
官方微博：http://weibo.com/njupco
官方微信号：njupress
销售咨询热线：(025) 83594756

高等职业教育新形态一体化教材
编委会

前　言

  党的二十大报告指出,"教育、科技、人才是全面建设社会主义现代化国家的基础性、战略性支撑。必须坚持科技是第一生产力、人才是第一资源、创新是第一动力,深入实施科教兴国战略、人才强国战略、创新驱动发展战略,开辟发展新领域新赛道,不断塑造发展新动能新优势"。2022 年 12 月,中共中央办公厅、国务院办公厅印发的《关于深化现代职业教育体系建设改革的意见》提出"切实提高职业教育的质量、适应性和吸引力,培养更多高素质技术技能人才、能工巧匠、大国工匠,为加快建设教育强国、科技强国、人才强国奠定坚实基础"。2023 年 8 月,教育部教学函〔2023〕1 号文件明确指出"加强高校生涯教育和就业指导,增强大学生生涯规划意识,指导其及早做好就业准备,促进高校毕业生高质量充分就业"。这些都为我们在新时代做好大学生职业发展与就业、创业工作提供了工作方向和思路。高等职业教育肩负着为党育人、为国育才的重任,面对新时代对技术技能人才的新要求,全面深化"三教改革",加强高技能人才队伍建设,对增强国家核心竞争力和科技创新能力、缓解就业结构性矛盾、助力高质量发展具有重要意义。

  本书的编写基于人才培养需求及教学实际,遵循高职院校学生学习特点与认知规律,遵循了基于工作任务的系统化理念,以培养学生职业能力为本位,以就业创业过程为导向,依据内容分为 9 个项目 27 个子任务,依次提升大学生的"职业生涯规划能力"和"求职就业能力",激活"创新创业思维",每个项目配备相关的视频资源和实践拓展资源,师生可通过二维码链接获得课程资源。教材设计打破了学习的时间和空间限制,有效地激发学生学习的主动性和教师教的灵活性。此外,与本书相关的精品在线开放课程已在国内主流课程平台开放共享,有效地发挥了辅教辅学辅练的功能作用。

本书由刘巧芝、史文革、杨涵担任主编。其中,项目二、四、六、七、八由刘巧芝完成,项目一由史文革完成,项目三由连雅丽完成,项目五由李有志完成,项目九和附录由杨涵完成。全书由刘巧芝负责制定编写方案并统筹定稿,史文革总体审定。代林、傅冬、刘春娟等多位老师提供了本教材的案例素材资源。

本书在编写的过程中,吸收了不少有益的见解和精彩的案例,参考借鉴了国内外学者的最新研究成果,虽经过反复研讨和审读,但由于水平有限,疏漏与不妥之处在所难免,恳请广大师生在使用过程中提出宝贵意见,以利于教材今后的进一步修正和完善。

编　者

2024 年 5 月

目 录

项目一 树立远大理想，提升职业素养

📖 项目导读

大学生是国家宝贵的人才资源，是民族的希望、祖国的未来，肩负着人民的重托、历史的责任。大学阶段，是人生发展的重要时期，是世界观、人生观、价值观形成的关键时期。怎样把个人职业理想与国家发展需求紧密结合，实现人生价值，需要同学们去观察、思索、选择、实践，同时也需要思想上的教育和引导。"大学生职业发展与就业指导"课，是帮助同学们树立科学合理的就业观、择业观，加强自我修养，提高职业生涯规划能力和求职就业能力的课程。希望同学们通过本项目的学习，对大学阶段的学习任务有初步认识，能够结合实际树立远大的职业理想。

💻 知识目标

1. 了解大学阶段的主要任务，对所学专业有初步认识；
2. 明确职业理想的概念及相关理论，掌握职业理想的重要性；
3. 了解职业化能力与素养的构成要素。

🎓 能力目标

1. 能够根据自身实际情况树立正确的职业理想，适时进行自我管理；
2. 掌握大学生职业化能力与素养的提升的方法。

🏆 价值目标

1. 引导学生将个人职业理想与实现中华民族伟大复兴的中国梦结合起来；
2. 引导学生发掘自身价值，实现个人价值与社会价值的统一；
3. 引导学生发扬奋斗精神，在实践中不断提升个人职业能力素质。

📄 注意事项

1. 面对新的学习生活环境,同学们既会感到好奇和兴奋,也容易感到不适和遇到困难。尽快适应大学新生活,为今后的成长成才打下良好基础,是同学们进入大学后面临的首要问题。本项目是帮助学生了解大学生活、学习知识、提升职业素养的基础。在执行任务的过程中,学生应结合自身实践体悟,快速适应新环境、新变化、新要求;

2. 远大的职业理想不是一蹴而就的,是在长期的实践积累中逐渐形成的,要引导学生有意识地探索人生发展路径,加强学习实践的主观能动性。

任务一　适应人生新阶段

✅ 任务目标

1. 认识大学生活、更新学习理念;
2. 了解大学阶段的主要任务;
3. 对所学专业有初步认识。

📥 课程导入

告别中学时代,迈进大学校门,生活翻开了新的一页,人生跨入了新的阶段,莘莘学子满怀希望和憧憬。人生理想将在这里初步确立,未来的发展将在这里奠基,新的美好生活将从这里开始。

一、认识与适应大学生活

大学有教书育人的良师,这里聚集着众多学者和专家。他们精通本专业的基础理论,了解最新的学术成果,具有丰富的科研实践经验。大学是知识的海洋,这里有浩瀚的图书资料和先进的仪器设备,能使大学生接触广博的知识,培养必要的专业技能,是同学们顺利成长成才的重要基础。大学有浓厚的学习和研究的氛围,是知识传播和运用的基地,是接受人文精神和科学精神熏陶的园地。同学们可以全面准确地掌握基础知识和专业知识,学到做人的道理,养成良好的学风;可以广泛汲取各种新的思想和学术成果,不断培养自己的理论思维能力、实践操作能力和探索创新能力;可以不断全面提高自身综合素质,树立正确的世界观、人生观和价值观。

与中学生活相比,大学生活发生了显著的变化。了解这些变化,有利于同学们更好地认识大学生活的特点。

学习要求的变化。大学阶段的学习,知识的广度和深度大大增加,专业方向基本确定,需要充分发挥学习的主动性、创造性。大学主要实行的是学分制,除了公共课、学科基础课和专业课等必修课之外,各专业还开设选修课。同学们可以根据个人兴趣和能力选修相关课程。大学阶段,自由支配的学习时间增多,学习的自主性大大增强。大学学习需要掌握大量的资料和信息,获取知识的渠道更加多样化。熟练利用图书馆、互联网收集资料和信息,是同学们必备的技能。广泛涉猎相关知识,掌握科学的学习方法,培养自主学习和独立思考问题、分析问题、解决问题的能力,是大学阶段学习的重要特点。

生活环境的变化。进入大学以后,同学们离开父母独立生活,许多同学还远离家乡,衣食住行等日常生活都要自己安排。大家来自五湖四海,兴趣爱好、生活习惯可能存在差异,主动地加强沟通和交流、互相理解和关心成为一种需要。自理能力较强的同学会很快适应,应对自如;自理能力较弱的同学,则可能顾此失彼。尽快适应新的环境,既要学会过集体生活,又要学会独立处理学习生活中遇到的各种实际问题。

社会活动的变化。进入大学后,党组织、团组织、学生会、班委会等组织活动增多;由志趣、爱好相同的同学自愿组织起来的各种学生社团的活动丰富多彩;参加各种社会实践、社会志愿服务的机会大大增加。同学们可以根据自己的特点和爱好、时间和精力,积极参加各种活动,合理安排课余生活,锻炼组织和交往能力。

大学生活给大学生提出了许多新的课题,要求同学们结合自身的实际情况,提升适应能力,尽快适应大学生活。

树立自立、自强、自信、自律的生活意识。从一定意义上说,进入大学就意味着开始逐步走向社会,独立生活。在这个新的起点上,为了给自己的人生理想夯实基础,需要摆脱依赖、等待和犹豫,培养自立、自强、自信、自律的精神,更好地适应社会生活的新变化。

提高明辨是非善恶的能力。在大学生活中,同学们会遇到各种思想的交流和碰撞,也会受到种种社会思潮的影响。其中既有政治上的大是大非,也有为人处世的基本原则、日常学习生活中的细节小节。这就要求同学们努力提高明辨是非善恶的能力,作出正确的判断和理智的选择,致力于求真求善、向上向善、善做善为。

虚心求教,细心体察。步入大学生活,社会交往会更广泛,学习中的难关会更多样,需要培养的能力会更全面。面对新的生活环境,同学们随时都可能遇到过去所没有遇到的问题、矛盾和困惑。只有多向周围的老师、同学学习,虚心求教、细心体察,才能不断提高自身的综合素质,更好地适应大学生活。

大胆实践,积累生活经验。任何能力都是在实践中积累起来的,都有一个从不会到会、从不熟练到熟练的过程。生活是最好的老师,只有在生活的实践中不断磨砺,才能逐渐提高独立生活的勇气和能力。

二、更新学习理念

学习是大学阶段的主要任务,是大学生活的中心内容。进入大学,学习的内容、形式和要求都发生了变化。同学们不仅要努力学习,而且要树立正确的学习理念;不仅要掌握知识,而且要掌握获得知识和应用知识的能力;不仅要在学业上不断进步,而且要在综合素质上不断提高。

自主学习的理念。自主学习是一种能动的学习。它要求同学们有明确的学习目的，自觉适应专业要求和社会需要，积极主动地掌握相关知识、技能和方法，使自己真正成为学习的主人。坚持自主学习，离不开教师的指导，但不能被动地接受教师的指导，而要有强烈的求知欲和主动性，举一反三，触类旁通，注重对知识的拓展和领悟。在大学阶段，大量的自学时间、自由的学习空间，营造了自主学习的浓厚氛围，也对自主学习提出了更高要求。同学们要学会根据教学计划和自己所学专业的特点，合理确定学习目标，科学安排学习时间，掌握正确的学习方法，全面提高自主学习能力。

全面学习的理念。学习应该是全面的。同学们不仅要认真学好专业知识，还要学好有利于促进自身德智体美全面发展的其他各方面的知识。学习不仅是获得知识，更为重要的是掌握科学方法，培养探索求知的热情，学会收集、处理、选择和管理信息，学会分析、解决理论和实际问题。同学们要向书本学习、向实践学习、向生活学习，学会知识技能，学会动手动脑，学会生存生活，学会做人做事。

创新学习的理念。创新学习是一种以求真务实为基础，采取创造性方法，积极追求创造性成果的学习。当今时代，知识更新周期大大缩短，各种新知识、新情况、新事物层出不穷。大学生要成为未来国家建设的人才和各个行业的骨干，不仅要认真学习，善于思考、掌握、加工、消化已有知识，还要敢于突破陈旧的思维定式，不断激发自己的创新意识，培养创新精神和创造性思维，不断提高和拓展自己的创新能力，力求有所发现、有所发明、有所创造，为将来的创造性工作打下良好的基础。

合作学习的理念。"独学而无友，则孤陋而寡闻。"大学学习既需要耐得住寂寞的潜心苦学，也需要相互交流、沟通，在合作中学习，在学习中合作。同学们要在学业上相互启发，相互促进，取长补短，共同提高，还要在合作中注重培养良好的交往能力、合作精神、团队意识。

终身学习的理念。学习最可贵的是坚持。不断学习新知识、获得新本领，是社会发展的要求。"少而好学，如日出之阳；壮而好学，如日中之光；老而好学，如秉烛之明。"我们已经进入了终身学习的时代，要树立终身求知、终身学习的理念。在大学阶段，同学们要学习和掌握专业基础知识，同时要为今后继续学习、终身学习奠定良好基础。

【微课】
大学阶段的主要任务

三、大学阶段的主要任务

（一）学会做人

学会做人，首先要明确自己要做一个什么样的人，并要在人际交往中表现出对待自己、对待他人的原则和态度。党的二十大报告指出："培养造就大批德才兼备的高素质人才，是国家和民族长远发展大计。"这也是当代大学生应该树立的做人的标准。

人生的成败归根结底在于做人的得失。一个人不管有多聪明、多能干，如果不懂得如何做人，最终的结局也肯定是失败的。做人是一门艺术，更是一门学问。做人的问题实质上就是如何处理自己和他人、自己和社会的关系的问题。懂得做人的智慧，就会工作顺利、家庭美满；反之，不懂得做人的智慧，就会导致人生的失败。

做事先做人。一个人不管有多少财富、多高的地位，如果不懂得做人的道理，都无法获得真正意义上的成功和幸福。学会做人对于我们每个人来说都不是一时一事之功，而是一生当中时时刻刻、事事处处都要面对的课题。我们应该从现在做起，从一点一滴、一言一行做起，立志成为有志向、有教养、善良、乐观和宽容的人。

学会做人是个既现实又深奥的话题，学校里没有"如何做人"的教材，也没有开设"如何做人"的课程。如何学会做人，是值得我们长期用心去思考的问题。在日常学习和生活中，我们应该做有心人，从老师、同学、朋友的言行中去体会和揣摩：在面对矛盾和问题时，别人为什么会这样做；他处理得怎样，有待改进的地方有哪些；自己应该从中吸取什么教训。应该说，学会做人是个逐渐积累的过程，它不仅是大学阶段的主要任务，而且是整个职业生涯发展过程中的重要内容。

（二）学会学习

作为未来的职业人，大学生的首要任务就是努力学习，发展自己的职业能力，增强对未来社会的适应能力，使自己在毕业时具有较强的就业竞争力。诚然，在信息大爆炸的今天，我们在学校中学到的知识不可能一直是有用的，但在大学里，必须学会独立思考并掌握学习的方法，也就是学会学习，它能使我们在面对岗位转换和激烈竞争时做到游刃有余、得心应手。会学习需要树立明确的学习目标，培养科学的学习态度，具备饱满的求知热情和严谨务实的求学作风。

大学不是"职业培训场"，而是一个让我们学会适应社会、适应不同工作岗位的平台。在大学期间，专业知识的学习固然重要，但更重要的是学习独立思考和解决问题的方法。只有这样，毕业后才能适应瞬息万变的未来世界。因此，我们不应该只跟在老师的身后亦步亦趋，而应当主动培养自学能力，掌握自学方法，要从课堂、书本、交往、实践中进行全方位学习。在未来的职业发展中，只有具备学习能力才能与时俱进、及时更新知识、培养新的工作技能，从而具备可持续的职业发展能力。

（三）学会做事

学会做事就是掌握做事的本领，具备胜任工作所应有的综合素质。具体来说，我们需要培养专业能力，熟练使用办公软件，学会收集和处理信息，培养沟通协调能力、独立分析问题和解决问题的能力等。做事的本领不仅包括硬技能，而且包括软素质。学会做事就是要用一种善始善终的态度认真地对待和处理各种事务，坚持不懈并力求完善。学会做事必须从小事做起，用心做事，诚信做事。

（四）学会共处

人是生活在社会之中的，任何人都很难脱离群体而生存、发展。学会与他人共处是人生中的必修课，我们应该在社会交往中学会了解自己、尊重他人，学会关心他人，学会分享，学会合作，学会平等对话，学会用和平的、协商的、非暴力的方法处理矛盾、解决冲突。学会共处要求我们具备基本的沟通协调能力，掌握交流与交谈的技巧，以适应未来工作岗位的要求。

🌐 **拓展阅读**

九句话告诉你读大学的意义

（1）读书不是为了拿文凭，而是为了成为一个有深度、会思考的人。

（2）大学生活将赋予你足够的时间和实践，让你认真思考怎样的人生才是有意义的；大学生活将重新塑造你的世界观、人生观、价值观。

（3）大学生活让你有机会释放自己的能力，用实践去检验自己新奇甚至疯狂的想法。

（4）做个任何人都不得罪的人并非好事，常常会有人反对你、有人支持你，学会自己做决定，才能过出精彩的人生。

（5）在大学中，你能集中解决很多困惑，从而形成自己的原则，开始学会拒绝。

（6）在大学中，你会认识未来几十年中最重要的朋友，能分辨他人品质的好坏。

（7）在大学中，你会明白世界上有很多优秀的人，产生向他们靠近的动力。

（8）在大学中，你会懂得再好的大学里也有差生，再差的大学也能出人才，重要的是无论在什么样的大学里、在什么样的环境下，你都知道自己要成为哪种人。

（9）在大学中，你会开始明白抱怨无用，努力奋斗才是有用的。

大学生要实现德智体美劳全面发展的成才目标，应当着力增强服务国家人民的社会责任感。这既是建设和发展中国特色社会主义事业的必然要求，也是大学生成长成才的必然要求。同学们正逢报效祖国和人民的难得历史机遇，要以国家富强、民族振兴和人民幸福为己任，主动承担社会责任，勇做走在时代前列的奋进者、开拓者、奉献者，展现出甘于奉献、勇于担当的良好精神风貌。

四、认识专业学习

（一）专业学习概述

专业是开展教学、科研、实训等活动的基本单位，它是高校根据社会职业分工，以确定人才培养规格，整合教学资源和可利用的社会实践资源，对专门知识、专门工作经验和技术、行业道德规范进行分类、分层教学的学业类别。高等职业教育属于专业教育，大学生学好从事专业工作所需要的各类知识并接受系统的专业训练，对自身的职业发展具有十分重要的意义。

我们在小学、中学阶段接受的是基础教育，为日后的专业学习和职业发展奠定基础、创造条件；高考志愿填报是职业定向发展的预备阶段；大学阶段系统的专业教育和训练是职业定向和职业发展的关键阶段；大学毕业之后从事专业工作是职业定向发展的实现阶段。

大学阶段的专业教育是分阶段进行的，我们一进校园，就已经有了基本的职业取向。我们围绕各自的职业取向，通过专业基础课、专业核心课和专业拓展课的系统学习和训练，逐步形成与专业有关的知识结构和思维方式，形成较为稳定的专业思想。专业知识和专业技能将成为我们求职时的主要依托，也是我们思考职业问题的立足点。专业学习在一定程度上决定了人生发展的基本领域和空间。

专业学习与职业发展是一个连续不断的过程，大学阶段系统的专业教育、专业学习为职业发展做好了准备，使个体更能适应社会分工的需要。为了使专业学习与职业发展更好地衔接，我们应该以职业发展为目标，制订合理的专业学习计划，注重职业能力的自我培养和职业素质的提升。

（二）专业学习的要求

1. 围绕专业人才培养目标学习

专业人才培养目标即个体通过专业学习应达到的预期结果，它是明确和具体的。专业人才培养目标包括专业基本理论、基本知识和基本技能方面的目标，专业能力方面和实际应用方面的目标等。例如，机械设计与制造专业的高职人才培养方案将其培养目标表述为：培养德、智、体、美、劳全面发展，具有良好职业道德和人文素养，掌握现代机械设计、机械制造工艺、机械制图等基本知识，具备机械设计、机械加工工艺编制、数控编程与加工、机械零件测量及生产管理等能力，从事机械设计与制造、设备生产与安装、调试与维护、生产现场管理等方面工作的高素质技术技能人才。我们的学习必须围绕专业人才培养目标开展。

2. 采取个性化的学习方式

科学、合理的专业学习方式有利于我们更好地完成学业。我们需要找到适合自己的学习方式。采取个性化的学习方式需要考虑个体本身的学习基础、学习能力、学习习惯，学科性质，学校能够提供的支持、服务，自己能够保证的学习时间等多种因素，需要遵循自身学习活动的特点、规律及生理节律等。在综合考虑以上因素的前提下，应合情合理、因时因地选择适合自己的学习方式。

3. 学习安排重点突出

学习时间是有限的，而专业学习的内容是无限的，必须突出重点、难点，兼顾其他。所谓重点、难点，通常是指：① 专业知识体系中的重要内容；② 与专业学习目标相关的内容；③ 自己专业学习中的薄弱环节。在专业学习过程中，我们一定要集中时间、集中精力攻克重点、难点。

五、认识社会活动

这里所说的社会活动通常包括大学生社团活动和社会实践两部分。

大学生社团有实践类社团、学术类社团、体育类社团和文艺类社团等多种类型，社团作为活跃在大学校园里的组织，集思想性、文化性、娱乐性、学术性于一体，已被越来越多的同学认可和接受，并逐渐融入大学校园文化，成为大学校园生活中一道亮丽的风景线。大学生社团作为高校校园文化的重要载体，是高校第二课堂的重要组成部分。大学生参与社团活动，可以丰富校园生活，培养兴趣爱好，扩大求知领域和交友范围，丰富内心世界。通过积极参与社团活动，我们可以各展所能、各尽其才，发挥个体能动性，充分挖掘自己的潜能,使自己的个性与能力充分结合,提升自己的职业发展能力,为自己建立职业自信打下坚实的基础。

社会实践是对大学生按照学校培养目标的要求,利用节假日等课余时间参与的社会政治、经济、文化生活的活动的统称。社会实践是大学教学过程的有机组成部分和重要环节,是以大学生亲身参与为主要教学途径的特殊教学形式和教学实践环节。

社会活动是指学校在课堂教学任务以外,以育人为宗旨,以使学生掌握基本技能和提升学生的综合素质为重点,以丰富的资源为载体,有目的、有计划、有组织地对学生进行的多种多样的开放性教学活动。这样的活动为职业意识、职业精神的培养提供了广阔的平台。

社会活动强调以育人为中心,以学生为主体,促进学生的思想进步、技能培养、素质提高,强化学生的主体意识、成功意识和成才意识。大学生积极参与社会活动可以积累职业经验,提高个人素养,增强综合素质,完善个性品质,提升职业能力,促进身心发展。因此,社会活动对我们的职业发展具有不可估量的促进作用。

社会活动具有接触面广、形式多样的特点,参加社会活动可以使我们正确地认识自己,通过理论与实践的结合,了解自己的长处和短处,改变自己,以便更好地适应现代社会的职业生活。

积极参加社会活动,有利于提高对就业形势的认识水平,使我们自觉调整择业、就业时的定位,主动缩小自己与就业岗位的差距,使个人的求职意向、择业心态更加符合用人单位的实际需求。因此,在学好专业知识的同时,我们应该积极参加社会活动,从多方面提升自己的就业竞争力。

课后实践拓展

我的未来不是梦

通过绘制生命鱼骨图练习,我们可以对过去的自己、现在的自己、未来的自己做评估和展望。

(1) 绘制我的生命鱼骨图。准备好纸和笔,用笔在纸的中间画一条长长的线段。然后在线段的左边画上三角形和小圆圈,代表鱼头;在线段的右边画上三角形,代表鱼尾。

(2) 在鱼头上写上你的出生日期,并根据自己的健康状况、遗传因素和生活地域的平均寿命来预测自己的离世时间,标注在鱼尾上。

(3) 按照你的年龄,找出现在你在鱼身上所处的位置,用一个自己喜欢的标记表示出来,并写上今天的日期和你的年龄。

(4) 确定自己未来要实现的至少三个人生目标、实现它们的大体时间,并在生命鱼骨图上标注出来。

【思考】 要成为预期的自己,在大学阶段,你需要做些什么?

任务二　志存高远树理想

✅ 任务目标

1. 了解职业意识的概念和类型；
2. 明确职业理想的概念及相关理论，掌握职业理想的重要性；
3. 能够根据自身实际情况树立正确的职业理想，适时进行自我管理。

🔍 案例导入

职业意识的模糊

　　弈棋（化名），女，某高职院校的护理专业毕业生。高考填报志愿时，父母问她的喜好，她说喜欢做文秘类工作，认为文秘工作轻松，整天坐在办公室里，悠闲自在。父母则觉得现在的文秘相对处于饱和状态，一个女孩子将来做护士比较好，于是就帮其选择了护理专业。弈棋也没反对。毕业后，弈棋工作一段时间后发现护士工作很累且压力大，自己也不适应倒班工作。后来弈棋通过努力考取了一家事业单位，被安排从事文职工作。弈棋开始还高兴得不得了，干了一段时间又心生厌倦，发现文职工作也不尽如人意。虽说整天坐在办公室里，但是整天安排会议、写稿子、下达通知……琐碎的事情令她感到枯燥。这让弈棋和父母都不知如何是好。

　　结合案例，请思考以下问题。

　　(1) 弈棋的处境你感觉熟悉吗？你是否和她有着同样的困惑？

　　(2) 你毕业后的首选职业是什么？想从事这份职业的原因是什么？

一、职业意识

(一) 职业意识的概念

　　职业意识是人们对职业劳动的认识、评价、情感和态度等心理成分的综合反映，是支配和调控全部职业行为和职业活动的调节器。职业意识是职业道德、职业操守、职业行为等职业要素的总和，是每个人从事所工作的岗位最基本且必须牢记和自我约束的。职业意识不是突然形成的，而是经历了一个由幻想到现实、由模糊到清晰、由摇摆到稳定、由远至近的产生和发展过程。

　　职业意识是大学生不可缺少的一种素质，它既影响个人的就业和择业方向，又影响整个社会的就业状况。职业意识由就业意识和择业意识构成。就业意识指人们对自己从事的工作和任职角色的看法；择业意识指人们对自己希望从事的职业的选择。

(二) 职业意识的类型

职业意识的类型如表1-1所示。

表1-1　职业意识的类型

类型	内　容
诚信意识	诚信是大学生进入社会的"通行证"。它不仅反映了一个人的思想品德和道德觉悟,还反映了一个团体的信用程度,更重要的是它影响着一个人的前途和发展。
顾客意识	当代大学生无论在任何岗位上都需要具备顾客意识。市场的回报是公平又残酷的,顾客意识非常重要。赢得外部顾客满意,企业就能赢得稳定的客户,不断拓展市场;赢得内部顾客满意,企业就可以提高产品质量、工作效率。
团队意识	大学生要学会正确处理与社会、整体之间的关系。维护团队的声誉和利益,不说诋毁团队的话,不做损害团队的事;保守团队的商业秘密;积极主动地做好团队中自己的工作,及时提出有利于企业发展的合理化建议;尊重和服从领导,关心与爱护同事;建立团队内部的协作,加强同事之间的合作竞争,互为平台、互通商机、共同进步。
自律意识	大学生要分清职业与业余的不同,从而在扮演职业角色时,能够克制自己的偏好,克服自己的弱点,约束自己的行为。所有值得追求的目标都需要自律才能实现。自律意识在于养成,一旦养成,任何事情都会成为可能。
学习意识	时代进步、社会发展突飞猛进,新的知识不断出现。当代大学生要想有所成就,只有具备良好的学习心态、意识,与时俱进,才能保证自己跟得上时代步伐,才有可能实现人生价值、取得职业生涯的成功。
竞争意识	竞争是现代社会中个人、团体乃至国家发展过程中不可缺少的心态。有竞争的社会,才会有活力,才能发展得更快;有竞争意识的人,才会奋发图强,才能实现自己的理想。竞争是不甘平庸、追求卓越,它能使个人完善、使群体上进、使社会发展。

拓展阅读

一己之力保乘客安全

在哈尔滨市香坊区哈平路上,203路公交车司机何国强在车辆行驶过程中突发脑出血,昏迷前,他以惊人的毅力,克服头晕、视物不清和一侧肢体瘫痪等困难,将公交车稳稳地停靠在路边,保证了车上20多名乘客的安全。这名年仅33岁的司机却因抢救无效不幸去世。

"真是不简单,他不但嘱咐乘客坐后车,停车后还做了这么多措施,保证了全车乘客的生命安全。"何国强的同事由衷感叹,"当时车上有20多人,如果何国强在昏迷前错踩了油门,那后果不堪设想。他不但把车停好并熄火,还拉好手刹车,甚至打开应急灯,这太不容易了!"当他为乘客做好这一切后,才拿起电话想自救,但已经来不及了。如果当时他先打急救电话救自己,那么也许还会有救。

【启示】　你对一件事情的态度,决定了你完成这件事情达到的高度。

二、大学生职业意识的培养

(一) 大学生职业意识现状

职业意识在很大程度上影响着大学生的择业就业。通过对大学生职业意识现状的调查，发现大部分学生具有良好的职业心态和客观的职业定位，但也有部分大学生存在职业意识模糊等问题。

1. 职业理想偏差

合理的职业理想能够引导大学生找到个体与社会的契合点，使个体职业与社会需要和谐统一；不合理的职业理想则会导致个体与社会的脱节，从而增加大学生择业困难。受环境因素、社会因素等影响，当前越来越多的大学生把自己的职业理想与个人利益相结合，即在树立职业理想时，更多考虑的是职业的薪资报酬、福利待遇、社会地位等，将职业发展与个人发展等列为其次，最终导致职业理想偏差，功利性与世俗化在部分大学生的意识中逐步形成。

2. 职业心态偏差

大学生面对职业问题时，心态一般比较平和，但也存在很多矛盾。例如，既期待就业，又害怕面对现实，怕理想与现实的冲突；既期待实现自我价值，又害怕面对物质诱惑，怕价值与利益的冲突。这种心理现象主要与其即将和社会接轨有很大关系，部分大学生能够积极应对，但也有部分大学生不懂得如何调适自我心态，只能消极面对，导致职业心态不平衡，这将在很大程度上对他们未来的职业道路产生不良影响。

3. 职业定位偏差

大学生职业定位是大学生价值观在职业上的具体体现和运用，是对自身价值的定位，主要表现在对职业、地域和择业标准等方面的考虑。现在，很多大学生热衷于把职业的地域定位在北上广深这样的一线城市或省会城市，过分追求发达地区，认为那里的机会更多；还有很多大学生一门心思地想要找到待遇高、福利好、社会认可度高的职业；也有部分大学生只追求自己工作与专业对口。但其实这些考虑恰恰反映出部分大学生职业定位的片面化，不够深思熟虑，没有对实际进行全面分析，缺乏对主客观因素的综合考量。

4. 职业认知偏差

当今社会，很多大学生对于自己未来的职业认知并不清晰，究其原因，总结为以下两个方面。

(1) 根据高考分数而非个人意愿决定专业选择。无论是大学生的专业选择还是高考志愿填报，高考成绩都是最重要的影响因素且具有绝对权威。高考成绩在很大程度上剥夺了大学生对职业的选择权、对专业的选择权，成为大学生职业生涯的那个"指挥棒"。

(2) 大学生专业选择中的盲目性和随意性突出。调查结果显示，除"高考成绩"外，"个人希望从事的职业""学校所在地""将来的出路"等对专业和高考志愿的选择也具有重要影响作用。事实上，这些推断不过是学生意识中模糊不清、朦朦胧胧，甚至掺杂着很多错觉的想法,并不是具有明确目标、发展设计与充分准备的职业理想或专业追求。不仅如此,从选择现在所学专业的理由上看,"教师的建议"也未能发挥应有的作用。这些都说明,在大学生进入大学之前,没有为未来的职业做好必要的准备,以至于大学生在选择专业时带有较大的盲目性,对所学专业与未来职业间的联系缺乏清晰的认知,没有系统科学的职业生涯规划。

(二) 大学生培养职业意识的意义

在大学时期了解职业的意义对大学生是十分重要的,学校应根据大学生的实际情况给予正确的引导和教育,为其今后的职业生涯发展做好铺垫,并逐步培养大学生的职业意识,顺利完成从学生到准职业人的自然过渡。同时,帮助大学生树立自信心,使其正确面对成长路上的挫折是形成职业意识的必要条件。自信的大学生往往比较积极主动,更容易融入社会,也具有更强的适应和生存能力及更健康的身体素质和心理素质,能够正确认识自己、发挥自我潜能,结合社会需求和自身特点形成职业意识。

📝 课内阅读

职业意识是从业人员的根本素质

在职业活动中,一个人要获得成功,60%取决于职业意识,30%取决于职业技能,10%靠运气。职业意识支配和调控着一个人的职业行为和职业活动。大学生的职业意识影响着现在的职业准备、未来的职业选择和职业发展。没有正确的职业意识,就难以形成良好的职业习惯,无法掌握过硬的职业技能。

大学生在大学期间应结合专业学习,培养良好的职业意识,做事要有整体和全局观念,使个人价值与社会价值保持一致,为步入社会做好准备。

【微课】

大学生培养职业意识的方法

(三) 大学生培养职业意识的方法

面对竞争日益激烈的现代社会,大学生在求学期间,适当培养自己的职业意识已成为刻不容缓的大事。未来的社会是以智力资本为核心的知识经济的社会,因此,大学生有关职业意识的思维方式必须适应知识经济社会的发展。大学生培养自己的职业意识,应着重从以下五个方面入手。

1. 培养创新意识

大学生将来无论从事何种职业,走上哪个岗位,都要具备创新意识。因为知识经济时代的特征是以创新的速度和方向决定经济的成功与失败的。习近平总书记曾经指出,创新是引领发展的第一动力。抓创新就是抓发展,谋创新就是谋未来。可见,创新是未来社会的一种趋势,对于终究要走上职业道路的大学生而言,作为一个民族前进的脊梁,一定要使自己具有创新意识,唯有如此,才会使自己在未来的职业发展中立于不败之地。

2. 培养市场意识

知识经济时代并不会消除市场经济。知识经济更注重从生产力的角度去分析,以知识为基础提高劳动者的素质,提高智力投资,把高新科学知识用于经济建设;而市场经济则注重生产关系的探究，反映的是人与人的关系，以及随之而产生的资源的优化配置关系。随着高新技术的出现及知识经济的发展，竞争将会更加激烈，市场机制会更加完善。因此，大学生不论是在什么样的岗位上，都应当有市场意识，要在不断的市场竞争中脱颖而出。

3. 培养合作意识

当今乃至未来的世界，一体化的趋势越来越明显，这使人们认识到整个地球的各个角落都有着千丝万缕的联系，也认识到个人力量的弱小。因此，合作的重要性越发凸显。作为一名未来职业者，必须培养自己的合作意识，唯此，才能在当今社会一体化发展的进程中立稳脚跟，避免孤立无援的情况发生。

4. 培养战略意识

要认清社会发展的趋势，从总体出发，纵观全局，培养远大的战略目光，这也是未来的职业者应具有的职业意识。

5. 培养法治意识

当今社会是法治的社会，法律意识淡薄是寸步难行的。大学生是受过良好教育的未来职业者，更应具有法律意识，不但要维护自己的合法权利，而且要维护集体的合法权利，以法律武器同邪恶势力做斗争。

作为新型职业者，大学生应从更多方面去培养自己的职业意识，而不仅限于以上五个方面。

三、职业理想

(一) 职业理想的概念

职业理想是人们在职业上依据社会要求和个人条件，借想象而确立的奋斗目标，即个人渴望达到的职业境界。它是人们实现个人生活理想、道德理想和社会理想的手段，并受社会理想的制约。

职业理想是人们对职业活动和职业成就的超前反映，与人的价值观、职业期待、职业目标，以及世界观、人生观密切相关。

(二) 职业理想的层次

职业理想可以分为以下三个层次：第一层次是把职业作为谋生的手段，对于职业发展前景、职业成就等基本没有考虑；第二层次是把职业作为满足个人兴趣、发挥个人特长的手段，主要关注的是个人欲望，没有涉及社会理想的境界；第三层次是把职业作为个人创业、技术创新的途径，最大限度地施展个人才华，为社会和人类的共同幸福做贡献。

🌐 **拓展阅读**

一名乡村教师的职业理想

在深山里建一座女子高中，不仅能让贫困的女孩子免费入学，还能让她们考上大学，改变命运，这是一名乡村老师——张桂梅的梦想。她拼命干了十几年，让这些都成了现实。

自 2008 年华坪女高建校以来，到 2020 年，已经有 1 804 名大山里的女孩从这里走进大学，本科上线率排名丽江市第一。12 年间，张桂梅走过 11 万千米的家访路，在崎岖的山路上，她摔断过肋骨，发过高烧，也曾晕倒在路上。她把别人捐给她个人的钱和自己的大部分工资，累计 100 万元，全部捐给了山区的女孩们。每个女孩后面都有一个家庭，每个女孩未来都将成为一名妈妈，张桂梅拿命在践行让女孩受高等教育，就能改变三代人命运的初衷。张桂梅说："我这辈子的价值，我救了一代人。不管是多还是少，毕竟她们后边走得比我好，比我幸福就足够了。"

《感动中国》给 2020 年度人物张桂梅的颁奖辞：烂漫的山花中，我们发现你。自然击你以风雪，你报之以歌唱。命运置你于危崖，你馈人间以芬芳。不惧碾作尘，无意苦争春，以怒放的生命，向世界表达倔强。你是崖畔的桂，雪中的梅。

【微课】

大学生如何正确
树立职业理想

四、大学生职业理想的树立

（一）大学生树立职业理想的作用

职业理想的树立有助于大学生进行科学合理的职业生涯设计，有利于促进大学生成长成才。大学生一旦明确了自己的职业目标，就确定了未来的从业方向，就会把今天的学习与明天的职业成就联系起来，把人生融入国家和民族的伟大事业中，更加珍惜在学校的学习时光，自觉努力地提高职业技能、提高自身综合素质，为将来所从事的社会角色做好充分准备。

1. 职业理想是职业选择的向导

职业理想是人们对未来职业的向往，一个人一旦确立了科学的职业理想，就应当朝着实现这一理想的方向去努力。首先必须选择一个与自身相匹配的职业，这个职业可以是所从之业，也可以是所创之业。就如同大学生在学习过程中，学习目标一旦明确，学习热情就会高涨，学习效果自然显著。因此，在进行职业选择时，职业理想将起到非常重要的导向作用。

2. 职业理想是职业成功的动力

职业理想是人们对未来职业的追求，它不仅包括了工作的部门和种类，还包括了工作的成就。为了实现自己的职业理想，从学生时代开始，我们就必须积极进行相关知识的积累和相关能力的培养，为选择自己理想中的职业做好准备；走上职业岗位后，还要能够利用自己所学的知识和所掌握的能力，努力地、创造性地做好岗位工作，力争取得优异的工作成绩，并最终取得职业成功。因此，职业理想具有推动作用。

3. 职业理想是事业的精神之源

职业理想是成就事业、推动社会进步的精神力量，有了这样的精神力量，在职业准备、职业选择、就业或创业的过程中，无论遇到什么样的困难或挫折，都会激励大学生朝着已经确立的职业目标前进，直到取得事业上的成功。

（二）大学生树立职业理想的方法

理想是人们在实践中形成的具有现实可能性地对未来的向往和追求。职业理想是人生理想的重要组成部分，是个体对未来职业的向往和追求，它决定着人们在职业生活中的事业心和责任感。

每个人的思想素质、道德观念、知识能力、家庭背景、对外界影响的接受程度不尽相同，因此不可能有统一的职业理想。择业时要以科学的世界观作为指导，一切从实际出发，实事求是地确立自己的职业理想。当代大学生要树立正确的职业理想，必须做到以下几个方面。

1. 全面认识自己

树立正确的职业理想，首先必须全面地认识自己。一要全面认识自己的生理特点，主要包括性别、身高、体重、视力、健康状况、体质和相貌等；二要全面认识自己的心理特点，主要包括兴趣、能力、气质、人格及道德品质等；三要全面认识自己的学习水平和将来可能达到的状态；四要正确认识自己的身心特点、学识能力等与未来职业需要之间的差距，要在全面认识自己的基础上，结合自己的发展潜力，进行合理的定位。只有这样，才能制定出一个适合自己、切实可行的奋斗目标并确立一个可以实现的职业理想。

2. 充分了解社会

树立正确的职业理想，要全面、科学地了解社会发展和职业动向。一要了解党和国家的路线、方针政策；二要了解我国社会的经济构成及其发展状况；三要了解我国的基本国情；四要了解各地区的产业结构、行业结构和职业结构；五要了解各种产业、行业和职业对职工共同的基本要求和具体要求；六要了解自己所学专业所对应的职业群，以及该职业群在中国特色社会主义建设中的地位和作用；七要了解该职业群中各种职业的社会价值、工作性质、工作条件、工作待遇、从业人员的发展前途，以及该职业群中各种职业对人员的素质要求（包括学历、专业、性别、智力、体力、性格等方面的要求）。

3. 树立科学的人生观

人生观是人们在实践中对于人生目的和人生意义的根本看法和根本态度。持不同的人生观的人，会选择不同的人生道路，其职业理想也一定不同。大学生要根据时代的要求，根据社会发展的要求，坚持以辩证唯物主义和历史唯物主义的立场、观点和方法看待人生，坚持以最广大人民群众的根本利益为核心，坚持以实现社会主义的共同理想为目标，不断加强学习，不断提高自己的思想觉悟，不断提高自己的思想素质、文化素质、能力素质，不断完善自我，做到自尊、自爱、自强，树立正确的价值观、苦乐观、幸福观、荣辱观，进而树立为人民服务的正确的人生观。

4. 树立正确的职业观

职业观是人们在选择职业与从事职业时所持的基本观点和基本态度,是理想在职业问题上的反映,是人生观的重要组成部分。职业观具有三个基本要素:一是维持生活;二是发展个性;三是承担社会义务。在三个基本要素中哪一个要素占主导地位,将决定个人职业观的类型与层次。正确的职业观是把三个基本要素统一起来,以承担社会义务作为主导方向。可见,不同的职业观孕育不同的职业理想。

课内阅读

高薪并不等于职业理想

在确立职业理想时,要考虑到高薪并不等于职业理想。我们生命的价值不在于拥有多少金钱,而在于做了多少有意义的工作。还有一些研究告诉我们,那些追求理想的人,在多年以后比那些只追求金钱的人会拥有更多财富。要走上成功之路,你就应有自我的理想,明了自我的兴趣,知道自己期望成为怎样的人。如果不清楚,就要去寻找。找寻的最好方式就是多尝试、多学习,而大学是最好的尝试的地方。

课后任务拓展(参考样例)

1. 以职业理想为主题,进行职业人物生涯访谈。
2. 撰写一篇职业生涯访谈报告,参照格式如下:

被访谈人:＊＊＊

工作单位:＊＊＊

职　　位:＊＊＊

毕业学校:＊＊＊

工作时间:＊＊＊

专　　业:＊＊＊

采访形式:＊＊＊

采访内容:＊＊＊

拟定采访问题:

(1) 请问你所毕业的院校、专业和工作的单位? 工作了几年? 担任什么职位?

(2) 你的职业理想是什么? 你认为职业理想和具体的工作之间有什么关联?

(3) 你认为实现职业理想需要哪些条件?

(4) 今后你的职业发展设想是什么?

任务三　提升职业素养

任务目标

1. 了解职业化能力与素养的构成要素；
2. 掌握大学生职业化能力与素养的提升方法。

案例导入

职业素质的思考

张义（化名）在一家餐馆打工，老板要求刷盘子要刷5遍。一开始他还能按照要求去做，刷着刷着，发现少刷了一遍也挺干净，于是只刷4遍，后来发现再少刷一遍还是挺干净，于是又减少了一遍，只刷3遍，并暗中留意另一个打工的学生，发现他还是老老实实地刷5遍，速度自然要比自己慢许多。出于好心，他悄悄地告诉那个学生，可以少刷一遍，别人是看不出来的，谁知道那个学生一听，竟惊讶地说："规定要刷5遍，就该刷5遍，怎么能少刷呢？"

王剑（化名）是个非常优秀的技术领头人，其业务能力在团队中出类拔萃。但他性格孤僻，难以与他人展开合作。他所带领的团队成员经常与他发生摩擦，需要公司花大量时间和精力进行协调。最后，公司不得不放弃这个技术专才。"我们宁愿用三个业务水平略显平庸的人来代替他，也不能继续用他了，因为他的个性严重挫伤了团队的工作效率和队员的工作热情"，公司的态度非常明确。

结合案例，请思考以下问题。

（1）你对案例中的两位主人公有何评价？

（2）你认为一名职业人应具有的素质与品质有哪些？

习近平总书记在给北京大学援鄂医疗队全体"90后"党员的回信中指出："青年一代有理想、有本领、有担当，国家就有前途，民族就有希望。"习近平总书记的重要回信，充分彰显党和国家对新时代中国青年前途和未来发展的高度重视，也为新时代中国青年该走怎样的道路指明了前进的方向。作为新时代的中国青年，一定要认真学习并牢记习近平总书记的重要讲话精神，不忘初心、牢记使命，把精神融入血脉、融入灵魂，做一个有理想、有本领、有担当的新时代中国青年，为了国家的美好前途和民族的美好希望，砥砺奋进，做出自己应有的贡献。

青年一代要树立远大理想

理想是希望之光。如果人生没有远大的理想，就不会有所作为。周恩来从小就立下"为中华之崛起而读书"的伟大理想和雄心壮志，正是在理想的牵引下，周恩来才会从少年、青年到晚年,从革命战争年代到中华人民共和国成立,再到社会主义建设阶段,始终坚忍不拔,为党、为革命事业、为中华人民共和国成立和社会主义建设做出了卓越的贡献。新时代的中国青年,就要像周恩来那样,胸怀理想,立大志、创大业、立奇功,为党、国家和人民做出自己应有的贡献。

青年一代要练就过硬本领

本领是新时代中国青年的"硬核"。没有本领就不会做事、不会干事,更干不成大事,在工作岗位上,就很难发挥作用和效能。因此,作为新时代的中国青年,想要干出一番大业,独当一面、开疆拓土,一定要练就过硬的本领。如何练就过硬的本领?答案是要依靠不断地学习。

首先,要向书本学习。学习马克思主义经典著作、毛泽东思想、中国特色社会主义理论体系、习近平新时代中国特色社会主义思想及习近平总书记重要讲话精神等。要读原著、学原文、悟原理。要多动脑,勤思考。只有不断学习,才不会在大是大非面前偏离政治方向。

其次,要向实践学习。"实践出真知""实践是检验真理的唯一标准",作为新时代的中国青年,就要在实践中学习新技术、掌握新技能、总结新经验、研究新方法。唯此才会在中国特色社会主义道路上立于不败之地,才会在新时代洪流中扬帆前行。

最后,要向人民学习。子曰:"三人行,必有我师焉。"毛泽东同志曾经指出:"和全党同志共同一起向群众学习,继续当一个小学生,这就是我的志愿。"因此,作为新时代中国青年,就要以人民为师,向人民学习。学习他们不怕苦不怕累、敢为人先、流血流汗的干劲和不畏牺牲、无私奉献的革命精神。奋斗是青春最亮丽的底色。民族复兴的使命要靠奋斗来实现,人生理想的风帆要靠奋斗来扬起。

青年一代要具有担当精神

新时代中国青年,一定要有担当精神。如果没有担当精神,遇事就会推诿塞责,干事就会畏首畏尾、瞻前顾后、不思进取、停滞不前。但凡勇于担当者,皆富有敢于亮剑、敢于牺牲、无私奉献的革命精神。从舍身堵枪眼的黄继光、舍身炸碉堡的董存瑞、舍身入泥浆的王进喜,到汶川地震空降兵十五勇士、脱贫攻坚战的青年代表,他们都有一种无私奉献、敢于牺牲的担当精神,为大家,舍小家,不怕苦、不畏难、不惧牺牲,用臂膀扛起如山的责任,展现出青春激昂的风采,展现出中华民族的希望,成为中流砥柱、国之栋梁!

新时代的中国青年要牢记习近平总书记的殷殷嘱托:"国家的前途,民族的命运,人民的幸福,是当代中国青年必须和必将承担的重任。一代青年有一代青年的历史际遇。我们的国家正在走向繁荣富强,我们的民族正在走向伟大复兴,我们的人民正在走向更加幸福美好的生活。当代中国青年要有所作为,就必须投身人民的伟大奋斗。同人民一起奋斗,青春才能亮丽;同人民一起前进,青春才能昂扬;同人民一起梦想,青春才能无悔。"

一、职业化能力与素养

(一)职业化能力与素养的概念

职业化是从校园人向职业人的转化过程,它是一种工作状态的标准化、规范化、制度化，即在合适的时间、地点，用合适的方式，说合适的话，做合适的事，在知识、技能、观念、思维、态度、心理上符合职业规范和标准。

职业化能力与素养是指为了胜任一种具体职业而必须具备的标准化、规范化、制度化的能力与素养。日常生活和职业活动的观察和研究都表明，人的能力与素养各不相同，有人善于言语交谈、有人善于操作、有人善于理论分析、有人善于事务性职业。每个人都有自己独特的能力与素养结构。社会上的职业也是多种多样的，各种职业对从业者的能力要求亦不相同，这些能力通过每个职业（岗位）说明书的任职资格就可以了解到。在大多数职业中，有时需要几种能力的综合。人的能力各有长短、优劣，很难整齐划一，这就要求大学生在进行职业生涯管理时，有针对性地开展职业化能力与素养的培养与训练。

（二）职业化能力与素养的构成要素

如果说职业化能力与素养是一座金字塔，那么专业知识、工作技能、职业心态就是筑成金字塔的三大基石，三者缺一不可。所谓专业知识，是指对工作、岗位的认识和经验，即"知道是什么"。所谓工作技能，是指完成工作的方法和技巧，即"知道怎么做"，并能够用一系列的行为将其在工作中展现出来。所谓职业心态，是指对待工作的态度，即"知道如何对待工作"。

（三）职业化能力与素养的内容

职业化能力与素养主要包括以下几方面内容。

1. 职业素质

（1）职业素质的概念。职业素质是劳动者对社会职业了解与适应能力的一种综合体现，其主要表现在职业兴趣、职业个性及职业情况等方面。

影响和制约职业素质的因素很多，主要包括受教育程度、实践经验、社会环境、工作经历及自身的一些基本情况（如身体状况）等。一般来说，劳动者能否顺利就业并取得成就，在很大程度上取决于本人的职业素质，职业素质越高的人，获得成功的机会就越多。职业素质是人才选用的第一标准，职业素质是职场制胜、事业成功的第一法宝。

（2）职业素质的特征。一般来说，职业素质具有以下五个主要特征。

第一，职业性。不同的职业，对职业素质的要求是不同的。例如，以售票员李素丽为例，她的职业素质体现在她对工作的认真，正如她自己所说："如果我能把十米车厢、三尺票台当成为人民服务的岗位，实实在在去为社会做贡献，就能在服务中融入真情，为社会增添一份美好。即便有时自己有点烦心事，只要一上车，一见到乘客，就不烦了。"

第二，稳定性。一个人的职业素质是在长期职业实践中日积月累形成的。它一旦形成，便产生相对的稳定性。例如，一位教师经过数年教学生涯的积累，就逐渐形成了怎样备课、怎样讲课、怎样为师等一系列教师职业素质，于是，便保持相对的稳定。当然，随着其继续深造，以及受工作和环境变化的影响，这种素质还可以继续提高。

第三，内在性。职业从业人员在长期的职业活动中，经过学习、认知和体验，已经有了一套属于自己的判断事物正确与否的标准。这样内在的职业素质就是职业素质内在性的体现。我们常说，"把这件事交给某同志去做有把握，让人放心"。人们之所以放心，就是因为这个人的内在素质好。

第四，整体性。一个从业人员的职业素质是和他的整体素质有关的。我们说某同志职业素质好，不仅指他的思想政治素质好，还指他的科学文化素质、专业技能素质好，甚至还指身体、心理素质好。

第五，发展性。一个人的素质是通过教育、自身社会实践和社会影响逐步形成的，它具有相对性和稳定性。但是，社会的发展对人们不断提出新的要求，人们为了更好地适应、满足、促进社会发展的需要，总是不断地提高自己的素质，所以，素质具有发展性。

（3）职业素质的分类。一般来讲，职业素质的分类如表1－2所示。

表1－2　职业素质的分类

分类	内　容
身体素质	身体素质是指体质和健康（主要指生理）方面的素质。
心理素质	心理素质是指认知、感知、记忆、想象、情感、意志、态度、个性特征（兴趣、能力、气质、性格、习惯）等方面的素质。很多知名企业都通过拓展训练来提高员工的心理素质及团队信任关系。
政治素质	政治素质是指政治立场、政治观点、政治信念与信仰等方面的素质。
思想素质	思想素质是指思想认识、思想觉悟、思想方法、价值观念等方面的素质。思想素质受客观环境等因素影响，如家庭、社会、环境等。
道德素质	道德素质是指道德认识、道德情感、道德意志、道德行为、道德修养、组织纪律观念方面的素质。
科技文化素质	科技文化素质是指科学知识、技术知识、文化知识、文化修养方面的素质。
审美素质	审美素质是指美感、审美意识、审美观、审美情趣、审美能力方面的素质。
专业素质	专业素质是指专业知识、专业理论、专业技能、必要的组织管理能力等方面的素质。
社会交往和适应素质	社会交往和适应素质主要是指语言表达能力、社交活动能力、社会适应能力等方面的素质，是后天培养的个人能力，也是职业素质的另一核心之一，能侧面反映个人能力。
学习和创新素质	学习和创新素质主要是指学习能力、信息能力、创新意识、创新精神、创新能力、创业意识与创业能力等方面的素质，是个人价值的另一种形式，能体现个人的发展潜力及对企业的价值。

（4）职业素质的构成要素。职业素质的结构，从总体上看包括能力、健康、理念、人格四大要素，每个要素中又包含若干子要素，这些要素的不同组合就形成人们各具特色的素质。能力素质，包括社会能力、创新能力、知识储备、特殊能力等；健康素质，包括身体健康和心理健康等；理念素质，包括政治思想、职业道德、态度、责任心等；人格素质，包括性格、兴趣、情感等。能够使职业生涯成功的关键是各种要素的齐备，并且科学合理地组合。一个人的素质可以分为已经具备的竞争实力和尚待开发的发展潜力。

第一，已经具备的竞争实力。对于任何人来说，在特定时期都存在一定的素质。例如，具有大学学历，具有技术等级证书及各种过级证书、技师资格证书、职业技能等级证书等。从单位用人的角度看，这成为用人单位招聘录用和培养提拔的选择依据。从社会人力资源市场的角度看，这就是一个人的竞争实力。这种竞争实力，是一个人获得职业生涯成功的重要条件。

第二，尚待开发的发展潜力。人是可塑的，有着很大潜力。在一定的环境与条件下，诸如充分的教育、适当的培训、兴趣的导向、外部的支持环境、经验的积累等，都会使潜力得到开发。一个人要取得成功，就要经过长期的过程，付出大量的努力，克服诸多困难，仅依靠现有的素质、实力是远远不够的。因此，发现和开发自己的潜力是一个人获得成功必不可少的条件。

2. 职业能力

（1）职业能力的概念。职业能力是人们从事其职业的多种能力的综合，可以定义为个体将所学的知识、技能和态度，在特定的职业活动或情境中进行类化迁移与整合所形成的能完成一定职业任务的能力。职业能力是在学习活动和职业活动中发展起来的，是直接影响职业活动效率、使职业活动得以顺利完成的个性心理特征。

（2）职业能力的分类。职业能力分为以下三种：

第一，一般职业能力。该能力主要是指一般的学习能力、文字和语言运用能力等。

第二，专业职业能力。该能力主要是指从事某一职业应具备的专门能力，像厨师、挖掘机司机、烘焙师、面点师等需要经过专门的训练。

第三，综合职业能力。该能力主要是指从整体出发，个人普遍注重培养的关键能力。

（3）职业能力的构成要素。

职业能力主要由以下三个要素构成：

第一，为了胜任一种具体职业而必须具备的能力，表现为任职资格。

第二，在步入职场之后表现的职业素质能力。

第三，开始职业生涯之后具备的职业生涯管理能力。例如，一位教师只具有语言表达能力是不够的，还必须具有对教学的组织和管理能力，对教材的理解和使用能力，对教学问题的发现和解决能力，以及教学效果的分析、判断能力等，并且能够对学生进行有效积极的教育，这才是一名教师的职业能力，即职业特定能力、行业通用能力、职业核心能力。

二、大学生职业化能力与素养的提升

谁能正确地掌握提升职业化能力与素养的技巧与方法，谁就会在职业生涯发展的道路上行稳致远。

（一）大学生职业化能力与素养的开发管理

1. 专业技能

专业技能主要是指从事某一职业的专业能力。在求职过程中，招聘方最关注的就是求职者是否具备胜任岗位工作的专业技能。例如，你去应聘教学工作岗位，对方就会考查你是否具备最基本的教学能力。就工作与专业的关系而言，当前大学生寻找工作时，主要分专业对口型、专业相关型和专业无关型几种。

2. 知识运用能力

知识运用能力是指运用所学知识提高实践活动成效的本领，它表现为无论在什么活动中都善于用自己所学的知识去分析问题与解决问题。知识运用能力的提高,主要取决于两个方面,一方面是刻苦学习,另一方面是勤于实践。在大学里除学习知识外,更重要的是掌握学习的方法,培养一种运用知识去解决问题的能力,读书的真谛是为了解决实际问题,是为社会、单位、个人创造财富和价值。

课内实践活动

请列出你喜欢的三个职业,并写下你最看重这些职业的哪些方面。

序号	职业名称	吸引点
1		
2		
3		

3. 学习能力

一位哲学家曾说过:"未来的文盲不是不识字的人,而是没有学会怎样学习的人。"未来的竞争是学习能力的竞争,未来最有价值的能力是学习能力。学习已经成为个人、团队、组织最重要的时代主题。只有终身学习,才能适应未来社会的发展变化。据调查统计,一个大学生一生所需的所有知识中,只有 5%～10% 来源于大学毕业以前,而 90%～95% 的知识是在进入社会以后的工作学习中获得的。

课内实践活动

分享你的职业理想

项　目	说　　明
目　标	通过对内外部因素、主客观条件的全面分析,树立正确的人生观与职业选择观、明确职业意识和职业理想,从观念、心态、技能等方面做好应对竞争压力和职业挑战的准备。
内　容	(1) 对自我和外部环境进行全面分析,明确自己的职业理想。 (2) 小组内交流:你未来的职业理想是什么,你准备为职业理想的实现做些什么。 (3) 小组内互评。 (4) 以小组为单位,进行随机汇报。 (5) 嘉宾(教师或学生均可)现场提问,回答时间30秒/人。
要　求	(1) 分享展示。内容完整,思路清晰,逻辑合理。 (2) 语言表达。声音洪亮,口齿清晰,语速适中。 (3) 问题解答。思路清晰,层次分明,逻辑性强,突出问题重点。
考　核	该活动以合适性、合理性、真实性、逻辑性、创新性作为主要评价标准。

4. 信息搜集能力

信息搜集是指依据一定的目的,通过有关的信息媒介和信息渠道,采用适宜的方法,有计划地获取信息的工作过程。大学生要能够收集各类信息资料,包括各种政策、报告、计划、方案、统计报表、业务流程、管理制度和考核方法等,尤其要重视竞争对手的信息。

5. 自我推销能力

每个人都希望把自己的能力和才华更好地展现出来,获得别人的尊重和信任、肯定和赞赏,但学会推销自己是首要之务。推销自己不仅仅是一种生存能力,更是一门人际交往的艺术。"酒香也怕巷子深",学生的素质再好,能力再强,不会推销自己,雇主怎么知道你是他们最合适的人选呢?招聘面试关都过不了,又怎么能施展你的才华呢?

善于自我推销实际上表现为两种能力,即沟通能力和人际关系的建立能力。学会恰如其分地向别人推销自己是一门学问,可这种能力一般在书本上是学不到的,大学生必须在实践中摸索和培养。

6. 沟通能力

所有公司的内部员工都不可避免地面临如何相处的问题,而一个公司的成功,很多时候取决于全体职员能否团结协作、互通有无。调研显示,企业中70%的问题是由沟通不成功或者不去沟通造成的。我们经常遇到沟通不畅的问题,往往是因为所处的立场不同、环境各异所造成的。

(1) 有效沟通的方式

第一,口头语言沟通。这种沟通方式指借助口头语言实现信息交流,它是日常生活中最常采用的沟通方式。主要包括口头汇报、讨论、会谈、演讲、电话联系等。

第二,书面语言沟通。这种沟通方式指以文字为媒体实现信息传递,形式主要包括文件、报告、信件、书面合同等。当发现与领导面对面的沟通效果不佳时,你可以采用迂回的办法,如尝试使用电子邮件或书面信函、报告的形式沟通一番。因为书面语言沟通有时可以达到面对面语言沟通所无法达到的效果,可以较为全面地阐述想要表达的观点、建议和方法,能够让领导听你把话讲完,而不是打断你的讲话或被迫打断你的思路。

第三,肢体语言沟通。肢体语言又称身体语言,这种沟通方式指经由身体的各种动作代替语言以达到表情达意的沟通目的。

(2) 有效沟通的技巧

沟通的过程是一个发送、倾听、反馈的双向循环过程。在利用合适的沟通方式的前提下,我们要尽可能提高自己理解别人的能力,并增加别人理解自己的可能性,学会"听、说、问"。为了达到良好的沟通效果,需要培养同理心,学会站在对方的立场思考。

首先,沟通中很讲究"听的艺术"。这要求我们:一是听话不要听一半;二是不要把别人说的话曲解。

其次,沟通中还要学会"问的艺术"。这要求我们:一是提问题的时候要持愿意倾听的态度,无论你多么善于交际,如果你只是冷冷地流于形式,那么,对方最终会感觉到你只不过是在设法让他对你产生好感;二是尽量保持双重视角,不仅考虑到自己想听什么、想说什么,还要考虑到对方的需要。毫不顾及别人的想法和需求的行为是不礼貌且令人生厌的。

此外,有效沟通交流必须要把握 6C 原则,即清楚(Clear)、简明扼要(Concise)、有礼貌(Courteous)、有建设性(Constructive)、正确(Correct)、完整(Complete)原则。

7. 应变能力

应变能力是指自然人或法人在外界事物发生改变时所做出反应的能力,这种反应可能是本能的,也可能是经过大量思考过程后所做出的决策。用人单位需要具有高度灵活应变能力的人,听得认真、写得明白、看得仔细、说得清楚的人将具有无可估量的价值。应变能力主要表现在三个方面:一是能在变化中产生应对的创意和策略;二是能审时度势,随机应变;三是能在变动中辨明方向,持之以恒。

8. 抗挫折能力

抗挫折能力是个体在遭遇挫折情境时,能否经得起打击和压力,有无摆脱和排解困境的一种耐受能力,亦即个体适应挫折、抵抗和应对挫折的一种能力。该能力需要我们在遇到失败、挫折和打击时能自我安慰和解脱,还会迅速总结经验教训,而且坚信情况会发生变化。在人生的旅途中遇到一点困难是很正常的事情,我们需要用正确的心态去面对它,提高抗挫折能力,成为一个意志坚强的人。

(二) 大学期间主要职业化能力与素养提升的方法与策略

【微课】

大学生职业化能力与素养的提升是一个比较富有挑战性的话题,人们很容易总结出大学生需要提升的职业化能力与素养,但是关于每种能力与素养的提升方法与策略,却是见仁见智的。

大学期间主要职业化能力与素养提升的方法与策略

1. 努力学好基础知识, 加强自身修养

知识、技能、经验是能力与素养形成的基础,培养能力与素养首先要学好基础知识与专业知识,只有在此基础上才能养成技能,运用这些材料进行合理的组合,在实践中用作沟通交流的工具。其中,个人修养主要包括:文化修养,即个人文化知识的接受和提高方面的修养;艺术修养,即个人对艺术的审美感受力,是达到完美人格不可或缺的部分;涵养与意志的修养,即个人长期的内在和气质修养;品德修养,即高尚的道德理想,如合作、诚实、守信、正义等。

2. 积极参与各种活动, 敢于创新实践

能力与素养的培养需要有较多的实践机会。具有自主学习意识的大学生,不仅会充分利用校内活动的机会,还会利用课余时间或节假日走出校门,参与校外实践。例如,通过无偿帮工或勤工俭学来训练目标职业所需的相关能力与素养。

3. 努力提高实践效率, 学会用心用脑

用同样的时间参加同样的活动,不同的人所获得的能力发展水平却不尽相同。在实践活动中用心和用脑,以及对经验进行有意识的总结概括,都是提升能力与素养的关键。

4. 善于借鉴他人经验, 勤于总结反思

学习他人包括两方面。一方面是观察他人,获得间接经验。在自己没有机会进行实

践时，可以观察他人的行为，听取他人的经验介绍，对照实际效果，获得间接经验。这种途径可以解决尚未获得实践机会时的能力培养问题。另一方面是听取他人意见。"当局者迷，旁观者清"，通过实践活动，我们固然可以自己进行总结，但如果请求他人对自己的实践活动进行评价，就可以预防片面性，有效地检验自己的经验，提高实践效率。

课后实践拓展

专业技能分析

请结合自己所学专业，通过查询资料、开展生涯访谈或询问专业教师等途径分析以下问题：用人单位喜欢具有哪些专业技能的大学毕业生？

结合收集来的资料，分析自己的专业技能水平如何？

项目二　正确分析形势,挖掘自身潜能

📖 项目导读

　　亲爱的同学们,你们每个人心中都有一个大学梦吧? 进入大学后,你可能会发现你心目中的大学与现实所处的大学其实并不一样,你可能会一时不知所措,你也可能会焦虑、困惑。而当你经过大学生活,面临就业的时候会不会依然找不到方向,感到无所适从呢?

　　职业对于我们每个人而言不仅是谋生的手段,而且是内在的需求,是人性深处的一种渴望。大学生正处于生涯发展的探索期,"上大学到底要学什么? 为何选择目前的这个专业? 毕业以后能做什么? 现在社会需要什么样的人才? 现有的信息是否已足够帮助自己做出清晰的分析和决断? ……"所有这些问题困扰着许多刚刚走进校门的大学生,甚至有众多的大学生在走出大学校门时依旧非常迷茫。

　　我们不应碌碌无为地度过大学生活、惴惴不安地面对职业生活,而是要从现在开始就做好职业生涯规划,确立奋斗的目标,找到努力的方向,为美好的未来奠定扎实的基础。

　　本项目将带领大家厘清就业、创业、职业生涯规划三者之间的关系,帮助同学们运用有效的方法增强自信,树立正确的自我认知观念,懂得正确分析形势,通过自己坚持不懈的努力获得成功。

💻 知识目标

1. 能厘清就业、创业、职业生涯规划三者之间的关系;
2. 了解自信的重要性,掌握增强自信的方法;
3. 通过激发潜能训练活动,让学生正确认识自我,掌握初步的潜能训练方法。

🎓 能力目标

1. 能对当前就业形势做出合理的判断;
2. 运用有效的方法增强自信;

3. 通过潜能激发训练,学生掌握初步的潜能训练方法并且能够正确认识自我。

🏆 价值目标

1. 能够对当前高校毕业生的就业形势做出客观合理的判断,培养学生积极健康、阳光乐观的心态;

2. 认识到自信对一个人一生的影响,能够树立坚定的信念,有远大的理想;

3. 树立正确的自我认知观念,增强自信心,懂得要激发自己的潜能还必须通过坚持不懈的努力才能成功。

📄 注意事项

1. 本项目需要学生广泛查阅相关资料,了解大学生就业、创业及职业生涯规划之间的关系,对相关概念有初步的理解。在学习的过程中,需要结合案例进行深入浅出的分析;

2. 引导学生拓宽学习的广度和深度,建议同学们各自发挥所长,积极参加项目实践活动,增进沟通、拓宽思维、激活潜能。

任务一　危机分析

✅ 任务目标

1. 了解大学生就业难的原因;
2. 理解就业与创业之间的关系;
3. 能对当前就业形势做出合理的判断。

🔍 案例导入

李某,28 岁,通过不懈努力博士研究生毕业于国内一流大学,专业为信息技术。怀揣着对未来的美好憧憬,李某在毕业前就开始积极参加各种招聘会,投递简历。然而,现实却远比他想象中的要严峻。

初始阶段,李某针对自己的专业,向多家公司投递了简历。尽管他的学历和专业背景出众,但在多轮面试中,他却屡屡遭遇冷遇。有的面试官直言不讳:"我们需要更实用的经验,而不仅仅是学术背景。"还有的公司表示,虽然他学识渊博,但由于公司规模较小,不能给他提供足够的职业发展空间。

随着求职时间的拉长,李某开始意识到,学历虽然重要,但专业技能和实际工作经验同样不可或缺。于是他尝试转向一些与专业相关的实习岗位,然而,多数实习机会已被许多具有多年工作经验的应聘者占据。这让他倍感沮丧，找工作仿佛进入了"有学无用"的困境。

在经历了数月的求职不顺后，李某决定转变思路，将目光投向一些非主流行业。他开始关注互联网行业的技术型岗位，希望能够在这个快速发展的领域找到机会。经过一段时间的努力，他终于获得了一家初创公司的面试机会。虽然这家公司规模较小，但他们对技术人才的需求迫切，因此在面试中，面试官对李某的学历和潜力给予了认可。

最终，李某进入了这家公司，虽然起薪不高，但他意识到自己可以在这里学习到很多的实际技能，积累宝贵的职场经验。通过一段时间的努力，他逐渐赢得了上司的信任，并得到了晋升的机会，最终成为了该初创公司的合伙人。

【启示】 即使高学历人才也会在就业市场上面临诸多困难，关键在于转变思维、灵活应对，积极寻找适合自己的机会。同时，职场竞争的现实提醒我们，不仅需要具备扎实的理论知识，更应注重培养实际操作能力与经验，才能在复杂多变的就业环境中立于不败之地。

无论是在初创阶段，还是在发展阶段，公司都需要既有学历又有能力的人才来推动。而人才的能力，就是要具备真正的执行力，也就是说，真正将学院经典理论转化为执行力。

李某在初始阶段遇到挫折，未能获得心仪的职位。他意识到，单靠高学历并不足以打动雇主。因此，面对不断变化的就业市场，求职者需要具备灵活应变的能力。适时调整自己的求职方向，进而提高成功概率。不仅如此，在求职过程中，企业不仅看重学术背景，还非常看重候选人的实际工作经验。李某转向初创公司，最终获得了实践机会，让他积累了实际技能。这个案例强调了在校学生和毕业生提高实践能力的重要性，比如通过实习、兼职等方式增加工作经验。此外，李某的成功并不是依赖于进入大型企业，而是选择了一个正在成长中的初创公司。这表明，求职者应当拓宽视野，探索各种不同的职业道路，尤其是新兴行业和小型企业，这样可能更容易获得成长机会。

➤问题链接：为什么用人单位感觉不少高端人才并不靠谱？

原因很简单，就是因为这些戴着各种桂冠的所谓的人才，实践经验较少，甚至也没有太多对口研究经验。国内的高校里面是笼统学习，而国外的商学院研究的是多年以前的案例，或者一些高精尖的超前理论，而非针对某个行业进行基础和扎实的系统化学习。

企业家是怎么培养出来的呢？几乎所有的西方经济学教授都说过，一是来自大量失败的实践，二是来自大量的对口跟踪研究。除此之外，别无他法。前者说明，一个人要接受很多实践的失败打击，依然不倒下、依然可以屹立起来，才能成为企业家。后者说明，一个人要沉浸一个行业很多年，做过大量的研究和对比，才会拥有比较犀利的市场眼光。

一、就业难 VS 选才难

就业不吃香，在大学毕业生"就业难"的同时，用人单位也普遍存在着"选才难"。任何企业的发展都离不开优秀的大学生，但是，它们每年基本上不要应届大学生，热门专业人才显得尤为过剩。

企业一边离不开大学生，一边又拒绝应届大学生。

➤**问题链接：企业为何会出现这种局面？大学生就业存在哪些问题呢？**

原因还出在大学生身上。社会供需矛盾是客观存在的，但大学生自身的素质和心理问题也是不可忽视的原因。

一般来说，包括以下几点：

（一）角色转换不够及时

我们都知道，大学阶段的生活与社会生活存在一定的差距。这就要求大学生在学生生活结束、踏上工作岗位之前，能够迅速完成自我角色转换，摒弃一些不切实际的想法，本着"活到老、学到老"的心态走上工作岗位，最好把进入职场当作进入又一座高等学府。

大学生唯有做好就业心理准备，才能够迅速完成自我角色转换，为就业打下坚实的基础。

（二）自我认识不够准确

就业前如何选择职业，需要大学生根据自身个性特征来决定。因为一个人的气质和性格往往对选择职业和事业有很大影响，所以，对自己有全面充分的了解，是每一个求职者进行职场定位的依据与前提。有很多大学生在面临巨大的就业压力时，没有真正做到全面了解自己，这就导致了大学生就业的主要问题。

全面了解自己，主要是明白自己的优势和劣势在哪里，这样你在工作中遇到困难时，才不会动不动就放弃，而是知道如何顺利地完成工作。

（三）缺乏就业培训、实践机会

很多企业的招聘要求中普遍有"数年工作经验"这一条，不少企业拒绝承担大学生就业后的"在岗培训"费用。事实上，一个理工科毕业的大学生，需要毕业后在工作岗位上继续学习一段时间，才能成为一个合格的工程师。如果把企业"在岗培训"转移到学校里面去完成的话，在时间和金钱上都不太合适。

针对这个问题，大学生就要珍惜公司给自己的试用期，在试用期阶段，要多向老员工请教，凡事主动一些，勤问多学习，让自己辛苦一点。同时，大学生在大学期间，可以利用假期及业余时间多打工，不要求薪水多少，只求得到实践的机会，为自己将来找工作积累经验。

（四）学生缺乏求职技巧

部分学生在求职时往往表现得不够自信、过分紧张，回答问题时支支吾吾，表现不出自己的实力。更有一些求职者面试时弄虚作假，企图蒙混过关，很快就被有经验的用人单位拆穿，不得不再次承受面试失败的惨痛后果。这样久而久之，用人单位也会觉得部分大学生不诚信而对其丧失信心。

有一个大学生说，他在应聘第一份工作时，把自己在校期间兼职取得的成就具体到了数字。比如，他在学校时为某公司做的一个设计，在他反复修改后为公司争来了一个订单，他特意把订单的金额写在了简历上。这样会让企业对其产生一种信任感。

（五）心理素质不够强

许多大学生求职落败的一个关键因素就是心理素质不强，对求职过程中遇到的困难缺乏灵活的应对之策，对求职过程中产生的压力缺乏承受力。一般来说，影响大学生就业的消极心理状态有如下三种：一是"妄自菲薄"心理；二是"盲目自大"心理；三是"随大流从众"心理。大学生一旦受到挫折，就很容易产生诸如焦虑、急躁、迷茫、恐慌和无助等心理问题。这些心理问题对于大学生的身心健康和顺利就业极为不利。

事实上，大学生初涉职场会碰壁，即便是那些工作了好多年的职业经理人，也会遇到困难。他们或许找工作会顺利一些，但在工作中遇到的压力并不小，甚至会更大。所以，强大的心理、良好的心态、求职的技巧这些都是在日常的学习生活中逐渐形成的，而大学生就业创业习惯养成式培训，可以通过一定的游戏和方法达到矫正不良心态、提高自身应聘技巧和素质的目的。

【微课】

大学生要充分利用好一切学习和培训的机会，全面提升自己。

就业与创业之间的关系

二、就业 VS 创业

不知道从什么时候开始，社会上流行这样一种说法，叫"毕业就失业"。很多大学生毕业后因为担心碰壁，就不愿意找工作，而是一门心思想创业。几个朋友或是同窗一聚会、一聊天，你要说你在什么公司或是企业打工，人家就觉得你没上进心。没个"××创始人""CEO""××公司合伙人"的头衔，你都不好意思说自己是名牌大学出身。

🔍 案例分析

大学毕业后，毕晓军和许多大学毕业生一样，为了找到合适的工作，他跑过招聘会，托过朋友，最终找到一份还算满意的工作。但他工作了没多久觉得创业更适合自己，于是，不管亲戚朋友的劝阻，工作不到三个月就辞职创业，他想趁着年轻好好地追自己的梦。

他和几位要好的同学筹资 10 万元，创办了属于自己的公司——晓军快递公司。信心十足的毕晓军先后招聘了 30 多名员工，全部为在校大学生。公司初期订单少，需要跑市场。由于经营公司和上学完全是两回事，不到一个月时间，10 万元的资金减去房租和员工工资及各项花销，所剩无几，此时订单还没有几个。毕晓军顶着压力，拖着疲惫的身体跑银行，但是没贷来款，原因很简单，刚毕业的他，没有可以担保的资产。

公司没有订单、没有前景，工资又发得不及时，自然留不住人。毕晓军勉强支撑到第二个月就撑不下去了，在第三个月时宣布破产。

事后他谈到这段创业经历时说道："压力太大了，天天晚上失眠，吃不下饭，有好几次，都有从楼上跳下去的冲动。"

【启示】　毕晓军创业失败从表面上看是资金问题，但真实原因却是他之前根本没有认真做过市场调研，去哪里寻找客户，或许他们自己都不清楚，这样势必会让公司业务被动。而且，创业和工作一样，需要毅力，需要脚踏实地一步一步走下来，需要顶住压力去解决困难。

由此可见，要想创业成功，除了实力和能力，你还必须拥有创业需要的心理素质、沟通能力、创新精神、市场意识、超负荷工作能力等等。所以，即便你想创业，也要先把自己的心理素质和能力水平提上去。

其实，创业和求职，基本能力是相似的，一是心态是不是强大，二是身体条件允不允许，三是实践能力如何。如果你在这三个方面都存在明显的严重不足，那就要好好筹划该如何提升自己。

道理再简单不过了，如果你连自己都推销不出去，那么，你还能推销出去什么？可怕的是，越来越多的大学生抱有这种"怀才不遇"的念头。创业是一件特别锻炼人的事情，创业者最重要的能力是执行力和学习能力，但是这也不意味着你能绕过新手的学习和实践经验的积累直接当"BOSS"。技术岗位在华为面试不过，你就能开发出比微信更好的客户端了？营销岗位在美团面试不过，你就能推销得比美团还好了？如果你没有资金、没有技能、没有人脉，甚至没有基本的工作经验，那么认真工作、积累经验才是明智的选择。如果你仍然坚持要创业，那么就请一定要做好心理准备。

实践拓展

专科女生如何顺利进入华为

在严峻的经济形势下，在众多研究生、本科生对就业前景忧心忡忡的时候，广州一所民办高职院校的两年制普通专科生曹晓洁，在未毕业时就被百度、中国电信、华为等三家互联网龙头公司同时选中。此事一出，顿时如一石激起千层浪，引得各大媒体争相报道。

没有优越的家庭条件，长相也普普通通，两次高考失利，这位貌似平凡的专科女孩，却得到了令研究生、本科生都羡慕不已的就业机会，这是偶然吗？就此事本身来看，曹晓洁的故事被争相报道，说明类似情况发生的概率并不高；但挖掘事件本质就不难看出，她成功的必然因素已大大超越了偶然因素，也就是说，她的成功并非偶然。

事实上，曹晓洁身上所具备的品质不仅不亚于比她学历高的学生，甚至拥有许多更为耀目的"亮点"：

1. 异常刻苦的努力

曹晓洁来自四川农村一个普通家庭，没有很好的家庭背景和条件，想走出农村就必须努力到"山穷水尽",这样的精神是她成功的重要条件之一。

2. 坚定不移的目标

曹晓洁的梦想是进入华为等国际一流 IT 企业,而在她达到梦想的过程中,曾有过两次高考失利的经历,而且考入的是江西一所民办专科院校。这对她来说并不是有利条件,但她没有因此抛弃自己的梦想,而是鼓起勇气向着目标大步前进。"不抛弃,不放弃"是她的又一成功要素。

3. 抓住一切锻炼机会

竞选学习部副部长,组织英语角,并经常活跃在各种晚会、典礼等活动的台前幕后,曹晓洁因此赢得了各种奖励和荣誉。扎实的专业知识外加多种实践经历,使她积攒了颇具竞争力的多项技能,逐渐成为同学中的佼佼者。

4. 高标准的历练过程

曹晓洁并没有选择家教、促销的兼职工作,而是参加并通过了华为勇敢星实习计划的考核,并且积极应征成为项目的组长,她不仅是团队中唯一的女生,资历还是最浅的。

5. 有信心＋经得起考验

曹晓洁在完成专科学业后,又参加了百度公司的面试,并成为被录取的 12 名人员之一;同时又应聘了中国电信公司,获得了面试机会;后又因在华为勇敢星实习计划的出色表现得到了华为的试用通知。

6. 平和踏实的心态

虽然被誉为"史上最牛女专科生",但曹晓洁并没有因为社会舆论和媒体报道而"冲昏头脑","我想我知道我是谁,自己不会找不到北。"面对各种热捧和非议,她能用如此平和的心态面对,确实很令人钦佩。

相信惊呼"专科生怎么这么牛"的人,从曹晓洁身上蕴藏的亮点中一定能得到答案。再换个角度看这件事,如果把事件主人公换作本科生,相信同样的事情必然不会获得如此高的关注,所以在"曹晓洁事件"被争相报道的背后,存在于人们内心的"学历潜规则"才是令人大跌眼镜的主因。专科生就没有得到大型互联网企业青睐的资本吗?"能力"比"学历"重要的呼声早已不绝于耳,但在事实上,许多企业还仅仅停留在以学历衡量求职者能力的阶段,因此在招聘会中因学历屡屡受挫的人还是大有人在。

与专科生相比,本科生读四年,理当比专科生学到的知识更多,但仅凭简单意义上时间的叠加,在实际工作中的能力就一定强大吗?貌似高专科生一等的本科生或研究生,部分被优越感迷惑了双眼,认为学历等于"保险",因而忽视了实践和能力的锻炼,即便走上了工作岗位,"眼高手低"的情况也令许多公司头痛不已。

专科生痛苦并矛盾着,本科生痛苦并骄傲着。就在大家对硝烟四起的就业市场望而兴叹,祈求"天将降工作于斯人也"的同时,曹晓洁却坚定地大步奔向自己的梦想,一跃成为炙手可热的人才。她的成功不仅为徘徊于就业迷雾的专科生拨开了一丝光亮,更给本科生们在就业心态上提了个醒。相信在方向明确的就业目标下,会有更多的"曹晓洁"涌现出来。到那时,也许类似的事件也不再作为新闻被大家津津乐道。当然,这样的目标并不是凭一时的头脑发热就能实现的,因为无论何时,能够主宰自己将变成巨人还是侏儒,依靠的不仅是梦想的指引,还要学会脚踏实地把梦想变为现实。

【思考】

1. 从以上曹晓洁的案例中,你获得了什么启示?
2. 从曹晓洁的个人经历中,你觉得用人单位看重哪些品质?
3. 在曹晓洁的启发下,你将如何规划自己的大学生活?

任务二   自信培养

任务目标

1. 熟悉并掌握自信的相关知识;
2. 了解自信对一个人一生的影响,即自信的重要性;
3. 运用有效的方法增强自信观念。

案例导入

　　曾经有位大学生到一个非常著名的企业去应聘。在等待面试时,他听到面试官询问他前面的面试者一道计算题:"12乘以14等于多少?"他听到这个问题时感到非常奇怪,不知面试官的用意何在,但他还是默默地在心里把这道计算题仔细地算了几遍,并把答案记了下来。轮到他面试时,面试官果然又问了他这道计算题,他很快就把答案说了出来。面试官又追问了他一句"你确定这个答案是正确的吗?"这时他犹豫了,虽然他事先就在头脑里计算了好几遍,但他仍然不敢做出肯定的回答,结果他落选了。原来面试官并不是要考他的计算能力,而是要考他的自信心,他的犹豫不决实际上就是他没有自信的表现。可见,对于大学生来说,在大学期间有意识地培养自信是非常重要的,它将有助于你在职业生涯中更好地把握机遇、发展自己,创造职业和人生的辉煌。

　　【点评】　自信是一个古老的话题,有很多知名的学者对此都有精辟的见解,给过很多不同的定义,但总的来说都大同小异,他们都坚信自信是成功的砝码。也许我们无法称量,但没有人会怀疑自信在成功中所起的作用,有人说"自信是成功的一半",我们欣然接受。其实我们都明白,在生活、学习、工作中都需要自信,但我们对自信却没有进行真正系统的了解。

一、自信与职业成功

（一）自信对人生的影响

1. 自信是一个人职业成功的关键

一个人能否获得职业的成功，关键取决于他有没有自信。

小泽征尔是世界著名的交响乐指挥家。在一次世界优秀指挥家大赛的决赛中，当他按照评委会给的乐谱指挥演奏时，敏锐地发现了不和谐的声音。这时，在场的作曲家和评委会的权威人士坚持说乐谱绝对没问题，是他错了。面对一大批音乐大师和权威人士，他思考再三，最后斩钉截铁地大声说："不，一定是乐谱错了。"话音刚落，评委席的评委们立刻站起来报以热烈的掌声，祝贺他大赛夺魁。

原来，这是评委们精心设计的"圈套"，以此来检验指挥家在大赛中发现乐谱错误并在遭到权威人士"否定"的情况下是否能够坚持自己的正确主张。前两位参加决赛的指挥家虽然发现了错误，但终因随声附和权威们的意见而被淘汰。小泽征尔却因充满自信而摘取了世界指挥家大赛的桂冠。

2. 世界总是对那些具有真正的自信心和使命感的人开绿灯

只要我们胸怀坦荡，追求真理，用自信与乐观的心态去面对生活中的每件事，每个人都会在自己的人生道路中留下辉煌与灿烂的一页。尤其是新时代的大学生，担负着实现中华民族伟大复兴的重任，一定要具备高尚的社会主义道德情操和乐观积极向上的心态，去面对生活中的一切。

3. 自信也是一个人事业成功的基石

一个不自信的人是不可能在自己的事业中做出很大成就的。首先，不自信的人，他的人际关系也会受到影响。而人际关系对事业的成功有着举足轻重的作用。古往今来，很多成功的人士都有一个共同的特征，就是人际关系很好。拿破仑说："我的字典中没有'不可能'这个字眼。"这是何等豪迈的信心，正是因为他的这种自信无比的智慧和力量，才使他成为横扫欧洲的一代名将！

我们都欣赏满腔热情工作的人，你付出的多得到的也就越多。生命中最巨大的收获不是来自财富的积累，而是来自由热忱带来的精神上的满足，那就是自信！当然，这种热忱也会为这些人带来财富。

（二）自信的准则

自信不是盲目的，自信有它的准则。

1. 乐观

乐观是一种人生态度，是生活的力量，也是自信的要素。

🌐 **拓展阅读**

一个企业家,在 51 岁的时候,财富高达数百亿元,可到了 52 岁的时候,他失去了所有的财富且背上了一大堆债务。他决定东山再起,不久,他再次积累了巨额的财富。当他还清所有的债务后,记者采访了他,他的女儿回答了记者的问题。她说:"我的父亲一直都很快乐,即使在他最困难的时候,他也一直鼓励我们,告诉我们即使天都塌下来了,我们也应该笑一笑,因为没有人像我们这样幸运碰到如此难得的事。"

记者后来在他的采访报道里说:"乐观让他们一家人拥有无比的财富,他们自信,他们激情,他们拥有不可战胜的力量!"

成大事者的成功之道是做一个乐观的人,因为乐观的人总是向前看,他们可以看到美好的生活和充满希望的未来! 乐观让你获得自信,自信同样也会让你更加乐观,它们相辅相成,让你的心态积极昂扬,让你的生活、学习、工作得心应手!

一切积极的生活态度都与自信相连,它使我们拥有寻找快乐向前看的好习惯。我国明末清初时期著名的语言大师金圣叹先生一生传奇,并且成就非凡。在他的眼里,平凡的生活处处充满着快乐,这恰好印证了一句话:愉快的生活是由愉快的思想造成的,愉快的思想又是由快乐的习惯产生的。所以当金圣叹被押往法场行刑的时候,他也给这个世界开了最后一个玩笑!

2. 敢想

一个自信的人,应该是一个敢想的人。敢想就是确立自己的目标,并有所追求。不自信绝不敢想。连想都不敢想当然谈不上什么成功了。著名数学家陈景润,语言表达能力差,教书吃力,不合格。但他发现自己长于科研,于是增添了自信心,致力于数学的研究,后来终于成为著名的数学家。

3. 敢做

一个自信的人,应该是一个敢做的人。只是敢想还很不够,目标只停留在口头上,无论如何也是不能实现的,一个自信心很强的人,必定是一个敢做的人、敢于行动的人。他绝不会对生活持等待、观望的消极态度而丧失各种机遇。他会在行动中、实践中展示自己的才华。当然这里说的敢想、敢做都不是盲目的,更不是主观主义的空想、蛮干。德国精神学专家林德曼用亲身实践证明了这一点。

🌐 **拓展阅读**

郑和,明朝著名航海家,受明成祖朱棣之命,七次远航西洋。1405 年,郑和率领庞大船队,首次下西洋,途经 30 多个国家和地区。此次远洋船队规模宏大,主舰"宝船"长度达 120 米,船舶多达 200 余艘,船员及随行人员近 3 万人。

事实上,在七次下西洋的过程中充满了困难与挑战。首先,航行距离长,且多为跨洲跨洋航行,对当时的航海技术和船只性能提出了很高的要求。其次,舰队需要应对海洋气象、海流、礁石等多种自然危害,以及海盗等人为威胁。此外,舰队还承担着外交使节的任务,需要与沿途各国建立友好关系,这也增加了航行的难度。

尽管面临诸多困难,郑和的舰队仍然成功地完成了使命。他们穿越了南海、印度洋、马六甲海峡等领域,抵达了东南亚、南亚、非洲等地,与沿途各国建立了友好关系,增强了中国在国际上的影响力,也促进了亚非地区的经济交流和文化沟通。

4. 敢于面对现实,不怕挫折

一个自信的人还是一个敢于面对现实、不怕挫折的人。即使我们乐观,了解自己的目标方向,但是现实生活总是有太多的不确定,任何人也无法保证一定能取得成功,因此,不能面对现实的人就真正地成了社会的奴隶。一生都一帆风顺的人是没有的,我们每个人都或多或少要遇到一些困难,但是那又有什么关系呢? 面对艰难,要积极进取。

拓展阅读

范蠡辅助越王勾践 20 多年,终于打败了吴王夫差,报了会稽之仇。他因为功绩卓著,被封为"上将军"。范蠡受封以后,想到越王勾践是一个可以共患难、不可以同安乐的人,所以辞官归乡。

范蠡辞官以后,首先来到了齐国,隐姓埋名,自称是"酒囊子弟",开始了自己的创业经历。齐国是一个十分重视工商业和农业的国家。范蠡父子在海边以耕种为生,辛勤劳作。由于同心协力,功夫不负有心人,没过多久,他就积聚了数十万的财产。由于他的能力和才干,范蠡在齐国很快成了名人。齐王听说了他的才能,派人请他出来做卿相,送来相印。这是与范蠡本意相违背的。他感叹道:"居官致于卿相,治家能致千金;对于一个白手起家的布衣来讲,已活到了极点。久受尊名,恐怕不是吉祥的征兆。"于是他奉还了相印并把家产奉还了朋友邻里,自己一家只带了金银珠宝,秘密地离去了。

他又来到定陶并在那里住了下来,自称是朱公,人们都称他是陶朱公。面对新的形势,范蠡对自己的目标又有了新的调整。范蠡带领儿子们亲自耕种和放牧,并不失时机地进行商业活动,积累资金,由于他只追求低额的利润,买卖非常红火,没过多久,他就积累了数百万的财富,富甲天下,名满天下……

年轻人要引以为鉴,养成良好的习惯,以平静的心态对待风浪,用积极的思想为自己的事业打下良好的基础。

课堂实践

天生我才——学会欣赏自己

时间:约 20 分钟

准备:一张纸,一支笔

操作:要求大家认真思考,并写下最欣赏自己的 7 个方面,分别是:

我最欣赏自己的外表是_____;

我最欣赏自己对朋友的态度是＿＿＿＿＿＿＿＿＿＿＿;

我最欣赏自己对学习的态度是＿＿＿＿＿＿＿＿＿＿＿;

我最欣赏自己的一次成功是＿＿＿＿＿＿＿＿＿＿＿;

我最欣赏自己的性格是＿＿＿＿＿＿＿＿＿＿＿;

我最欣赏自己对家人的态度是＿＿＿＿＿＿＿＿＿＿＿;

我最欣赏自己做事的态度是＿＿＿＿＿＿＿＿＿＿＿。

然后选几个学生代表在全班交流活动的感受。约 7 分钟完成。

二、如何提升自信

期末考试时,生物学教授在发试卷前对他的 20 位高年级学生说:"我很高兴这学期教你们,我知道你们学习都很努力,而且你们当中有很多人暑假后将进入医学院。因此,我提议,任何一位愿意退出今天考试的同学都将会得到一个'B'!"学生们欣喜万分,很多学生站起来,走到教授面前,感谢他,并签上了自己的名字。又一位学生走出教室后,教授看着剩余的少数学生问:"还有谁? 这是最后的机会了。"又一个学生站起来,签上名字走了。教授关上教室的门,看着剩余的几个学生说:"我对你们的自信感到非常高兴,你们都将得到'A'!"

在日常生活中,人们常常会像那些没有自信的学生一样,因为缺乏自信而失去更好的机会。因此,对于想要获得职业成功的你来说,学会提升个人的自信心是非常有必要的。那么,怎样才能提升个人的自信心呢?

【微课】

(一) 提升自信心的六条秘诀

对于一个人来说,自信并不是天生就有的,而是一种后天养成的心理气质和心理习惯。这种品质和习惯是可以训练出来的,如何训练呢? 下面,介绍提升自信心的六条秘诀。

提升自信心的秘诀

1. 培养必胜的信念

列出一张你胜利和成功的清单,当你想到自己成功的事时,你对自己能做的事会更有信心,只有失败者才会把注意力集中在失败和缺点上。

2. 坚定实现目标的信念

很多人树立自己的人生目标,或出于对目标的不明确,或出于订立目标不认真、不实际,或出于达成目标的欲望并不强烈,并不衷心渴望达成,所以也就缺乏达成的自信心。曾有位哲学家说过:一般人,往往认定自己办不到,什么时候都不抱太大希望。反过来说,因为不寄予希望,所以嘴上经常挂了一句:我做不到,死了心吧。

在工作上追求快速成长而始终认真如一,朝着目标奋勇前进的人总是占少数,而大多数人往往只求投入一半心力,并没有全身心积极投入学习、工作或事业中。这种全神贯注的信念是非常重要的,抱着半途而废的心理绝不可能产生自信。如果想做到自信,你不妨试试花一天时间全力沉浸在工作中。

当你感受到完全融入的快乐时，你会有第二个全力沉浸的一天，第三个，第四个，第五个……直到这成为一种习惯，一种生活的享受，谁说工作不是在享受生活？

3. 发现并发挥自己的最大优势

成功心理学发现，每个人都有天生的优势。截至目前，人类共有 400 多种优势。一个人拥有优势的种类和数量并不重要，最重要的是，是否知道自己的优势是什么。

成功心理学创始人唐纳德·克利夫顿博士说："成功者一般都了解自己的优势所在。但在现实生活中，一般人很难把握自己的优势是哪种类型。成功心理学在大量实验的基础上，总结出一个基本规律，让你知道自己的优势何在。当你看到别人在做某件事时，你心里是否含有一种愉快的欣慰感——我还可以把这件事做得更好；你做某类事情时不是一步一步，而是行云流水般地一气呵成……这些都是最重要的信号，它诠释了你的优势所在。"

有大成就的人都知道把精力放在自己最擅长的地方，他们找到一条道路，便循着这条道路一直前进。失败者像沼泽里的水，到处游移而漫无目的，他什么事都做一点，却又都做不好，终于陷入困境，一事无成。

当你集中精力在你能表现得最好的事情上时，你会觉得自信心增强。运动观摩家一致认为拳王阿里之所以能屡次击败他的对手，主要是因为他认为自己是最伟大的斗士，甚至对手也认为他是最伟大的。大多数人都有一种倾向，那就是认为自己可以把很多事做好。林肯可以成为一位一流的律师，但他选择做政治家，他认为他能在历史上写下新的一章。因此，他决心以毕生的精力来完成这个使命。

冷静分析一下你现在所处的境况，并细心列举出自己的长处和短处，这样你就可以发现自己过去不曾注意到的优点了。

闻名全球的盖洛普公司在其推出的《现在，发现你的优势》一书中指出，你天生能做某一件事，不费劲都比其他一万个人做得好，这就是你的优势。每个人发现自己的优势，然后将重心放在你的最大优势之上，便可能增加自信，获得事业成功。

4. 正视失败，善待犯错的自己

我们要善待犯错的自己，不要因为自己所犯的错误不停地惩罚、责骂自己，持续地责怪自己只能让你更加确信自己做了拙劣的选择，会令你更加畏缩不前，增加再次犯错的可能性。你可以懊悔但不要放弃追求。

如果你学会犯错时善待自己，你就不会感觉到压力，更能平静心态，从错误中找出原因，也就不太可能进一步犯错。

"失败乃成功之母"，没有失败、没有挫折就永远不会进步，更无法成就一番事业。聪明的人会从失败中学到教训，失败者是一再失败，却很难从中获得任何教训的人。

5. 不要逃避，学会承担

世界上有很多事情要你去做，但你不一定喜欢做，或不一定做得好，这就是责任感的重要意义。一个人的责任感体现在很多方面，比如自己敢于判断、选择并接受相应的结果，不怨天尤人，做事善始善终，注意效果与效率、不马虎，不推卸自己对社会、对团体、对家庭及他人应尽的义务,做事不以自我为中心,心中装着他人等。

也许你会因为某一艰难的事情感到害怕,因为你要承担巨大的责任,有时候你可能不这么想。通常情况下,你都没有意识到是因为你惧怕承担责任而导致了失败。自信,会教你怎么和责任成为好朋友,而学会了承担也就成就了自信。自信的人相信自己的能力,他总是认为自己可以担起自己的所作所为,所以敢于放开手脚大干一场,他对自己说:"所有的结果都是我自己的,哪怕是打击、是失败"。

6. 恪守自己的约束

约束是在生活、学习或工作中给自己订立的必须遵守的规则,常常是为了能在学习、生活、工作中保持良好的心态,不干扰别人也不影响自己,充分地发挥自己的一切能动性,以达到制定的目标。比如,你目前迫切需要达到一个小目标,这并不重要,重要的是将它写在纸上,不论发生什么障碍,都务必要切实遵守。再比如我们常常讲的道德约束等。

当你对自己做了某种约束时,你会发现由于实践而产生了自我信赖。这种自我信赖便是你已经开始坦然面对自己的凭证。此时,自信当然也会跟着来,假以时日则根深蒂固地成为你的勇气和力量。大多数人在实行自我约束时,会有优柔寡断、迟疑不决的心态。即使实行了,也无法坚持到底,因为某些细小的原因都可能放弃。

你可以选择适合你的、能保证你恪守约束的方法来增强你的自信,达到你的目标。许多心理学家做得最简单易行的办法就是将这些约束写在纸上,并时时提醒自己注意,这样就不容易半途而废了。这也是我们人类将柔弱的一面转变成坚强一面的最佳捷径。

因此,只要坚信不管多么微小的事,一旦立下决心去做一定会成功,自信便会油然而生。

实践拓展

现代人更需接纳不完美的自己

据世界卫生组织统计,抑郁症在全球的发病率约为 11%,已成为全球第四大疾患。在我国,大学生群体也已成为抑郁症的高发人群。据媒体报道,北京一所著名高校已有40人被确诊为抑郁症,约占学校心理咨询中心访问量的两成,其中不乏外表看起来优秀开朗的大学生。

尽管抑郁症并非人类历史上的新事物,从亚里士多德、梵高、川端康成到三毛、张国荣等,这些不同年代、不同国度的人都曾深受抑郁症的困扰,但就社会现象来看,伴随着现代化、城市化的进程,抑郁症患病率逐年增高是不争的事实。更何况,抑郁症在我国的诊断率还很低,相当一部分患者没有意识到自己的病情。可以说,抑郁症的大规模出现有其社会成因,与社会快速变迁带来的社会心理与社会结构上的冲突密切相关,说它是一种"现代病"未尝不可。

现代化带来的一个重要体验是个体的崛起。处于青春期、拥有高智商、求胜心强的大学生对此更为敏感,很容易引发内心与外界的冲突:一方面,他们对自我实现有更多元的追求;另一方面,他们仍然面临着较为单一的外部评价体系,处于较为传统的互赖型的人际关系。来自家庭和社会的压力,使他们常常在"应该做"和"想要做"之间纠结,为满足身边人的期待而压抑自身的需求。与此同时，日趋激烈的教育竞争挤占了孩子们从容成长的时间，使其缺乏面对冲突时理性选择的能力，加之处于人生过渡期的大学生活集中了诸多不确定因素，这些都放大了压力、焦虑和迷茫，使抑郁症这种社会性的心理疾病在他们身上突出地表现出来。

来源：《光明日报》，节选

【思考】

1. 结合实际，请谈谈如何正确认识不完美的自己？

2. 结合自身，请谈谈在过去的几年中，哪些人或者事情在激励你不断前进，今后如何才能提升自信？

任务三　潜能开发

任务目标

1. 认识并熟悉潜能的相关知识，并学会运用、提升自身的实力；

2. 认真认识自己并增强开发自己潜能的意识和能力。

案例导入

破釜沉舟，百二秦关终属楚

岸边，项羽严束铠甲，威武异常，目中闪着异样的明光。面对这滔滔江水，项羽狠下决心，下令沉船、砸锅、烧屋，带上三天军粮与秦军决一死战，不得生还。面对着以章邯为首的秦军主力，项羽区区两万兵马不足挂齿。但为救巨鹿，项羽凭着空前绝后的勇敢，破釜沉舟，与秦军殊死一战。战士们明白已没有退路，他们个个抱着必死的信念奋勇杀敌并大破秦军，扭转了陈胜举义以来军事上的低潮，成为推翻秦王朝的转折点。

【启示】　人总是会在紧要关头才激发出全部的潜能，可是我们需要在生活工作中有意地利用自己的潜能，增加自己成功的砝码。

一、认识潜能

（一）潜能的含义

所谓潜能，是指人类潜在的智慧、能力和精神力量，包括体能、技能、知识潜能、道德潜能和心理潜能等，而心理潜能处于潜能结构的基础地位和核心地位。

潜能和遗传有重要的联系。根据人的生长规律，由于在生命成长的各个阶段以及遗传基因的不同，每个人都具有各种潜能。而这些潜在的能量，根据能量守恒定律，既不会凭空产生，也不会凭空消失，只会从一种形式转化为其他形式，或者从一个物体转移到另一个物体，而转化和转移过程中，能量的总量保持不变。

（二）潜能是无限的

现代科学也证实了，人类的大脑确实有着巨大的潜能。如果一个人能够发挥自己一半的大脑功能，那么可以轻易学会 40 种语言、背诵整本百科全书、拿 12 个博士学位……

但遗憾的是，人类在日常生活中只发挥了自身能力极少的一部分。世界上最聪明的人也没有使用其储存量的 1%。也就是说，人们的聪明才智还远未被充分发挥出来，它们仍处于沉睡之中。美国学者詹姆斯研究发现，普通人只开发了他所蕴藏能力的 10%，与应当取得的成就相比较，人类不过是半醒着的，只利用了身心资源的很小很小的一部分。著名的心理学家奥托则认为，一个人所发挥出来的能力，只占他全部能力的 4%，也就是说，人类还有 96% 的能力未发挥出来……

以上说法也许有点夸张，但人具有很大的潜能是无可否认的，任何成功者都不是天生的，成功的根本原因是开发了人的无穷无尽的潜能。我们看奥运会纪录不断被刷新就足以说明问题。如果你说奥运会纪录再也没有人能破了，那才是真正的错误，为什么奥运会纪录会不断被打破呢？这是因为，人的潜能（运动潜能）会不断被开发出来。

（三）激发潜能的重要性

潜能的激发对于一个人一生的命运起着相当重要的作用，特别是在职业生涯中。如果个人的潜能被开发出来，每个人都能干一番轰轰烈烈的事业。

人的潜能犹如一座待开发的金矿，蕴藏量无穷，价值无比，我们每个人都有一座潜能金矿。安东尼·罗宾总结道，大自然赐给每个人以巨大的潜能，但由于没有进行各种智力训练，每个人的潜能从没得到淋漓尽致的发挥；并非大多数人命里注定不能成为爱因斯坦式的人物，任何一个平凡的人都可以成就一番惊天动地的伟业。这里有个案例可以说明潜能激发的重要性。

拓展阅读

在一个小村庄里，住着一位名叫小明的男孩。小明总觉得自己无法做成任何事情，常常陷入自我怀疑中。一天，村里来了一位智者。他看到小明低着头，便走过去问他："小朋友，你为什么如此沮丧？"

小明叹了口气，说："我觉得自己什么都做不好，不能像其他孩子那样出色。"

智者微笑着，带小明走到村边的一片茂盛的森林。他指着一棵小树说："你看这棵树，它刚萌芽时根本无人注意，但它没有放弃，终日汲取阳光和雨露，终究长成参天大树。"

"小明，这棵小树用心生长，最终改变了自己的命运。你也一样，潜能就在你心中，需要你自己努力去挖掘。"

小明陷入沉思,突然意识到自己从未真正尝试过。于是,他决定每天放下疑虑,开始学习新的技能,努力去锻炼自己。他尝试绘画、唱歌和运动,虽然一开始有些失败,但他从未放弃。随着时间的推移,小明的自信心不断增长,最终成为了村里最受欢迎的小男孩。他终于明白,每个人都有自己的潜能,只要有勇气去挖掘和努力追求,就一定能绽放光彩。

【启示】 一个人通常存在极大的潜力,每个人都有独特的潜能。这个故事还告诉我们只要用心去探索和尝试,才能发现自己的能力。就像小明一样,每天放下疑虑,开始学习新的技能,努力去锻炼自己。不仅如此,在面对挑战和困难时,常常需要坚持和毅力。总的来说,勇于尝试和坚持努力是激发潜能、实现自我价值的关键。

二、潜能开发的方法

任何一个平凡的人都存在巨大的潜能,只要他的潜能得到发挥,就可干出一番事业。因为研究发现,那些被世人称为天才者,为人类做出突出贡献者,只不过是开发了他们的潜能而已。例如,20世纪的科学巨匠爱因斯坦,在他死后,科学家对他的大脑进行了研究。结果表明,他的大脑无论是体积、重量构造或细胞组织,都与同龄的其他人一样,没有区别。这说明,爱因斯坦事业的成功,并不在于他的大脑与众不同,而是在于他开发了自己的潜能。

我们每个人的能力都不一样,但我们都可以发挥自己最大的能量来成就一番事业。在利用我们自身优势的时候,我们也不要忽略那些潜伏在我们体内没有迸发出来的巨大潜能。为什么人们没有意识到自己潜能的存在呢? 为什么自己的潜能没有得到发挥呢? 其主要原因是没有进行潜能开发训练,而并非人们不存在潜能。那么如何开发自己的潜能呢?

(一) 明确自己想要的是什么

有一则寓言故事讲道:过去同一座山上,有两块相同的石头,三年后发生了截然不同的变化,一块石头被雕刻成了神像,每天都受到很多人的敬仰和膜拜,而另一块石头却被雕刻成了木鱼,每天都要让和尚在自己身上敲出"咚咚"的声音。"木鱼"石头极不平衡地说道:"老兄呀! 在三年前,我们曾经同为一座山上的石头,今天产生这么大的差距,我的心里特别痛苦。""神像"石头答道:"老兄,你还记得吗? 在三年前,曾经来了一个雕刻家,你害怕割在身上一刀刀的痛,你告诉他只要把你简单雕刻一下就可以了,而我那时想象未来的模样,不在乎割在身上一刀刀的痛,所以产生了今天的不同。"

【启示】 为什么相同的两块石头却受到了如此不同的待遇呢? 它们的差别就在于:"神像"石头非常明确自己最想要的,所以忍受着割在身上一刀刀的痛,努力地塑造自己,最终成为人人敬仰的神像;而"木鱼"石头并不明确自己想要的是什么,随遇而安,最终只能成为无人关注的木鱼。其实,人与人之间的际遇又何尝不是如此呢? 也许同是儿时的伙伴、同在一所学校念书、同在一家单位工作,经过若干年后,你会发现儿时的伙伴、同学、同事都变了,有的人变成了"神像"石头,而有的人变成了"木鱼"石头。能够变成"神像"、实现自己的理想和目标的人,他们非常明确自己将要怎样生活在这个世界上、未来将要成为什么样的人、自己最想得到的是什么。如果一个人不明确自己最想要的是什么,就会像一辆没有方向盘的超级跑车一样,即便有最强劲的发动机,也不知道该跑到哪里去。

卡耐基说:"我们不要看远方模糊的事情,要着手身边清晰的事物。"不管你是希望拥有财富、事业、快乐,还是期望别的什么东西,都要明确:它的方向在哪里? 我为什么要得到它? 我将以何种态度和行动去得到它?

因此,大学生在进行职业生涯规划时,不妨设想一下:

▷问题链接:假如给你一次机会,让你选择 5 个你想要的事物,而且都能让你梦想成真,你第一个想要的是什么? 如果只能选择一个,你又会做何选择呢?

▷问题链接:假如生命危在且夕,你人生最大的遗憾是什么事情没有去做或者尚未完成?

▷问题链接:假如给你一次重生的机会,你最想做的事情是什么?

一旦发现了你最想要的,就马上把它明确下来,明确就是力量。它会根植在你的思想意识里,深深烙印在脑海中、让潜意识帮助你达成所想要的一切。在这个世界上没有做不到的事情,只有想不到的事情,只要你能想到,下定决心去做,你就一定能做到。

【微课】

怎样才能拥有
积极的心态

(二) 培养积极的心态

心态是指一个人对自己、对别人以及对生活所持有的态度、评价和看法。积极的心态是指一个人无论面对怎样的处境或困难,都始终能够保持一种积极、乐观、向上的态度、评价和看法;在看到事物不利方面的同时,更能看到有利的方面,更能看到希望,增强信心,始终保持积极的情绪多于消极情绪。消极的心态则刚好相反。积极的心态激发潜能,消极的心态抑制潜能。

关于心态与一个人的潜能开发和利用,有两则流传很广的故事。

故事一:思路决定出路

两个推销员到他国贫困地区去推销皮鞋。第一个推销员看到当地人都打着赤脚,感到非常沮丧:"这些人都没有穿鞋子的习惯,怎么会买我的鞋子呢?"于是就失望地打道回府了。另一个推销员看到当地人都打着赤脚,感到惊喜万分:"这些人都没有鞋子穿,看来这里的皮鞋市场潜力大得很呀!"于是想方设法向当地人推销皮鞋,最终获得了成功。

故事二:天生我才必有用

在动物园里的小骆驼问妈妈:"妈妈、妈妈,为什么我们的睫毛那么长?"

骆驼妈妈说:"当风沙来的时候,长长的睫毛可以让我们在风暴中都能看得到方向。"

小骆驼又问:"妈妈、妈妈,为什么我们的背那么驼,丑死了!"

骆驼妈妈说:"这个叫驼峰,可以帮我们储存大量的水和养分,让我们能在沙漠里耐受十几天的无水无食条件。"

小骆驼又问:"妈妈、妈妈,为什么我们的脚掌那么厚?"

骆驼妈妈说:"那可以让我们重重的身子不至于陷在软软的沙子里,便于长途跋涉啊。"

小骆驼高兴坏了:"哗,原来我们这么有用啊!! 可是妈妈,为什么我们还在动物园,不去沙漠远足呢?"

天生我才必有用,尽管现在没人用。一个好的心态+一本成功的教材+一个无限的舞台=成功。每个人的潜能都是无限的,关键是要找到一个能充分发挥潜能的舞台。

➤**问题链接**:对那两个推销员来说,他们面对的是同样的处境,为什么一个获得了成功、另一个却失败了呢? 那个小骆驼,自身并没有发生什么改变,为什么能更加充满信心呢?

【启示】 这是因为他们的心态不同,结果也就截然不同。当人面临着困境时,消极的心态会让你退缩,并陷入失败的深渊;积极的心态会让你积极、乐观,并获得意想不到的成功。可见,心态在很大程度上决定了一个人能否在事业上取得成功。一个人拥有了积极的心态,就相当于成功了一半,因为积极的心态有利于潜能的开发和利用,而消极的心态则会抑制潜能的开发和利用。

故事三:跳槽

A对B说:"我要离开这个公司,我恨这个公司!"

B建议道:"我举双手赞成你报复这破公司,一定要给它点颜色看看。不过你现在离开,还不是最好的时机。"

A问:"为什么?"

B说:"如果你现在走,公司的损失并不大。你应该趁着在公司的机会,拼命去为自己拉一些客户,成为公司独当一面的人物,然后带着这些客户突然离开公司,公司才会受到重大损失,非常被动。"

A觉得B说得非常有理,于是努力工作。事遂所愿,半年多的努力工作后,他有了许多忠实的客户。

再见面时B问A:"现在是时机了,要赶快行动哦!"

A淡然笑道:"老总跟我长谈过,准备升我做总经理助理,我暂时没有离开的打算。"其实这也正是B的初衷。一个人的工作只有付出大于得到,让老板真正看到你的能力大于位置,才会给你更多的机会替他创造更多利润。

【启示】 不要一味地埋怨环境带给人的诸多不便,其实环境本身是客观存在的,谁处于那个位置都会遇到同样的问题,聪明的人会努力去改造罢了。

➤**问题链接**:怎样才能拥有积极的心态呢?

1. 要避免用"绝对化的要求"来要求自己

所谓绝对化的要求,是指一个人总是以自己的意愿为出发点,对事物怀有必定发生或不会发生的信念,这类信念常与"必须""应该"等词语联系在一起。例如,有的人认为"我只要付出了努力,就必须要获得成功",但事实上一个人的成功除了和个人的努力程度有关之外,还会受到许多因素的制约。如果一个人不考虑实际情况,只是绝对化地要求自己只要付出努力就必须要获得成功,一旦失败后,就很容易产生消极的想法。

2. 要避免"过分概括化"地评价自己

过分概括化是一种以偏概全的不合理思维模式,其特征是以一件事或几件事来评价自身的整体价值。例如,当你在求职时接二连三地遭到了拒绝,你就对自己产生了怀疑,认为求职失败是因为自己没有能力造成的,这就是一种以偏概全的过分概括化的想法。

事实上,你在求职时接二连三地遭到了拒绝,有可能是因为你没有根据自己的优势和特点来寻找用人单位,或者是你所求职的用人单位并不适合你,而不是因为你没有能力造成的。如果你总是"过分概括化"地评价自己,就必然会抑制你的潜能的开发和利用。

3. 避免"糟糕至极"的想法

所谓糟糕至极,就是认为一件不好的事情发生后会带来非常糟糕的后果。例如,当你在某次求职遭到失败后,你就认为再也没有单位会录用你,不管自己再怎么努力也都不可能找到工作了,结果越想越没有信心,再也提不起求职的劲头来。这就是一种糟糕至极的想法,它会使你对自己丧失信心,从而抑制了你去开发和利用自己的潜能。

拓展阅读

八种常见的消极心态

走极端——非此即彼的绝对思维。表现为一种人为的走极端的思想意识,非此即彼,不是白就是黑,绝无中间过渡部分。此种人一遇挫折即有彻底失败的感觉,进而觉得自己已不具任何价值,失去自信。

公式化——一成不变的唯心意识。认为事情只要发生一次,就会不断重复发生。思维颇像寓言"守株待兔"里的农夫,生活中遇到困难和不幸,即认为困难、不幸会不断重复,一成不变。

变色镜——一叶障目的偏颇倾向。有的人遇事总想消极的一面,就像戴了一副变色眼镜看问题,滤掉了所有的光明,整个世界看起来暗淡无光。

疑心病——毫无根据地杞人忧天,无事生非,终日担心自己将大祸临头,遇到事情往往自我断言,主观猜测,杞人忧天,忽略了对问题的求实和验证。

失锐气——妄自菲薄的消极意向。这是一种人为的情绪失调,把别人的真心赞美当作阿谀奉承,对正常的人际关系想入非非,毫无根据地自怨自艾或愤世嫉俗,导致本来松弛的情绪变得紧张,正常愉快的心境难以保持。

谬推断——一错再错的悲观哲学。有的人把一般性过失、欠缺、挫折和困难看得过于严重,似乎做了不可逆转的错事,今生今世再也不能弥补了。生活中总是过分夸大自己的不足,过低估计自身的长处。

消极化——一误再误的心理困惑。有的人把自己的不良感觉当成了事实的证据,如"我有负罪感,那么我一定干了什么坏事""我觉得心力不足,那么我一定是个'低能儿'"。尤其在情绪低沉时,这种感觉推理特别活跃。

自卑心——孤僻自责的源头祸根。有的人总是主动承担别人的责任,并且妄下结论,以为一切坏的结果都是自己的过失和无能所致。这种变形、内疚的心理,来源于人的变形、过分的责任感和义务感。

(三) 运用积极的心理暗示

1. 心理暗示的含义

心理暗示,是指通过语言、动作,以一种含蓄的方式,对自己或他人的认知、情感、意志以及行为产生影响的心理活动过程。而自我暗示是心理暗示的方法之一，是指自己利用心理语言来影响自己的情感、意志以及行为的心理活动过程。不同的心理暗示，往往会对人的行为产生不同的影响。例如，你本来约好星期天和朋友出去玩，可是早上起来往窗外一看，下雨了。这时候，你如果想："真糟糕！下雨了，哪儿也去不成了，闷在家里真没劲！"你这样一想，就会感到非常沮丧，再也提不起做事的兴趣来了。但你如果能换个角度想："下雨了，也好，正好可以在家里好好读读书、听听音乐……"你这样一想，就会兴致勃勃地去做你想做的事情。可见，心理暗示对人的影响有两种，一种是消极的，一种是积极的。消极的心理暗示会让你心情沮丧，行动消极；积极的心理暗示会让你情绪振作，行动积极。

2. 不同的心理暗示有不同的影响

一些科学事实也证实了心理暗示对人确实有两种不同的影响。

案例一：王同学是一名高中生，成绩一直名列前茅。然而，在一次重要考试中，他的数学成绩不理想。班主任在班会上无意中说了一句："王同学这次数学考得这么差，是不是学习方法有问题？"这句话深深刺痛了王同学。此后，他开始怀疑自己的学习能力，每当遇到数学难题，他都会想起班主任的话，认为自己无法解决。

随着时间的推移，王同学对数学的兴趣逐渐减退，成绩也一落千丈。他甚至开始逃避数学课，害怕面对老师和同学。事实上，王同学的数学基础并不差，但由于消极心理暗示的影响，他失去了自信，导致学业受挫。后来，在心理老师的帮助下，王同学逐渐摆脱了消极心理暗示，重新找回了对数学的信心，成绩也逐渐回升。

案例二：20世纪初，一位很有名气的药剂师在出售药品时，遇到了一位没有处方的顾客，一直缠着他要买一种能治好他的顽症的药。这个药剂师很无奈，为了打发他，就给了他几颗没有药性的糖衣片，并对该药的药性大大鼓吹了一番，终于把这位顾客打发走了。数日后，这位顾客又找到了这位药剂师深表感谢，说他推荐的药治好了自己的顽症。

【启示】 为什么毫无药性的糖衣片居然能治好顽症呢？这实际上就是积极的自我暗示在起作用。由于这位顾客对那位很有名气的药剂师的医术深信不疑，在这种积极的自我暗示下，几颗没有药性的糖衣片就变成了灵丹妙药，治好了他的顽症。

（四）倾听音乐激发你的大脑

近些年来，随着科学的进步和社会的发展，人们对大脑潜能的开发越来越重视。其实，音乐是开发大脑、健脑益智的绝好方式，健脑益智的最简单易行的办法就是经常听一听婉转悠扬、旋律优美的音乐。历代学者医家多推崇此法。中国元代就曾有音乐治愈了皇帝的健忘症之说。

近年来，国内外许多专家认为：音乐具有开发右脑潜能，调整大脑两个半球功能的奇特功效。例如，有外国研究者将78名3岁到4岁而且智力水平相当的幼儿分成三组，一组学习莫扎特和贝多芬的音乐，一组学习计算机，一组不接受训练。结果9个月后，他用拼图游戏对这三组孩子进行智力测试时发现，学习音乐的孩子智力得分平均提高35%，而另两组孩子则几乎没有提高。现代科学还发现，音乐对神经系统的影响可直接从脑电图中得到观察。音乐对大脑电波活动的影响十分明显：优美的音乐对脑的电波活动产生有益的作用,特别是舒缓安静的乐曲,常使脑细胞的电波活动与曲子的频率趋于同步化;而当曲子频率加快时,大脑的兴奋程度也相对增加,使大脑更能集中注意力,思维功能得以加强。

科学研究证明,音乐对智力确实有启迪作用,而且长期听音乐,还可以明显改善记忆力。其中的道理何在呢? 这是因为,人的大脑分左、右两个半球,人的大脑左半球负责完成语言、阅读、书写、计算等工作,被称为"语言脑";大脑的右半球负责完成音乐、情感等工作,被称为"音乐脑"。一般情况下只有一个半球起主导作用,比较发达的这个半球叫"优势半球"。"优势半球"在左侧的人,即左脑发达的人喜欢抽象思维;而右脑发达的人喜欢形象思维。一般情况下,右脑不如左脑工作量大,尤其是在紧张的学习和工作中,左右脑的活动程度更加悬殊。进行逻辑思维的左脑往往忙得不可开交,疲惫不堪,而右脑却有较多的空闲,从而造成左右脑的功能失调。由于"音乐脑"能使人产生创造力、联想力、直观力、想象力及灵感,所以如能够设法开发利用"音乐脑",那将会提高人类的智能。著名心理学家劳伦斯强调:"只有当大脑右半球即音乐脑也得到充分利用时,这个人才最有创造力。"

因此,大学生在学习工作之余,要适当地听听柔和、舒缓的音乐,放松紧张的大脑,释放右脑的潜能。不过需要指出的是,节奏异常强烈的音乐听多了反而对大脑有害处。

案例分析

汪滔和他的大疆

全球第一大消费级无人机制造商、估值240亿元、全球市场份额达70%,这是大疆创立9年来所取得的成绩。

汪滔,大疆创新公司创始人兼CEO,2003年到香港科技大学读电子与计算机工程学系。如今,汪滔研发的小型无人机,销量占全球一半,令"中国制造"在高科技领域崭露头角,他的身价也到了279亿元。

1980年,汪滔出生于浙江杭州一个家境殷实的家庭。父亲是一位工程师,母亲是位教师。

汪滔对天空的痴迷始于小学。有一天,他看了一本漫画书《动脑筋爷爷》,里面画着一个红色的直升机,讲述的是红色直升机探险的故事。不到10岁的他被深深吸引住了,开始对天空充满了想象,他希望自己能做一个一模一样的直升机,跟着他一起旅行。

2001年,他考上了华东师范大学电子系,但是在读大三的那一年,他选择退学,转而向心仪的世界一流名校发出入学申请。不过,他连连被拒,因为他的成绩只是中等偏上,并不算很优秀。

一流名校梦碎后,他进入香港科技大学电子工程系就读。本科期间,他继续沉迷于自己的航空梦,参加了两次机器人大赛,分别获得香港冠军和亚太区并列第三的好成绩。中途摔坏了好几台航模,旋转的螺旋桨叶还在他手上留下了一个疤痕,但是,这使他萌生了一个想法——做一个能够自动控制直升机飞行的东西出来。

于是,2005年,汪滔在香港科技大学准备毕业课题时,决定研究遥控直升机的飞行控制系统。很少有本科生自己可以决定毕业课题的方向,大多由导师指定课题。但是,他意志坚定,找了两位同学去说服老师同意他们的研究方向。

在他的软磨硬缠下,导师终于松口答应了。为此,他申请到了学校1.8万港币经费,这期间,不惜逃课,每天熬夜到凌晨五点,这种状态持续了5个月。

然而,到了演示的时候,飞机还是从半空中掉了下来。这个16岁时就想要解决的飞控问题——"可以停在空中不动,想让它停哪里就停哪里"的自动悬停技术,还是以失败告终。

最终,他的毕业设计勉强只得了一个C。

但也不是没有收获的,他引起了香港科技大学机器人技术教授李泽湘的注意。

在李泽湘的引荐下,2006年,他开始读两年制的研究生。

同时,他边开公司边读书,和两个同学拿着筹集到的200万元港币,跑到深圳车公庙阳光高尔夫大厦,在一间不足20平方米的仓库里创办了大疆创新公司。据他回忆说,"斜斜的,不是很高,很小的一个空地,20平方米不知道有没有,就是一个很小的仓库,当时我们三个人就挤在里面。"

也因为经常旷课,两年的研究生课程,他读了足足五年才拿到学位。

刚开始的时候,汪滔没有大的愿景,他回忆说,"我当时也不知道市场规模究竟会有多大。我们的想法也很简单:开发一款产品,能养活一个10到20人的团队就行了。"所以,汪滔大学获得的奖学金全部拿出来搞研究,生活费则靠另外两个同学剩余的奖学金。

然而,由于早期缺乏愿景,加上汪滔个性很强,又是个很挑剔的完美主义者,等他把公司搬到莲花北村时,原班人马只剩下他自己一个。当初一起创业的两个同学,一个留学,一个工作,都已离开大疆。

汪滔只有不停地从网上招聘找人,甚至到处打电话,最惨的是,公司根本招不到优秀的人才。因为人来了,门一开,看是小作坊,基本上掉头就走。

幸运的是,出于对创新技术的兴趣,汪滔还是找到了同类人,与卢致辉、陈楚强、陈金颖组成了四人团队。团队四人中,唯有汪滔有无人机技术背景,汪滔也因此担任了导师的角色,时常需要手把手地教其他人。

当时大疆也不存在什么商业模式,就是做产品,产品出来以后就到"我爱模型"这样国内国外的航模爱好者论坛里出售。整个团队就像大学里的实验室,彼此之间没有头衔,几个人挤在一个屋子里,每天工作十几个小时,没有上下班时间,很多事情都是边修无人机边聊的。

最让其他成员惶恐不及的,是汪滔的电话。汪滔比较喜欢晚上工作,晚上十一二点才到办公室一直干到白天。最重要的是,他常常不管时间,一有想法就打电话过去谈论想法。为此,他们各有各的应对方法,下班后,有人将手机放在铁盒子里使它无法接通;有人直接关机;当然了,也有人不敢不接的。所以,基本上当汪滔找不到其中两人的时候,就会打给最后一个。

大疆的第一个产品卖出了5万元,成本只有1.5万。在长达两年多的时间里,大疆就这样以小作坊的方式运转。

在大疆创立两年后,创始团队的成员几乎全部都离开了,卢致辉、陈楚强、陈金颖三人在离开大疆后,分别成立或加入了无人机创业公司,最终成为汪滔的竞争对手。后来,他的导师李泽湘加入,不仅带来了资金,还给大疆引荐了很多他的学生。

不久,大疆打磨出了 XP3.1 这款飞控系统,这款系统完成了汪滔自动悬停的心愿,飞行测试选择在了西藏绒布寺——全球海拔最高的寺庙,距离珠峰北坡的直线距离仅有 20 千米。起飞海拔 5 000 米,这是人类历史上第一次采用空中机器人对珠峰地区进行飞行测试和航拍实验。这架被命名为珠峰号的无人直升机,可以进行控制半径约 1 千米的半自动遥控飞行,也可以进行控制范围达 10 千米的导航点全自主飞行。

可以说在这个时点,大疆创造了第一个奇迹。

随后,大疆陆续推出了"ACE ONE 直升机飞控""悟空多旋翼飞控"等多款飞行器控制系统,迎来了第一缕曙光。

2010 年,从一位新西兰代理商那里得到的信息——"她一个月卖出 200 个平衡环,但95%的客户把平衡环安装在多轴飞行器上",让大疆面临两道选择题,一是继续卖配件还是做整机;二是如果做整机,是做固定翼,还是直升机,或者多轴。

公司内部为此炸开了锅,因为当时没有可以参考的样本,做整机也不知道做成什么样子,做多轴也完全看不到前景,非常冒险。

最后,汪滔霸气地拍了板:做多轴。

其实,当时大疆的小作坊模式也很挣钱,产品主要是卖给国企,后者购买产品的需求主要为了给领导演示,"他们买一架机器,我们出一群人去给他演示,然后领导看完之后就束之高阁,他们给我们 20 万。"

用汪滔的话来说就是 easy money,但是他害怕公司做大的希望会毁在这种 easy money 上,立马腰斩了这种方式。他说:"这不符合我的方向。我是做产品的人,我只想把产品做好,让更多人来使用。"到了 2012 年,凭借过去几年积累了成熟的技术,大疆陆续拥有了一款完整无人机所需要的一切元素:软件、螺旋桨、支架、平衡环以及遥控器。最终,在 2013 年 1 月发布"大疆精灵",成功撬动了民用无人机市场。随后,"精灵2""精灵3"先后问世,迅速占领了 70%的市场份额。

【启示】 消极心态者认为,人生来就不平等,为什么有的人如此富有,如此健康,如此快乐,而有的人整天劳作,却什么都没有?他们认为贫穷与不幸都是命运的安排,自己无法抗争。因此,他们从未想到过要改善自己的生活。汪滔的故事能告诉你:任何人都能成为富人,也可以成为穷人,二者最大的区别就在于思维观念的不同。只要你保持积极的心态,并且肯为实现理想而付出艰辛的努力,只要你坚持不懈地发掘你的潜能,你就能得到你真正想要的。

实践拓展

皮格马利翁效应

皮格马利翁效应(Pygmalion Effect),亦称"罗森塔尔效应"或"期待效应",也有译"毕马龙效应""比马龙效应"。由著名心理学家罗森塔尔和雅各布森在小学教学上予以验证提出,指人们基于对某种情境的知觉而形成的期望或预言,会使该情境产生适应这一期望或预言的效应。心理学上的"皮格马利翁效应",是指热切的期望与赞美能够产生奇迹:期望者通过一种强烈的心理暗示,使被期望者的行为达到他的预期要求。

皮格马利翁效应是说人心中怎么想、怎么相信就会如此成就。你期望什么,你就会得到什么,你得到的不是你想要的,而是你期待的。只要充满自信地期待,只要真的相信事情会顺利进行,事情一定会顺利进行,相反,如果你相信事情不断地受到阻力,这些阻力就会产生,成功的人都会培养出充满自信的态度,相信好的事情一定会发生。这种称为积极期望的态度是赢家的态度。

在我们的生活中,父母亲对我们的期望,老师对我们的期望,我们对别人的期望,以及我们对自己的期望,都是对我们生活是否愉快有重大影响的期望,假如你对自己有极高且积极的期望,每天早上对自己说:"我相信今天一定会有一些很棒的事情发生。"这个练习就会改变你的整个态度,使你在每一天的生活中都充满了自信与期望。

【思考】

1. 皮格马利翁效应说明了什么问题?
2. 生活中有哪些皮格马利翁效应?我们该如何运用?

项目三　准确认识自己,促进自我发展

项目导读

　　同学们,我们每个人都具备不同的性格特质,如何准确地认识自己的职业兴趣、挖掘个人能力是一件非常重要的事情。每个人都有能力的长处和短板,能力的短板会影响到我们学业发展的高度。所以,我们要趁着自己的能力还处于塑造期,有意识地按照下述办法来提高自己的能力。另外,在自己擅长的领域,通常能够取得更好的表现和成绩,获得更高的自信和自我成就感,也更容易成功。所以,我们更应该清楚自己的优势对应的那些专业、职业,对这些专业和职业进行深入的了解,给自己确定一个贴近现实的、科学的目标,并制订有效的执行计划。

知识目标

1. 掌握职业兴趣类型与职业环境类型之间的关系;
2. 了解职业性格类型的优劣势及相对应的职业;
3. 对自身的职业价值观有客观的概括。

能力目标

1. 能准确把握自身职业性格;
2. 熟练运用 MBTI 测评系统;
3. 掌握职业能力自主提升的一般方法。

价值目标

　　1. 培养学生科学规范地开启自我探索、自我认知的过程,从自身出发在人生发展的坐标系上找到自己的位置;

　　2. 引导学生正确对待自身存在的短板,自信、阳光、乐观地面对个人在社会生活中的各种问题,树立诚实守信、乐观开朗的处事观念;

3. 在自我探索的过程中,引导学生勇于攀登,不怕困难,迎接挑战,在个人成长、发展的大舞台上成就出彩人生。

注意事项

1. 本项目要求学生能够准确地运用相关职业测试方法,评估自身未来的职业类型。需要客观地认识到自身的不足,并采取有效的方法和手段提升自身职业能力;

2. 本项目的学习需要紧密结合案例分析,引导学生准确把握职业兴趣与未来职业之间的发展关系,制定相应的职业发展策略;

3. 项目执行过程中,可能涉及社会学、管理学、心理学等相关学科知识,要求学生能准确理解相关概念,并学以致用。

任务一 职业兴趣探索

任务目标

1. 了解自己的职业兴趣,通过准确评估自己来确定职业类型;
2. 通过学习认识自我的方法,认识并培养自己的职业能力;
3. 熟悉相关职业测评方法。

案例导入

走出迷茫

小何是深圳一所高职院校国际经济与贸易专业的学生,如今已经大三了。高考那年,她听从妈妈的意见填报了该专业。她当时觉得国际经济与贸易专业和经济学相关,也是个热门专业,但实际上并不清楚这个专业是学什么的,将来能做些什么。就这样,小何稀里糊涂地被录取到国际经济与贸易专业。入学之后,小何逐渐发现自己对经济类专业的课程并没有什么兴趣,上课时觉得无聊,课后也懒得翻书,期末考试靠临阵磨枪才得以"涉险过关"。她发现自己更感兴趣的实际上是人文类的学科,比如中文、英语等专业。大一下学期时,小何曾跟父母商量想转专业,但父母对她的想法表示不理解:"这个专业别人想读还考不进,你竟然想放弃?"由于父母的极力反对,小何只得作罢。两年半的大学生活转瞬即逝,小何在专业学习上仍毫无兴趣,成绩也非常一般,前途一片迷茫。

➤问题链接:你有过类似的迷茫和困扰吗? 你是如何处理的? 你觉得小何应该如何选择自己的专业和职业?

著名心理学教授米哈利花了 30 多年时间对几百位各行各业的人进行访谈，研究是什么东西真正令人们感到幸福和满足。他发现，当人们专心致志地从事某种活动，甚至忘我地完全沉浸在这种活动中的时候，他们感到最为愉快和满足。他将这种状态称为"flow"，因为这个时候人们的体验好像是被一股潮流往前推动，一切都很平静而自然地发生了。米哈利一直强调：做自己喜欢的事情才能获得快乐！因此，本任务主要探讨兴趣的含义，以及它与生涯发展的关系等问题。

一、兴趣与职业兴趣

兴趣是力求认识、探究某种事物或从事某项活动的心理倾向。我们通常所说的"喜欢做某事"，其实就是兴趣的外在表现形式。兴趣以需要为基础，由对事物的认识和获得在情绪体验上的满足而产生，是我们为从中获得乐趣而做事的心理倾向。

🔍 案例分析

某职业院校的大二男生周翔悄然离校，家人和同学都只能通过他的微博与其联系。周翔在博客中发布了一篇出走宣言。周翔的同学说，那天在微博中周翔称自己已经离开学校，到了另一个陌生的城市。周翔突然离校的原因是周翔不喜欢目前所学的专业，挂了很多科目。他爱好文学，一直都希望能读文科专业，周翔的寝室里放了上百本书，80%都是文学名著，就因为理工科专业"就业更容易"，所以他在家人的劝说下选择了现在的专业。周翔的兴趣爱好是文学，可以说到了如痴如醉的地步，但是由于外部因素的影响，他选择了自己不感兴趣但在他人眼里更容易就业的理工类专业。尽管勉强考取了这个专业，但是兴趣却没有发生改变，因为兴趣外的知识他不喜欢，导致学业成绩不佳，挂了许多科目，最后导致其离开学校。

【启示】 兴趣是我们从事不同的活动时心中所产生的乐趣和满足感。兴趣对我们从事的活动、学习的专业、选择的职业有导向性的影响。当我们的选择与我们的兴趣相一致时，我们便会感到愉悦，而当我们的选择与兴趣不匹配时，我们选择的持续性会大大降低。这就是人们常说的"天才也怕入错行"。

很多学生在高中期间，在填报高考志愿时，对自己想要从事的职业、有兴趣学习的专业并不了解。事实证明兴趣与工作满意度、职业稳定性和职业成就密切相关。面对就业，我们会存在一些困惑：

▷问题链接：我能从事什么职业？我的兴趣能否与我的职业相关？我的专业又能否与我最终从事的职业相关？

由于高等教育快速发展，高校专业范围很广，不可能所有的人都能够选择自己感兴趣的专业，又由于产业格局和职业要求的限制，不可能所有的人，甚至是大部分人都不能选择到与自己专业对口，更别提自己感兴趣的行业工作。

需要注意的是，这里所说的兴趣并不局限于我们日常语境中的爱好，不局限于所谓的喜欢唱歌、跳舞。实际上，我们可以将兴趣分为有趣、乐趣、志趣三个层次。

有趣：短暂易逝，时而不稳，常与对某一事物的好奇感有关。随着好奇感的消失，兴趣也自然消减。比如，追某一部电视剧或者电影，随着放映的结束，这种兴趣就会消失。

乐趣：在有趣定向发展的基础上形成的兴趣层次。这一阶段，兴趣会变得专业、深入。比如，原来只是觉得弹吉他很酷很帅的同学，在学习了一段时间之后逐渐喜欢上吉他弹奏，一有时间就练习，并乐在其中。

志趣：与社会责任、理想、人生目标相关联，有社会性、自觉性和方向性，是取得成功的根本动力和保证。比如，有同学特别喜欢打游戏，也非常擅长打游戏，打进了国家队，以参加游戏竞赛、游戏公司内测、游戏开发为职业。

职业兴趣是我们对某种职业或者从事某种职业活动所表现出来的特殊倾向。职业兴趣直接影响我们今后对待自己所从事职业的态度和取得成就的大小。兴趣向职业兴趣的转换，需要具备诸多因素，其中最关键的因素就是能力。如果仅仅有兴趣，而无从事这项职业的能力，我们是无法胜任这项工作的。与个人兴趣不同的是，职业兴趣还强调责任意识，它包括：承担工作结果的责任、对家庭的责任以及社会责任感。这是兴趣与职业兴趣本质的区别，我们应该正确地认识到：职业兴趣＝兴趣＋能力＋责任，是个人兴趣、能力和责任的集合体。

二、霍兰德的职业兴趣理论

如何用心理测量的方法来准确描述职业兴趣，一直是心理学家关注的问题。很多学者编制了各种各样的问卷来测量职业兴趣。目前在国内影响最大、应用范围最广的是霍兰德职业兴趣测验。

约翰·霍兰德(John Holland) 于 1959 年提出了具有广泛社会影响的人业互择理论。该理论认为人的人格类型、兴趣与职业密切相关，兴趣是人们活动的巨大动力，凡是具有职业兴趣的职业，都可以提高人们的积极性，促使人们积极地、愉快地从事该职业，且职业兴趣与人格之间存在很高的相关性。这一理论首先根据劳动者的心理素质和择业倾向，将劳动者划分为六种基本类型，相应的职业也划分为六种类型：社会型、企业型、常规型、现实型、研究型和艺术型。

（一）基本的理论假设

霍兰德兴趣测验的理论基础主要由四个基本假设组成：

1. 职业兴趣类型可以分为六种。大部分人都能归纳为六种职业兴趣类型中的一种。

2. 工作环境类型也可以分为六种。这些不同的环境分别由不同职业兴趣类型的人所组成，其名称及性质与职业兴趣类型的分类一致。

3. 人们都尽量寻找那些符合自己职业兴趣、让自己的能力充分发挥、让自己愉快的职业。例如：一个现实型的人会尽力去寻找现实型的职业。

4. 一个人的行为表现是兴趣和环境相互作用的结果。如果一个人能清楚地界定自己的兴趣类型，能敏锐地辨别环境类型，他就可以预测自己的职业选择、工作变换、教育及社会行为等。

(二) 六种职业兴趣类型

霍兰德将职业兴趣归纳为六种类型:现实型(R)、研究型(I)、艺术型(A)、社会型(S)、企业型(E)和常规型(C)。

表 3-1　霍兰德职业兴趣表

职业兴趣类型	职业兴趣特征	匹配的职业领域
现实型(Realistic)	一般具有技术与运动取向,相对具有较强的身体技巧和机械的协调能力,对于机械和物体显示出强烈的关注。他们稳重、实际,喜欢从事规则明确的活动和技术性工作,甚至非常狂热地自己动手创造新物。他们缺乏人际交流的技巧,对人事管理和监督工作不太感兴趣。	需要熟练技能方面的职业;动植物管理方面的职业;机械管理方面的职业;手工艺或机械修理、机械操作等职业
研究型(Investigative)	对于理论思维和数理统计具有浓厚的兴趣,对于解决抽象性的问题具有极大的热情。他们倾向于通过思维分析解决复杂的问题,喜欢具有创造性、挑战性的工作。他们不会主动去做人员领导或人际交流工作,独立倾向明显。	分析员、设计师、生物学家等
艺术型(Artistic)	对于创造性的、想象的、具有自我表现空间的工作显示出明显的偏好。他们创造倾向明显,对于结构化程度较高的职业及环境都不太喜欢,对机械性及程式化的工作缺乏兴趣,比较喜欢独立行事。	美术雕刻、工艺工作、舞蹈、戏剧等
社会型(Social)	乐于从事人际交流工作。通常他们的语言能力优于数理能力,善于言谈,乐于帮助别人,具有人道主义倾向和强烈的责任心。他们习惯于通过和别人商讨或调整人际关系来解决面临的问题,对于以机械和物品为对象的工作没有兴趣。	学校教育和社会教育方面的工作、社会福利事业、医疗与保健方面的工作、商品营销工作等
企业型(Enterprising)	追求高出平均水平的收入,喜欢利用权力、关系、地位,希望成就一番事业。企业型的人通常精力充沛、自负、热情、自信,具有冒险精神,能控制形势,擅长表达和领导。他们大多会在政治或经济领域取得成就。	商业管理者、律师、推销商、市场经理或销售经理、体育运动策划者、电视制片人和保险代理等
常规型(Conventional)	更愿意在一个大的机构中处于从属地位、跟随大流。大多具有细心、顺从、依赖、有序、有条理、有毅力、效率高等特征。他们多擅长文书或数据工作,通常会在商业事务性工作中取得成就。	会计、银行出纳、图书管理员、秘书、档案、税务等

(三) 六种职业环境类型

【微课】

职业兴趣类型

20 世纪 70 年代初,考虑到个体行为的解释与预测应结合其所处环境的特点,霍兰德将职业环境分为六种模式。

霍兰德提出了六种职业环境类型,并采用了与六种兴趣类型相同的命名。霍兰德认为,一种职业环境就是一种职业氛围,而这种职业氛围又是由具有类似职业兴趣的人所创造出来的特定环境,它具有特定的价值观念、态度倾向和行为模式。这六种类型在不同的职业和环境中都或多或少地存在着,只是其中的两三种会占据主导地位。如果人格类型与职业环境适配,就有取得令人满意的结果的可能,如增加职业满意度、带来职业成就感和提高职业稳定性等。

现实型的职业环境:通常是那些对物体、工具、机器、动物等进行操作的工作。从事现实型职业的人通常具有现实型的人格特质。他们大多是现实的、机械的,并具有传统的价值观,倾向于用简单、直接的方式来处理问题,也用他们的机械和技术能力来进行生产。

研究型的职业环境:通常是指那些对物理学、生物学或文化知识进行研究和探索的职业。从事这一行业的人通常具有研究型的人格特质,他们大多是有学问的、聪明的,他们取得成就的方式主要是证明他们的科学价值,这样的人一般会以复杂、抽象的方式看待世界,并倾向于用理性和分析的方式来处理问题。

艺术型的职业环境:通常指那些进行艺术、文学、音乐和戏剧创作的职业。从事这一职业的人通常具有艺术型的人格特质。他们大多擅长表达,富有创造力,直觉能力强,不随大流,独立性强。他们通常以展示自己的艺术价值来获取成就,以复杂的和非传统的方式来看待世界,与他人交往更富于情感和表达。

社会型的职业环境:主要是那些与人打交道的工作,如教导、培训、发展、治疗或启发人的心智等。从事这一类职业的人通常具有社会型的人格特质。他们通常助人为乐、易于合作、善解人意、灵活而随和。他们取得成就的方式通常是展示自己的社会价值,并常常以友好、合作的方式来与人相处。

企业型的职业环境:主要是指那些通过控制、管理他人而达到个人或组织的目的的职业。从事这一职业的人通常具有企业型的人格特质。他们一般具有领导和演说才能,通过展示自己的金钱、权力、地位等来获取成就,常常依据权力、地位、责任等来衡量外界事物,并通过控制的方式来处理问题。

常规型的职业环境:通常是指那些对数据进行细致有序的系统处理的工作,如录入、档案管理、信息组织和工作机器操作等。从事这一职业的人通常具有常规型的人格特质。他们通常整洁有序,擅长文书工作,一般会在适应性和依赖性的工作中获取成就。他们通常以传统的和依赖的态度看待事物,并以认真、现实的方式来处理问题。

拓展阅读

职业锚理论

著名管理心理学家埃德加·施恩提出职业锚的概念,他认为职业规划实际上是一个不断探索的过程。职业锚实际上是人们选择和发展自己职业时所围绕的中心,它意味着对于一个人来说,到底什么东西是最重要的。职业锚的功能体现在个人未来的职业方向和决策上,可以被看作永不放弃的动机和价值观。

他提出五种职业锚:

1. 技术或功能型职业锚:具有较强的技术职业锚的人往往倾向于那些能够保证自己在既定的技术或功能领域不断发展的职业。他们喜欢独立完成目标,外在动机是得到专业领域的深造和自我发展的机会。

2. 管理型职业锚:这类人往往表现出强烈的成为管理人员的动机,具有成为管理者或权威的强烈自信，通向能够承担较高职责的管理职位是这些人的终极目标。

3. 创造型职业锚：这类人希望建立或创设某种完全属于自己的东西。他们具有企业家人力资本特性，把握自己命运，要求有自主权施展自己的特殊才干和创新能力。

4. 自主与独立型职业锚：这类人希望自己独立工作，追求最大限度地摆脱组织约束，喜欢独立性和自主性的职业。

5. 安全型职业锚：这类人重视长期的职业稳定和工作的保障。

（四）职业兴趣类型与职业环境类型之间的关系

霍兰德的理论体系认为，某一类型的职业通常会吸引具有相同人格特质的人，而具有相同人格特质的人对许多生活事件的反应模式也是相似的。他们创造了具有某一特色的生活环境，也包括工作环境。霍兰德认为，在同等条件下，人和环境的适配性或一致性将增加个体的工作满意度、职业稳定性和职业成就感。

霍兰德设计出了六边形模型来解释六种职业环境之间的关系。在六边形模型上，任何两种职业类型之间的距离越近，其职业环境的相似度越高。

这个六边形模型亦可以用来解释六种职业兴趣之间的关系。任何两种职业兴趣之间的距离越近，其相似度就越高。个体可能同时具备多方面的兴趣特征，不过会有一种占优势，其他相对较弱。六种职业兴趣类型（R、I、A、S、E、C）按顺时针方向排成环形。两种兴趣类型间有相邻、相对、相隔三种关系。其中，相邻职业兴趣类型间的关系最紧密，共同点较多；相对的兴趣类型间的共同点较少。

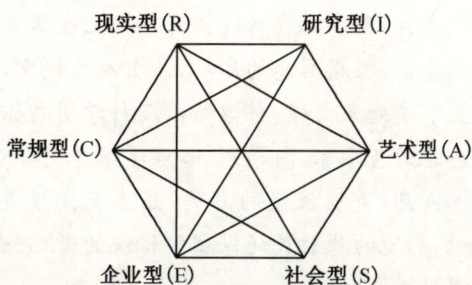

图3-1　霍兰德的六边形模型

案例分析

为兴趣执着的陈景润

陈景润是一位家喻户晓的数学家，在攻克歌德巴赫猜想方面做出了重大贡献，创立了著名的"陈氏定理"。因此，有许多人亲切地称他为"数学王子"，但他的成就源于一个故事。

1937年，勤奋的陈景润考上了福州英华书院，在他上学期间清华大学航空工程系主任沈元教授回福建奔丧，不想因战事被滞留家乡。由于沈教授是福州英华书院的校友，为了报答母校，他来到这所中学为同学们讲授数学课。一天，沈教授在数学课上给大家讲了一个故事：200年前，有个法国人发现了一个有趣的现象，即6＝3＋3，8＝5＋3，10＝5＋5，12＝5＋7，28＝5＋23，100＝11＋89。可以发现，每个大于4的偶数都可以表示为两个奇数之和。国际大数学家欧拉说过："虽然我不能证明它，但是我确信这个结论是正确的。

它像一个美丽的光环,在我们不远的前方闪耀着眩目的光辉……"陈景润听得入神,并对这个奇妙的问题产生了浓厚的兴趣。他的课余时间基本就待在图书馆,不仅阅读中学辅导书,连大学里的数理化课程教材也如饥似渴地阅读,获得了"书呆子"的雅号。

【启示】 兴趣是第一老师。正是这样的数学故事,引发了陈景润的兴趣,激发了他的勤奋,从而造就了一位伟大的数学家。兴趣对于一个人的学习来说是至关重要的,尤其是数学这种偏理性的科目,没有兴趣作为动力和牵引,学习就会很困难。当然,有了学习兴趣,加上日后的努力,学习就会容易许多。

实践拓展

情景模拟

假设你在度"十一"长假途中,你所乘坐的轮船发生了意外故障,必须紧急靠岸。此时,轮船正处于以下6个岛屿中间。

你希望选择哪一个岛屿靠岸?请不要考虑其他因素,仅凭自己的兴趣按一、二、三的顺序挑出你最想前往的3个岛屿。

条件:至少要在所选择的岛屿上生活半年。

Ⅰ岛:深思冥想的岛屿,岛上人迹较少,建筑物多僻处一隅,平畴绿野,适合夜观星象。岛上有多处天文馆、科博馆以及科学图书馆等。岛上居民喜好沉思、追求真知,喜欢和来自各地的哲学家、科学家、心理学家等交换心得。

A岛:美丽浪漫的岛屿,岛上充满了美术馆、音乐馆,弥漫着浓厚的艺术文化气息。同时,当地的原住民还保留了传统的舞蹈、音乐与绘画,许多文艺界的朋友都喜欢来这里找寻灵感。

C岛:现代井然的岛屿,岛上的建筑十分现代化,是进步的都市形态,以完善的户政管理、地政管理、金融管理见长。岛民个性冷静保守,处事有条不紊,善于组织规划。

R岛:自然原始的岛屿,岛上保留有热带的原始植物林,自然生态保育很好,也有相当规模的动物园、植物园、水族馆。岛上居民以手工见长,自己种植花果蔬菜、修缮房屋、打造器物、制作工具。

E岛:显赫富庶的岛屿,岛上的居民热情豪爽,善于企业经营和贸易。岛上的经济高度发展,处处是高级饭店、俱乐部、高尔夫球场。来往者多是企业家、经理人、政治家、律师等,衣着华贵,夜夜笙歌。

S岛:温暖友善的岛屿,岛上居民个性温和、十分友善、乐于助人,社区均自成一个密切互动的服务网络,人们多互助合作,重视教育,充满人文气息。

按自己第一选择的岛屿分组就座

同一岛屿的人交流一下自己为什么选择这个岛屿,看看大家有什么共同的兴趣爱好,归纳为关键词。

任务二　职业性格探索

任务目标

1. 了解职业性格的类型;
2. 熟练运用 MBTI 测评系统;
3. 掌握职业性格与专业选择之间的关系。

案例导入

　　一部《红楼梦》,数百人物,不同命运……

　　俗话说,性格决定命运。这一点我们在很多优秀文学作品中都可以读到。比如,《三国演义》中的周瑜足智多谋,但嫉贤妒能,临终前发出"既生瑜何生亮"的感慨,怀恨而终。《水浒传》中宋江仗义疏财、忠孝义气、反叛、城府深的性格,也与其聚义梁山最终又接受招安的人生阅历相关。

　　而人物塑造难度最大,同时也最为成功的当属曹雪芹的《红楼梦》。一部《红楼梦》里,数百位不同人物具有不同性格,最后的命运也各不相同。其中最为经典的是"贾宝玉梦游太虚幻境"中,贾宝玉所看到的金陵十二钗卷册中的描述。我们可以在《红楼梦》中轻而易举地把握以下人物的性格和命运特征:

　　贾宝玉:无故寻愁觅恨,有时似傻如狂。纵然生得好皮囊,腹内原来草莽。潦倒不通世务,愚顽怕读文章。行为偏僻性乖张,那管世人诽谤!

　　林黛玉:生性孤傲,天真直率,敏感细腻,心较比干多一窍,病如西子胜三分。

　　薛宝钗:举止娴雅,温厚练达,罕言寡语,可叹停机德,金簪雪里埋。

　　王熙凤:伶牙俐齿,机变逢迎,强势狠辣,机关算尽太聪明,反误了卿卿性命!

　　➤问题链接:《红楼梦》中的这些人物如果穿越到现代,你觉得他们能做些什么?

　　关于性格,我们能够想到多个俗语——"性格决定命运""江山易改,本性难移"等。而在生活中,性格相合的人往往更容易相处。这一规律同样适用于职业生涯管理领域,职业选择的过程实际上就是选择一个与你的性格特征相匹配的职业或者工作。

　　关于性格内涵,我们一般都知道性格有内向与外向之分,这反映的是一个人对现实的稳定的态度和习惯化的行为方式。性格受到生理遗传、家庭教育、生长地的文化习俗及成长过程中所经历的人与事等多重因素的影响,但一旦形成后便具有较强的一致性和稳定性。而从人职匹配理论来看,一个人所从事职业的工作环境与其职业性格的特点一致度较高时,他往往就能够愉快地享受工作,工作的效率也较高。

　　当然,对性格的划分远比我们所熟知的将之分为内倾、外倾要复杂得多。现代心理学的性格划分主要有赖于瑞士著名的心理学家荣格,他提出了 3 种性格偏好维度。1962年,著名心理学者凯瑟琳·布里格斯和伊莎贝尔·布里格斯·迈尔斯母女二人在荣格的基础上，将性格偏好的维度发展为 4 种，共计 16 种性格类型。这也就是我们所熟知的 MBTI 性格类型测评系统。目前这一测评系统被广泛运用在职业咨询和企业人力资源测评中，本任务也将使用该测评系统探索同学们的职业性格。

一、职业性格类型

（一）动力倾向

动力倾向是表示个体心理能量的获得途径和与外界相互作用的方式。

外倾 Extroversion(E)：倾向于将注意力和精力投注在客体，即从外部世界的人、事与环境中获得支持，并依赖于外在环境中发生的信息变化，需要通过实践经历来了解世界。

内倾 Introversion(I)：倾向于将注意力和精力集中于自我的内心世界，从对思想、回忆和情感的反思中获得动力，看重发生的事件的概念、意义等，其活动多为主观世界的思考。

（二）信息收集方式

信息收集方式表示个体在收集信息时注意的指向。

感觉 Sensing(S)：倾向于通过各种感官来获取信息，关注事实本身，即"是什么"，注重细节和现实的、直接的、有形有据的信息与事实，擅长记忆，相信经验，习惯于照章办事，对应实践学习者，更注重实际应用。

直觉 Intuition(N)：倾向于通过想象、"第六感"等超越感觉的方式获取信息，关注的是事件的各种可能性及其背后隐含的意义、关系与理论，即"可能是什么"，习惯于变化、突破，对应理论学习者，更关注对理论的理解与解释。

（三）决策方式

决策方式是指个体做决定和下结论的方式。

思维 Thinking(T)：依据对情境客观的而非主观逻辑分析来做决定，跳出情境之外，对客观事实的正反两方面进行分析，注重因果关系并寻求一种能应用于相似情境的客观尺度或标准原则。

情感 Feeling(F)：依据自己的价值来做决定，往往会置换到情境中的各个相关立场上思考，会考虑对自己和他人来说什么是重要的，比较关注决策可能给他人带来的情绪影响，也有理性思考的成分，但会变通地贯彻规章制度，寻求和谐。

（四）生活方式

生活方式主要反映的是个体对生活的态度。

判断 Judging(J)：喜欢有计划、井然有序的生活，在处事风格上目的性较强，行为有组织性和系统性，喜欢控制事态、解决问题，决策较为果断，对生活通常比较有规划、有条理。

知觉 Perceiving (P)：喜欢以一种灵活、随意的方式生活，好奇心强，愿意对新的信息和选择保持开放性，让事情自然地变化，更愿意去体验和理解生活，希望获得更多信息再作决断。

　　由这四个维度的八个指向，可以总结出 16 种性格类型。为了让同学们有更深入的了解，现将各种类型的优势、劣势以及对应的职业方向整理如表 3 - 2 所示。

【微课】

MBTI测评系统

表 3 - 2　MBTI 16 种职业性格类型的优劣势及对应职业

性格类型	优劣势	对应职业
ESTJ 型 外倾感觉 思维判断	优势：非常务实，对既定目标坚忍不拔；善于了解并重视集体的目标；天生的组织者，擅长做出客观的决定；在推销或谈判时非常有说服力，非常坚定；善于看到工作中不合逻辑、不协调、不切合实际的和无效的部分。	企业管理者、军官、工程预算师、药剂师、保险经纪人、房产经纪人
	劣势：对不遵守程序或对重要细节不重视的人可能会缺乏耐心；不能忍受没有效率的工作；当他们追求目标时，总喜欢凌驾于他人之上；对当前不存在的可能性没有兴趣；不能虚心听取反对意见；有时会粗暴无礼。	
ESFJ 型 外倾感觉 情感判断	优势：他们是很好的合作者，能够与别人建立友好且和谐的关系；不论工作还是消遣，他们都愿意为团体尽自己的力量；工作勤奋，富有效率；认真、忠诚，乐于遵守各种规章制度；善于组织，能够记住并利用各种事实。	零售商、护士、运动教练、餐饮业管理、旅游管理
	劣势：对批评过于敏感，在紧张的工作环境中容易感受压力；没有得到表扬和欣赏时会变得失望、泄气；做决定过快，不考察其他的选择；不能寻找新的方法解决问题；可能会固执己见，甚至是僵硬死板。	
ENFJ 型 外倾直觉 情感判断	优势：能够促进和谐，建立合作关系；尊重各种不同意见；能够成为出色的公共演说者，促进群体讨论；果断而有条理；天生的领导者。	广告客户管理、杂志编辑、电视制片人、市场专员、作家、社会工作者
	劣势：倾向于把人理想化；过快地做决定；不善处理冲突，不善于清除表面掩盖下的问题；可能过于个人化地对待批评；可能不注意实际的精确性。	
ENTJ 型 外倾直觉 思维判断	优势：有远见的领导者；在有机会晋升到最高职位的机构中能够出色地工作；雄心勃勃，工作勤奋，诚实而直率；善于处理复杂而要求创造性的问题，能够做出合乎逻辑的决定；能够时刻牢记长期和短期的目标。	公司首席执行官、管理咨询顾问、政治家、教育咨询顾问、投资顾问、法官
	劣势：爱发号施令，挑剔、严厉；工作至上而忽视生活的其他方面；可能因急于做出决定而忽视有关的事实和重要细节；可能不会表示鼓励和赞扬；可能不要求或允许别人提供建议和帮助。	
ESTP 型 外倾感觉 思维知觉	优势：观察力强，对于事实信息有着出色的记忆力；能够看出什么是需要做的事情，对于完成事情所必需的事项怀有现实的态度；乐于推销和洽谈；对于不同类型的人有很好的适应性；擅长创造性的工作，天生的创业者。	企业家、股票经纪人、保险经纪人、土木工程师、旅游管理、电子游戏开发、房产开发商
	劣势：不能看到行为的长期影响；对于他人的情感可能显得迟钝和不敏感；对于规则和章程很容易感到受约束；经常不能容忍行政性的细节和程序。	

（续表）

性格类型	优劣势	对应职业
ESFP 型 外倾感觉 情感知觉	优势：现实，脚踏实地，有很强的判断力；喜欢积极地工作，对变化和种类的适应性较强；在工作中能营造生动、愉悦的氛围；在面对面或电话沟通中，极善交谈；能调动用户和员工的情感。	幼教老师、公共关系专员、职业规划咨询师、促销员、演员、海洋生物学家、销售人员
	劣势：不善于提前计划和察觉行动预兆；易冲动发脾气和焦躁不安；即使在很短的时间内，独自工作都成问题；规范自己和别人时总不能达到要求；可能对不相关的事务和言外之意悟性不足。	
ENFP 型 外倾直觉 情感知觉	优势：富于创新的思考，好的问题解决者；能够把他们的天赋与别人的兴趣和能力结合起来；能够在任何使他们感兴趣的领域中成功；善于赋予合适的人以合适的位置/任务；能以富有感染力的热诚和精力激励他人。	管理咨询顾问、演员、平面设计师、艺术指导、公司团队培训师、心理学家、人力资源管理
	劣势：可能不是很有条理或不善于分清主次顺序；在工作细节的完成上有一些困难；可能感到厌倦并易于偏离正道；通常不喜欢任何重复或例行的事务；独自工作时效率通常较低。	
ENTP 型 外倾直觉 思维知觉	优势：运用天才的独创能力和现场发挥的能力去解决问题；在连续的、充满刺激的工作中表现最出色；能成为充满趣味的激励人心的公众演说家；擅长创新和客观公正的分析；自信只要想做，什么都能做到。	企业家、投资银行家、广告创意总监、文案人员、电视主持人、演员、大学校长
	劣势：当创造性的问题解决后，便对项目失去兴趣；不能做具体的细节性工作，不能贯彻始终；不喜欢例行的、单调重复的工作；坚持以自己固有的方式办事；经常打断别人说话，可能会由于过分自信而影响他们的能力；可能会是不可靠、不负责任的。	
ISTJ 型 内倾感觉 思维判断	优势：所有的工作都完成得准确细致；遵守既定的规则和程序；特别能够专心致志地工作，可以不需要别人的合作独立工作；是组织忠诚的维护者、支持者；情绪稳定，可以依靠，能够将工作自始至终贯彻到底。	天文学家、数据库管理员、会计、房产经纪人、侦探、行政管理人员
	劣势：对于改变后的工作环境适应性较差；见到实际应用后的结果才肯接受新观点；不喜欢变化，可能会有些僵硬、死板；不能理解和自己不同的要求；对自己给组织的贡献估计过低。	
ISFJ 型 内倾感觉 情感判断	优势：拥有极大的工作热情，认真负责，工作努力；对有顺序的、重复的常规程序和任务有出色的表现；细致、全面，注重细节；喜欢为别人服务，支持同事、下属的工作；喜欢用常规方法做事，尊重有头衔的人。	内科医生、营养师、室内装潢设计师、客服专员、财务专员、特殊教育教师、酒店管理人员
	劣势：低估自身价值；对自己的需求不果断；经常由于兼顾太多而超负荷工作；看不见将来后果的征兆；对突然的变化缺乏适应能力；如被认为不需要或不被欣赏，会感到灰心。	
INFJ 型 内倾直觉 情感判断	优势：善于发现问题的替代性解决方法和创造性方法；能够理解复杂的概念；能促进人与人之间的和谐一致；有说服力的领导，致力于实现所信仰的东西；乐于帮助他人发展。	特殊教育教师、建筑设计师、职业咨询师、心理咨询师、网站编辑、作家、仲裁调解人
	劣势：可能不够灵活，思维单一；想法可能缺乏实际可能性；可能过于追求尽善尽美，过分独立于合作工作；交流方式可能太复杂，令他人不易理解。	

性格类型	优劣势	对应职业
INTJ 型 内倾直觉 思维判断	优势:富于想象,善于创造体系;乐于迎接、创造新的智力挑战;擅长理论和技术分析以及逻辑地解决问题;可以单独做好工作,甚至面对反对的时候也能坚决果断;能理解复杂而困难的事务。	知识产权律师、设计工程师、精神分析师、心脏病专家、媒体策划、网络管理员、建筑师
	劣势:创造性的问题解决之后可能会对工作项目丧失兴趣;促使他人工作就像促使自己一样严格;可能和那些他们认为能力不如自己的人不太容易共同工作;可能因太过于独立而不能适应合作的环境;对于别人的想法可能不够灵活而显得固执。	
ISTP 型 内倾感觉 思维知觉	优势:会做好切实的任务和产品;能使杂乱的资料和难以分辨的材料有序化;通常喜欢手工活和掌握工具的用法;通常喜欢一个人工作或者与尊重的人相配合;有效区分和使用手边的资源。	计算机程序员、警察、软件开发员、律师、消防员、私人侦探、药剂师
	劣势:缺乏语言交际的能力和兴趣;对抽象和复杂的理论很少有耐心;易疲劳,易产生厌倦感;对别人的需求和情感表现出无动于衷;起伏不定并不现实。	
ISFP 型 内倾感觉 情感知觉	优势:喜欢亲身参与,尤其是助人的职业;喜欢变化并能很好地适应新环境;意识到工作的重要性时,能够努力工作;对组织忠诚,能愉快地接受领导的命令;在积极支持的气氛中茁壮成长。	客服专员、服装设计师、厨师、护士、牙医、旅游管理员
	劣势:不考虑事件背后隐含的意思和动机,轻易地接纳别人的行为;除非限于眼前,否则看不到时机;易于把批评和否定回答看得很重;不喜欢提前准备,在时间安排上有困难;对过多的规则和官僚体制不适应。	
INFP 型 内倾直觉 情感知觉	优势:乐于为他们认同的事业工作;擅长独立工作,能与他们尊重的人保持频繁而有意义的支持性的交流关系;忠于职守;从事他们所信仰的工作使他们振奋鼓舞;能够理解他人,愿意与他人单独交流。	心理学家、人力资源管理人员、翻译、社会工作者、图书管理员、服装设计师、编辑/网站设计师
	劣势:制订计划时可能不够实际;想控制工作的进度,但如果控制力一旦丧失便会失去工作兴趣;如果工作没有向他们坚信的目标发展,他们可能会垂头丧气;可能不能灵活地对他们的看法进行必要的改变;在竞争的环境中工作会有困难。	
INTP 型 内倾直觉 思维知觉	优势:能够有远见地分析问题;具有创新性的思想;喜欢能够学到新知识、掌握新技能的环境;能一个人工作,并且全神贯注;擅长长远考虑。	软件设计师、风险投资人、法律仲裁人、金融分析师、音乐家、知识产权律师、网站设计师
	劣势:某些观点的实施可能不现实;他们的思想、观点对别人来说过于复杂、难以理解;可能会丧失兴趣,不能亲身实施并贯彻到底;对琐碎的日常工作缺乏耐心;对别人的情感、批评和要求反应迟钝。	

二、测量你的职业性格

在此,我们将介绍 MBTI 测评系统中的四个子量表,你可以在阅读的过程中检测一下自己的内在性格倾向。在四个子量表中,你需要从两种个性偏好中选择一个更适合你的。这四个选择将表明你的人格倾向:外倾或内倾,感觉或直觉,思维或情感,判断或知觉。我们也将对每种人格倾向作相应的解释说明。在四个选择之后,你将得到一个选择组合,这就是你最终的 MBTI 性格测评结果(一共有 16 种组合)。

说明:请仔细阅读以下各组表格中的描述,选择更符合你自身情况的选项。

(一)内倾 VS 外倾

请根据你自身心理能量的流向,仔细看这些描述,并将最接近你的情况勾出。最后根据你选择的结果,判断你到底是 E 型还是 I 型。

表 3 - 3

外倾(E 型)	内倾(I 型)
□与他人相处时精力充沛	□独自度过时光精力充沛
□享受作为注意力集中点的感觉	□避免成为注意的焦点
□行动,然后思考	□思考,然后行动
□喜欢边想边说出声	□在心中思考问题
□随意地分享个人的情况	□更愿意在经过挑选的小群体中分享喜悦
□喜欢通过和别人谈话来思考	□在和别人谈话之前先自己思考
□高度热情地社交	□不把兴奋说出来
□行动迅速,有时候没有太多的反应	□仔细思考后才会有所反应
□想知道别人对自己的期望	□想要设立自己的标准

你的类型是:□E 型　□I 型

(二)感觉 VS 直觉

请根据你搜集信息的一般方式,仔细看这些描述,并将最接近你的情况勾出。最后根据你选择的结果,判断你到底是 S 型还是 N 型。

表 3 - 4

感觉(S 型)	直觉(N 型)
□相信确定而有形的东西	□相信灵感和推断
□不喜欢新的想法,除非它们有实际意义	□喜欢新的概念和思想
□重视现实性和常情	□重视想象力和独创力
□喜欢使用和琢磨已知的技能	□喜欢学习新的技能,但学会后很快厌倦
□留心具体的和特殊的,进行细节的描述	□留心普遍的和有象征性的,喜欢隐喻类比
□循序渐进地讲述事情	□习惯于跳跃式地展现现实
□着眼于现实	□着眼于未来,不满足现状
□喜欢用五官来观察事情	□喜欢以想象力提出事情的新办法和可能

你的类型是:□S 型　□N 型

(三)思维 VS 情感

请根据你做决定的一般方式,仔细看下面的描述,并将最接近你的情况勾出。最后根据你选择的结果,判断你到底是 T 型还是 F 型。

表 3－5

思维（T 型）	情感（F 型）
□喜欢按照逻辑推理决定事情	□喜欢根据个人感情和价值观决定事情
□只有情感符合逻辑时,才认为是可取的	□无论是否有意义,任何感情都是可取的
□很自然地想到缺点,倾向于批评	□不容易看到缺点,倾向于包容
□重视符合逻辑、公正的价值,一视同仁	□重视同情与和睦,重视原则的例外性
□可能在不知道的情况下忽略或伤害别人	□时刻关注别人的感受
□比起人际关系,更加关注思想和形式	□可以预测别人内心的想法
□认为变通比坦率更重要	□认为变通与坦率同等重要

你的类型是:□T 型　□F 型

（四）判断 VS 知觉

请根据你最感到舒适的生活方式,仔细看下面的描述,并将最接近你的情况勾出。最后根据你选择的结果,判断你到底是 J 型还是 P 型。

表 3－6

判断(J 型)	知觉(P 型)
□喜欢制订计划,让事情提前决定并解决	□喜欢保持弹性的生活,不喜欢严谨的计划
□设法让事情的发生像"应该发生"的那样	□轻松应对计划外的和没有预料到的事情
□建立目标,并准时地完成	□随着新信息的获取,不断更新目标
□喜欢完成一项任务后再开始另一项	□尽管全部完成会有困难,但仍喜欢同时开始
□着重事情的结果(重点关注工作结果)	□着重事情的过程(重点关注如何完成)
□满足感来源于任务的完成	□满足感来源于计划的开始
□把时间看作有限的资源,认真对待期限	□把时间当作可更新资源,最后期限可收缩

你的类型是:□J 型　□P 型

　　由此,我们简单介绍了 MBTI 性格测评的四个维度,在对照各种类型性格的选项后,你应该已经确定了每个维度上自己的偏好。将每个维度上你的偏好类型的代表字母组合在一起就得到了你的性格类型。4 个维度、8 个端点,由此我们可得出 16 种性格类型,你必然属于其中的一种。

　　请将你上面 4 个维度上的偏好的字母按照次序写在下面表格中:

　　可以从职业性格类型的表格中,找出自己性格类型对应的优势、劣势,以及所对应的典型职业方向。大学毕业时,你的职业选择应当基于你的性格偏好。比如,你喜爱细节和

条理,诸如会计、工程管理、数学与统计、计算机、法律等职业领域可能会让你感兴趣。

MBTI性格类型理论解释了不同类型的人具有不同的、本能的、自然的思维、感觉和行为方式,从而使我们明白了为什么不同的人会对不同的事物感兴趣,为什么不同的人擅长不同的工作领域,帮助我们与不同性格类型的人相互理解、有效合作。

但需要注意的是,实际上每一个工作领域都包含了全部的性格类型要求。在职业中取得成功并不是自然而然、轻而易举的,你需要不断提高自己,需要提升自己在性格、兴趣、能力等方面的意识和才干来实现最大化的人职匹配。

与确定你的性格偏好相匹配的职业这一目标相比,不一致的专业或职业通常需要你付出更多的努力。理解你的人格类型和自己的专业、理想职业之间的关系,目的并非鼓励你放弃目前专业的学习,抑或放弃自己的梦想职业,而是要进一步思考:

为什么你在某些课程的学习上效果比较好?为什么某些职业对你更有吸引力?为了实现自己的职业目标,你的性格该如何去重塑和改善?

实践拓展 1

职业性格与专业选择

叶辰,考取了广东某外贸大学的会计学专业。叶辰性格外向,兴趣广泛,平时乐于与各种人结交。进入大学后,叶辰在学生会、社团等学生组织中表现优秀,多次获得"优秀学生干部"的荣誉。但在专业学习方面,叶辰总是提不起兴趣。除了会计专业大部分课程都对她相对较弱的数理能力有较高要求外,专业学习过程中枯燥的数据计算、分析,各种账目的整理等使她格外厌烦。到大二下学期期末考试结束时,她已经有5门专业课不及格。好不容易重修补考了不及格的课程后顺利地毕了业,叶辰找到了一份银行出纳的工作。但每天在办公室只是做各种事务性的、琐碎的账目管理,叶辰没有任何成就感。叶辰感觉目前的工作非常机械,与自己的性格完全不符。她感到很迷茫,但又不敢辞职。因为一旦辞职就意味着失业,而现在找一份类似待遇的工作格外艰难。

【思考】

1. 如果你是叶辰,你会做什么样的选择?
2. 你觉得叶辰的性格可以选择什么专业方向或职业方向?

实践拓展 2

李军的职业性格分析

某高职院校学生李军走进了学校职业发展中心的办公室。在交谈中,中心的咨询师得知李军是该校的机械自动化专业的学生。李军对咨询师说道:"我对这个专业一点兴趣都没有,天天泡在实验室,枯燥死了。上大学这两年来,我就一直在外面做销售。大一的时候,我同学的一个朋友带我去听了一次销售课。听完后,我觉得我适合做销售。因为我喜欢跟人打交道,也擅长与人交往。我现在每天都过得非常开心,生活也非常充实。"咨询师问道:"那你当时为什么考机械自动化专业呢?"李军回答道:"当时,我也不知道自己喜欢干什么，能干什么，看同学都考，我也就考了。"

咨询师建议李军做一次 MBTI 职业人格分析。从测评结果看，李军的职业性格类型为 ENTP。这种性格类型的人的特点是：思维敏捷，机灵，能激励他人，警觉性高，勇于发言，能随机应变地去应付新的和富有挑战性的问题；善于引出在概念上可能出现的问题，然后很有策略地加以分析；善于洞察人心；对于日常例行事务感到厌倦；甚少以相同方法处理同一事情，能够灵活地处理接二连三的新事务。

从李军的 MBTI 分析的结果来看，李军是比较适合从事销售的，符合销售行业的要求。咨询师同时还建议，是否真的从事销售工作，还需要综合考虑自己的职业价值观和职业兴趣。李军要静下心来想一想：从销售工作中能得到自己想要的回报吗？

【思考】

以你学到的 MBTI 相关知识，如果你是学校职业发展中心的老师，你会给予李军什么样的信息？就李军的职业选择，你会与他如何沟通？

实践拓展 3

"技术通"肖强

肖强，毕业于广州某高校的汽车检测与维修技术专业，在当地一家汽车销售代理公司做销售。和他一同入职的还有另外两名销售员——小王和小何。

三个年轻人中，肖强的工作起步最为艰难。小王的姑父是市汽车行业协会的理事长，在圈内有比较广的资源。小王入职后不久，就用殷勤的态度获得了部门经理的青睐，有大客户的单子也总是由小王来做。大半年下来，小王的销售业绩远远高于小何和肖强。

肖强一开始也觉得委屈，觉得这个环境对自己不公平。但不久之后，他就释然了——别人的条件自己是无法改变的，能够做出改变的只有他自己。

于是，在小王优哉游哉地看抖音、玩游戏的时候，肖强在钻研代理销售汽车各个型号的性能特点、技术工艺，了解、总结竞争车型的优缺点；在小何和经理吃饭、聊天的时候，肖强紧盯着部门销售业绩突出的前辈，向他们请教与客户沟通的技巧。在平时的工作中，肖强坚持做销售笔记，记录与客户的谈话概要，捕捉市场需求，琢磨客户心理规律。慢慢地，肖强成为销售部的"技术通"，大多数时候对客户的问题都能做出及时、准确的解答，而不像很多销售人员总在需要时才咨询技术部的工程师。一些客户开始介绍自己的亲朋好友来找肖强买车，也有客户明确要求既懂业务又懂技术的肖强来跟踪自己的单子。就这样，肖强逐步开拓出了自己的销售渠道，业绩稳步提升。

工作不到两年，肖强便成为公司的销售明星，过硬的专业能力使他的路越走越远。肖强感慨地说：我以自己的生涯经历证明，专业能力是提升业绩的制高点。

【思考】

1. 你如何看待专业能力在职业发展中的作用？

2. 你认为哪些能力对职业发展有至关重要的作用？这些能力都该如何培养？

任务三　职业价值观探索

✓ 任务目标

1. 了解个人发展与职业价值观之间的关联；
2. 能够借助 WVI 测评手段认清个人的职业价值观。

🔍 案例导入

一个渔民与老板的对话

一名 30 多岁的毕业于中欧商学院的企业老板坐在舟山海边一个小渔村的码头上刚看完日出，看到一个 60 多岁的渔民划着一艘小船靠岸，小船上有一些螃蟹、海鱼和虾。

老板问：要多少时间才能有这些收获？

渔民说：昨天晚上下的网，今天早上来收的。两三个小时吧。

老板接着问道：你为什么不待久一点？这样就能多抓一些鱼了。

渔民觉得不以为然：这些鱼已经足够我吃啦！

老板又问：那么你一天剩下那么多时间都在干什么？

渔民解释：我呀，我每天早上先去收个网，回家吃个早饭再睡一觉，然后跟孙子孙女们玩一玩，吃过午饭睡个午觉，黄昏时约亲戚朋友一起吃捕上来的鱼虾，有时候打打牌，然后回家睡觉！

老板不以为然，帮他出主意。他说：我是你的话应该每天多花一些时间去抓鱼，到时候你就有钱去买更多渔船，雇一些人，这样你就可以拥有一支渔船队。然后你可以自己开一家罐头工厂，这样你就可以控制生产、加工处理和市场销售整个链条。然后你可以离开这个小渔村，搬到舟山城里，再搬到上海，在那里经营你不断扩充的企业。总之，你将成为大器晚成的成功人士并为人们所羡慕！

渔民问：这大概花多少时间呢？

老板回答：15 到 20 年。

然后呢？渔民问。

老板大笑着说：然后你就可以在家当皇帝啦！时机一到，你就可以宣布股票上市，把你的公司股份卖给投资大众。到时候你就发啦！你可以几亿几亿地赚！

然后呢？渔民继续问。

老板说：到那个时候你年纪也大了，就可以回来安享晚年了！你还可以搬回渔村住。高兴嘛就捕两条鱼，每天睡到自然醒，跟孩子们玩一玩，然后睡个午觉，下午打牌，晚上喝喝小酒！

渔民疑惑地说:我现在不就是这样了吗?

➤**问题链接:年轻老板和老年渔民的谈话,你更倾向于赞成哪一方的观点呢?**

我们每天都会面临着各种选择:去上课还是在宿舍睡大觉? 去图书馆看书还是去图书馆上网? 而到大学毕业时,我们也不得不面对一些重大抉择——是找个赚钱快、风险大的工作,还是找个收入一般但很稳定的铁饭碗? 抑或是选择一个能够为他人的幸福做出贡献的职业,比如乡村教师、社会工作者等。选择的背后,是自己的动机,而动机的背后则是自身的需求。这就是价值观在起着主导性的作用。

一、需求、动机与价值观

价值观是一种独特且持久的信念,是个人对客观事物及对自身行为结果的意义、作用、效果和重要性的总体评价。

人的价值观建立在需求的基础上,一旦确定则会反过来影响、调节人的进一步需求活动。人们对各种事物,如学习、工作、生活、家庭、贡献、成就等,在心目中有主次之分,对这些事物的轻重排序和好坏排序构成一个人的价值观体系。

价值观也会随着需求的变化而变化。根据马斯洛的需求层次理论,当人低层次的需要得到满足以后,他就会产生更高层次的需要。这些需求体现在我们的生活中,就成为我们的价值观,它们具有强大的驱动力。从职业生涯历程来看,大多数人的职业价值观是具有阶段性的,某一阶段的自身需求满足后,新的职业价值观就会随之产生。

(一) 生理的需求

这是人类维持自身生存的最基本需求,包括饥、渴、衣、住等方面的需求。如果这些需求得不到满足,人的生存就成了问题。从这个意义上说,生理需要是推动人们行动的最强大的动力。马斯洛认为,只有这些最基本的需要满足到维持生存所必需的程度后,其他的需要才能成为新的激励因素,而到了此时,这些已相对满足的需要也就不再成为激励因素了。因此,在这个阶段,相对应的价值观就是生存,获得生存所需的物质需求,如食物和水。

(二) 安全的需求

这是人类要求保障自身安全、摆脱失业和丧失财产威胁、避免职业病的侵袭、接触严酷的监督等方面的需要。马斯洛认为,整个有机体是一个追求安全的机制,人的感受器官、效应器官、智能和其他能量主要是寻求安全的工具,甚至可以把科学和人生观都看成满足安全需要的一部分。当然,这种需要一旦相对满足后,也就不再成为激励因素了。因此,在这个阶段,相对应的价值观就是安全感、居所、保护、稳定的工作、法律秩序、健康保险、摆脱恐惧和焦虑等。

（三）归属与爱的需求

这一层次的需要包括两个方面的内容。一是归属的需要，即人都有一种归属于一个群体的感情，希望成为群体中的一员，并相互关心和照顾。感情上的需要比生理上的需要来得细致，它和一个人的生理特性、经历、教育、宗教信仰等都有关系。二是爱的需要，即人人都需要伙伴之间、同事之间关系融洽或保持友谊和忠诚；人人都希望得到爱情，希望爱别人，也渴望接受别人的爱。因此，在这个阶段，相对应的价值观就是朋友、爱情、社交圈子、人际关系等。

（四）尊重的需求

人人都希望自己有稳定的社会地位，要求个人的能力和成就得到社会的承认。尊重的需要又可分为内部尊重和外部尊重。内部尊重是指一个人希望在各种不同情境中有实力、能胜任、充满信心、能独立自主。总之，内部尊重就是人的自尊。外部尊重是指一个人希望有地位、有威信，受到别人的尊重、信赖和高度评价。马斯洛认为，尊重需要得到满足，能使人对自己充满信心，对社会有满腔热情，体验到自己活着的用处和价值。因此，在这个阶段，相对应的价值观就是声望、自我尊重、有能力、自信、有价值感等。

（五）自我实现的需求

这是最高层次的需要，它是指实现个人理想、抱负，发挥个人的能力到最大程度，完成与自己的能力相称的一切事情的需要。也就是说，人必须干称职的工作，这样才会使他们感到最大的快乐。马斯洛提出，为满足自我实现需要所采取的途径是因人而异的。自我实现的需要是努力发挥自己的潜力，使自己越来越成为自己所期望的人物。因此，在这个阶段，相对应的价值观就是获得才能的最大限度发挥、有创造性、投身一个为社会做出贡献的事业等。

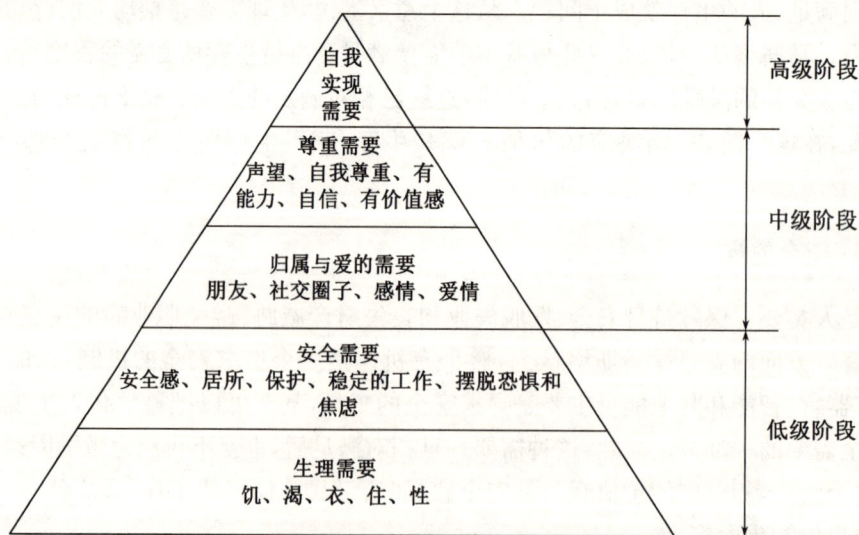

图 3-3　马斯洛的需求层次理论

二、认清你的职业价值观——WVI 自测

怎样才能认清你的职业价值观呢？你对什么活动或社会环境越积极、越充满热情，就说明你越看重它。现在有没有什么事情让你感到兴奋或者不悦？有没有什么活动让你充满了力量？生活中有没有什么情境让你不得不去做一件特定的事情？所有的这一切都体现了你的价值观。

舒伯于 1959 年制定了《工作价值观量表》（Work Values Inventory，WVI）用以衡量工作中和工作外的价值观以及激励人们工作的目标。在大量的试验和调查基础上，舒伯总结出人们的工作价值观大体分为 13 种。具体而言，每一种价值观都有对应的需求，同样也有对应的职业领域。

利他主义：这表明你工作的目的和价值，在于直接为大众的幸福和利益尽一份力。重视利他的你适合从事教师、心理咨询师、社会工作者、医生、护士等工作，这些工作有很多机会可以帮助到他人。从行业方面看，你可以进入教育、医疗、公益等行业，这些行业都是为他人或社会服务的，不论你在其中做什么职位，都可以直接或间接地帮助到他人。持有利他主义价值观的人最容易遇到的问题是帮助他人与金钱报酬之间的冲突。通常的解决方法是在职业早期先进入报酬可以满足自己生活开销的工作中，利用业余时间帮助他人，当时机成熟时再全职做一些公益的事情。

审美：这表明你需要在工作中能不断地追求美的东西，得到美感的享受。重视美感的你适合从事与艺术和创作有关的工作，如产品设计、广告设计、UI 设计、市场策划、电影电视编导等职业。行业方面，你可以进入与艺术和设计有关的行业，如广告、电影等；也可以进入其他行业中的市场或设计部门。然而，追求美感并不意味着你必须具有深厚的艺术功底，也不意味着你一定要直接从事艺术方面的工作。在日常工作中，如排版一份文档，或者修改一个产品的细节，你都可以发挥自己的主动性，将美感融入每天的工作中。

智力刺激：这表明你需要在工作中可以不断动脑思考，学习以及探索新事物，解决新问题。重视智力刺激的你适合从事设计、开发、产品经理、咨询顾问、研究等工作，这些工作经常会面临新的问题，需要经常学习和思考才可以解决，可以满足你对智力刺激的需要。从行业类型上来看，你适合进入曙光或朝阳行业，如互联网、金融、教育培训、医疗、文化传媒、新能源等，这些行业由于兴起不久，有许多以前没遇到过的问题需要解决，可以满足你对动脑思考、学习和探索新事物的需要。

成就感：这表明你工作的目的和价值，在于不断创新，不断取得成就，不断得到领导与同事的赞扬，或不断实现自己的梦想。重视成就感的你适合从事可以明确衡量业绩的工作，如市场、销售、生产、研发等。从组织类型上看，民企或创业公司会有更多的机会令你获得成就感。绝大多数人都希望在工作中获得成就感，如果你的工作成就不易显现，不容易得到领导和同事的赞扬，你可以主动创造一些条件来获得成就感，如记录每天工作中最有成就的事情，每周或每月总结自己的成就等。将工作中的一点一滴记录下来，积累到一定程度以后，自然会感到极大的成就感。

独立性：这表明你很看重在工作中能充分发挥自己的独立性和主动性，按自己的方

式、步调或想法去做事,不受他人的干扰。重视独立性的你比较适合的职业类型有培训师、销售、设计、技术等可以独立工作、发挥自己专长的职业,通常可以向专家型角色发展。你比较适合组织结构较扁平的公司,如互联网公司、小型创业公司等。上下级分明的组织,如大型国企、事业单位等并不适合你,因为在其中你需要更多照顾到领导的想法,而不能完全按照自己的方式做事。

社会地位:这表明你期望自己从事的工作在人们的心目中有较高的社会声望,从而使自己得到他人的重视与尊敬。重视社会声望的你比较适合从事社会主流认可的工作。依据现状,你比较适合的职业类型有公务员、大学老师、医生、大型企业员工等。你适合的组织类型主要有政府机关、事业单位以及规模较大的公司等。你适合的行业类型主要有金融、文化教育、IT/互联网等。值得注意的是,社会的观念是会随时间改变而变化的,每个年代人们所看重的东西都不同,坚定自己的信念、找到自己认可的价值才是最重要的。

管理:这表明在工作中你希望可以获得对他人或某事物的管理支配权,能指挥和调遣一定范围内的人或事物。重视管理的你比较适合从事与管理有关的工作,如企业或政府中的各类管理职位、管理咨询顾问、律师、政治或经济学者等。在组织类型或行业方面,对你来说并没有什么特殊的限制。除了在组织内部成为管理者,你也可以考虑自己创业,这样可以实现你对管理的需求。

经济报酬:这表明在工作中你非常重视报酬,期望工作使自己有足够的财力去获得自己想要的东西,使生活过得较为富足。重视经济报酬的你比较适合从事回报较高的工作,如销售、讲师、互联网技术人员等,这些职业可以在较短时间内获得较高的回报。从行业类型上看,你适合进入正在快速上升的行业,互联网、金融、教育培训、医疗等行业是可以重点考虑的。经济报酬是伴随着工作能力的增强而提高的,在现有岗位和行业上坚持提升自己的能力比频繁地更换工作会获得更高的经济报酬。此外,你还可以了解如何计算职业的隐形报酬。

社会交际:这表明你期望在工作中能和各种人交往,建立比较广泛的社会联系和关系,甚至能和知名人物结识。重视社会交际的你适合从事较多与人接触的工作,如销售、公关人员、人力资源、记者、导游、培训师、咨询师、社工等。你需要工作可以与人接触,行业并不是最关键的因素,不过公关、媒体、广告、会展等行业会有更多的机会与不同的人接触,你可以重点关注这些行业。

安全感:这表明你希望在工作中有一个安稳局面,不会因为奖金、涨工资、调动工作等经常提心吊胆、心烦意乱。重视安全感的你适合进入政府、事业单位或者大型国企等组织,这些类型的组织工作环境较稳定,能满足你对安全感的需求。你不适合进入小型民企或创业公司,因为这些公司所处的市场环境变化较快,公司员工流动性较大,会让你感到不安全。

工作环境:这表明你希望工作可以作为一种消遣、休息或享受的形式,追求比较舒适、轻松、自由、优越的工作条件和环境。重视舒适的你适合从事行政管理类的工作。这类工作流程明确,作息规律,能满足你对舒适的要求;与业务直接有关的工作并不适合你,因为业务部门的工作压力往往要大于支持部门。从组织类型上看,你适合进入大型外企、国企、政府、事业单位等,这些组织的工作环境较好,餐饮和办公条件较好,作息也比较规律,能满足你对舒适的需要。一些大型互联网公司的工作环境也非常舒适,一定程度上能满足你对舒适的需要。但是由于互联网公司工作压力较大,时常加班,所以是否进入需要你仔细权衡。

人际关系:这表明你希望一起工作的大多数同事和领导人品较好,在一起相处感到愉快、自然,你认为这就是很有价值的事,是一种极大的满足。重视人际关系的你应该重点考虑一些成员平均年龄与你的年龄相近的公司,在这样的组织中,同事跟你年龄相仿,更容易相处。你比较不适合一般的国企和事业单位,因为这些组织中人际关系相对复杂,并不是你所喜欢的。从行业方面看,从事教育、公益等行业的人相对容易相处,但也并非绝对的。值得注意的是,人际关系是绝大多数人都会看重的职业价值观,并且人际关系与职位和行业的关系较少,因此在选择职业时仅适合作为参考因素。处理人际关系是一项技能,需要在工作中不断练习,当你具备处理人际关系的能力的时候,在哪儿工作都不是问题了。

多样性:这表明你希望工作的内容应该经常变换,使工作和生活显得丰富多彩,不单调枯燥。追求新意的你适合从事有创造性的不重复枯燥的工作,如市场策划、互联网产品、广告创意设计等。在行业方面你比较适合进入曙光或者朝阳行业,如互联网、文化教育、金融、新媒体、新能源等,这些行业刚刚兴起不久,有很多不确定性,会让你觉得工作丰富而不单调;传统制造业和服务业的工作流程相对固定,不适合你。从组织类型上看,民企或创业公司更能满足你对新鲜感的追求,而大型国企、政府、事业单位的工作相对较为稳定,流程相对单一,并不适合你。值得注意的是,大多数职位在初级阶段都会经历重复枯燥的过程,当积累了一定经验之后,你将会负责更多新的任务,工作就会变得丰富多彩起来。

工作价值观量表（WVI）自测

下面,我们就采用舒伯的《工作价值观量表》,进行自我职业价值观测评。

说明:下面有52道题目,每个题目都有1~5五个数字作为答案。其中,5代表"非常重要",4代表"比较重要",3代表"一般",2代表"较不重要",1代表"很不重要"。请根据自己的实际情况或想法,在题目后面选项对应数字上画圈,每题只能选择一个答案。

问题	选项
1. 你希望自己的工作必须经常解决新的问题。	5 4 3 2 1
2. 你希望自己的工作能为社会福利带来看得见的效果。	5 4 3 2 1
3. 你希望自己的工作奖金很高。	5 4 3 2 1
4. 你希望自己的工作内容经常变换。	5 4 3 2 1
5. 你希望自己能在你的工作范围内自由发挥。	5 4 3 2 1
6. 你希望自己的工作能使你的同学、朋友非常羡慕你。	5 4 3 2 1
7. 你希望自己的工作带有艺术性。	5 4 3 2 1
8. 你希望你的工作能使人感觉到你是团体中的一分子。	5 4 3 2 1
9. 你希望不论你怎么干,总能和大多数人一样晋级和涨工资。	5 4 3 2 1

(续表)

问题	选项
10. 你希望你的工作使你有可能经常变换工作地点、场所或方式。	5 4 3 2 1
11. 你希望在工作中能接触到各种不同的人。	5 4 3 2 1
12. 你希望你的工作上下班时间比较随便、自由。	5 4 3 2 1
13. 你希望你的工作使你不断获得成功的感觉。	5 4 3 2 1
14. 你希望你的工作赋予你高于别人的权力。	5 4 3 2 1
15. 你希望在工作中能试行一些自己的新想法。	5 4 3 2 1
16. 你希望在工作中你不会因为身体或能力等因素被人瞧不起。	5 4 3 2 1
17. 你希望能从工作的成果中知道自己做得不错。	5 4 3 2 1
18. 希望工作经常要外出,参加各种集会和活动。	5 4 3 2 1
19. 你希望只要你干上一份工作,就不再被调到其他意想不到的单位和工种上去。	5 4 3 2 1
20. 你希望你的工作能使世界更美丽。	5 4 3 2 1
21. 你希望在你的工作中不会有人常来打扰你。	5 4 3 2 1
22. 你希望只要努力,你的工资会高于其他同年龄的人,升级或涨工资的可能性比干其他工作大得多。	5 4 3 2 1
23. 你希望你的工作是一项对智力的挑战。	5 4 3 2 1
24. 你希望你的工作要求你把一些事务管理得井井有条。	5 4 3 2 1
25. 你希望你的工作单位有舒适的休息室、更衣室、浴室及其他设备。	5 4 3 2 1
26. 你希望你的工作有可能结识各行各业的知名人物。	5 4 3 2 1
27. 你希望在你的工作中,能和同事建立良好的关系。	5 4 3 2 1
28. 你希望在别人眼中,你的工作是很重要的。	5 4 3 2 1
29. 你希望在工作中你经常接触到新鲜的事物。	5 4 3 2 1
30. 你希望你的工作使你能常常帮助别人。	5 4 3 2 1
31. 你希望你在工作单位中,有可能经常变换工作。	5 4 3 2 1
32. 你希望你的工作作风使你被别人尊重。	5 4 3 2 1
33. 你希望同事和领导人品较好,相处比较随便。	5 4 3 2 1
34. 你希望你的工作会使许多人认识你。	5 4 3 2 1
35. 你希望你的工作场所很好,比如有适度的灯光,安静、清洁的工作环境,甚至恒温、恒湿等优越的条件。	5 4 3 2 1
36. 在工作中,你为他人服务,使他人感到很满意,你自己也很高兴。	5 4 3 2 1
37. 你希望你的工作需要计划和组织别人的工作。	5 4 3 2 1
38. 你希望你的工作需要敏锐的思考。	5 4 3 2 1
39. 你希望你的工作可以使你获得较多的额外收入,比如常发实物、常购买打折扣的商品、常发商品的提货券、有机会购买进口货等。	5 4 3 2 1

（续表）

问题	选项
40. 你希望在工作中你是不受别人差遣的。	5 4 3 2 1
41. 你觉得你的工作结果应该是一种艺术而不是一般的产品。	5 4 3 2 1
42. 你希望在工作中不必担心会因为所做的事情领导不满意，而受到训斥或经济惩罚。	5 4 3 2 1
43. 你希望在你的工作中能和领导有融洽的关系。	5 4 3 2 1
44. 你希望你可以看见自己努力工作的成果。	5 4 3 2 1
45. 你希望你的工作常常要你提出许多新的想法。	5 4 3 2 1
46. 你希望由于你的工作，经常有许多人来感谢你。	5 4 3 2 1
47. 你希望你的工作成果常常能得到上级、同事或社会的肯定。	5 4 3 2 1
48. 你希望在工作中，你可以做一个负责人。虽然可能只领导很少几个人，你信奉"宁做兵头，不做将尾"的俗语。	5 4 3 2 1
49. 你希望你从事的那种工作，经常在报刊、电视中被提到，因而在人们的心目中很有地位。	5 4 3 2 1
50. 你希望你的工作有数量可观的夜班费、加班费、保健费或营养费。	5 4 3 2 1
51. 你希望你的工作比较轻松，精神上也不紧张。	5 4 3 2 1
52. 你希望你的工作需要和影视、戏剧、音乐、美术、文学等艺术打交道。	5 4 3 2 1

在上面 52 个问题中，分别有 4 个问题对应着舒伯 WVI 量表中 13 种价值观中的一种。

现在，我们来统计你在舒伯的 13 种工作价值观上面的得分。在这里，选项 5 即得 5 分，选项 4 即得 4 分，以此类推。请在下表中对应的题号处写出你的得分，并最后汇总出每种价值观上所累积的总分。

价值观	问题1	得分	问题2	得分	问题3	得分	问题4	得分	总分
利他主义	2		30		36		46		
审美	7		20		41		52		
智力刺激	1		23		38		45		
成就感	13		17		44		47		
独立性	5		15		21		40		
社会地位	6		28		32		49		
管理	14		24		37		48		
经济报酬	3		22		39		50		
社会交际	11		18		26		34		
安全感	9		16		19		42		
工作环境	12		25		35		51		
人际关系	8		27		33		43		
多样性	4		10		29		31		

得分最高的三项是：

得分最低的三项是：

从得分最高和最低的三项中，可以大致看出你的价值倾向，在选择职业时就可以加以考虑。在上面的正文中，你可以找到你得分最高的三项价值观的基本特征，以及我们的职业建议。而对于你得分较低的三类价值观，我们则建议你不要选择对应的职业领域。

实践拓展

生涯价值观拍卖会游戏

目的：探索自己的价值观

操作：人的价值观直接影响职业选择，请你为自己的价值观出价竞拍；

竞拍的事物是：

1. 豪宅；2. 巨富；3. 一张取之不尽、用之不竭的信用卡；

4. 美貌贤惠的妻子或英俊博学的丈夫；5. 一门精湛的手艺；

6. 一个小岛；7. 一个宏大的图书馆；8. 和你的爱人浪迹天涯；

9. 一个勤劳朴实的仆人；10. 三五个知心朋友；11. 名垂青史；

12. 一张免费周游世界的机票；13. 和家人共度周末；

14. 直言不讳的勇敢和百折不挠的忠诚。

参与竞拍的同学获得 1 000 元象征性金钱来代表自己一生的时间和精力。

100 元起拍，连叫三次无人报新价，这份生涯就属于你。

【思考】

1. 从游戏中我们得到哪些启示？

2. 你是如何选择和取舍的？这样做的理由是什么？

项目四　确定职场方向,书写生涯彩虹

📖 项目导读

　　如果一个人缺乏人生的目标,就像水上的浮萍,缺乏前进的方向,不明白生活的意义和存在的价值。不知道自己想获得什么,也不知道为什么而活着。大学生如果缺乏职业生涯的目标,在毕业时往往会后悔自己虚度年华,匆匆踏上不合心意的工作岗位。你希望充实而有意义地度过自己的大学生活,怀抱着期待和愉悦的心情踏上自己的工作岗位吗?

　　本项目将通过职业生涯规划设计的步骤和方法的介绍,帮助大学生认识和确立职业生涯目标,运用科学的方法对自身的职业生涯进行设计和规划,并逐步实施,从而实现成功的人生。

💻 知识目标

1. 能够掌握职业生涯决策的要素及方法;
2. 了解制定职业生涯规划的步骤;
3. 掌握职业规划的评估与修正方法。

🎓 能力目标

1. 了解五个“W”的内涵,掌握 SWOT 分析、决策方格法、决策平衡单在职业生涯规划中的应用;
2. 运用人生规划的五个步骤,对自身制定合理的职业规划,在变化的时代中能够不断调整职业规划方向;
3. 通过课程体系建设、平台构建以及活动开展三个方面激发学生正确认识职业生涯规划。

🏆 价值目标

1. 能客观、正确地了解自身特质，选择向往的职业生涯发展方向，培养积极向上的学习态度；

2. 确立主要人生目标，不断细化并制定短期、长期目标及行动方案，树立正确的价值观；

3. 通过鼓励学生参与职业生涯规划活动，引导学生做好职业生涯规划的评估与调整，明白"凡事预则立，不预则废"的重要意义。

📋 注意事项

1. 本项目需要学生通过职业生涯规划的方法客观了解自己，并制定出适合自己的职业方向。在学习的过程中，需要结合学生个体案例进行职业规划的分析；

2. 引导学生丰富课外学术、科研活动内容，建议在每个学习阶段参加不同类型的活动。不断激发自身潜能，细化短期目标，评估长期目标。

任务— 职业决策方法

✅ 任务目标

1. 了解职业生涯决策的要素和方法；
2. 掌握5"W"法、决策方格法、SWOT 分析、职业决策平衡单的使用方法；
3. 能对自身优势与不足做出合理的判断。

🔍 案例导入

在沈阳市的一次大型招聘会上，毕业于某名牌高校的何同学向浙江一家汽车公司申请一个待遇优厚的机械工程师的岗位。他大学里学的是机械专业，各门功课都优秀，毕业后的五六年时间里，看到什么招聘就去面试，找到什么工作就做什么。从事过医药、空调、摩托车等产品的销售、品质主管等等，换了六七份工作，但是没有机械方面的工作经历。招聘者看了他的情况后认为，如果他毕业后稳定从事过机械方面工作，有三年以上的工作经验，则正是公司需要的人选，但因为没有机械工作经验，公司无法录用他。

何同学盲目就业，一直以来都没有思考过自己到底要入哪行，也没有长远打算。很多大学生年轻时只是随波逐流地换工作，到了 30 多岁还没有职业定位。这种情况之下，继续下去出路不大，重新定位又要费很大力气，就陷入一种很尴尬的境地。

【启示】　如果我们有正确的自我认知，就更容易解决我们的生涯问题和制定生涯决策。当我们去研究自己，就会发现哪些东西是自己感兴趣的，并且认识到自己的优势和不足、什么是自己认为最重要的。如果我们对这些东西有了足够的了解，就能够缩小我们需要寻找的信息的范围，寻找到自己适合的职业。

一、职业生涯决策的要素

职业生涯决策是人的一生中最重要的决策之一。只有了解职业生涯决策的要素，掌握职业生涯决策的方法，才能对自己的职业生涯进行科学的决策。

每个人面对职业生涯决策的情境虽然不同，但目的、选择、结果、评价这四个要素是每一个决策都不可或缺的。

1. 目的：目的是决策者所要达到的职业"目标"。

2. 选择：选择是决策者可能作出的若干行为"选择"。

3. 结果：结果是每一个选择的可能"结果"。

4. 评价：评价是对于各个结果的价值"评估"。

在整个职业生涯决策的实施过程中，一般人感到最困难的是对不同选择方案如何评估，下面三种职业生涯决策的方法将会帮助你分析自己的职业生涯选择方案，最终确立你的职业生涯目标。

二、职业生涯决策的方法

(一) 5"W"法：

1. 五个"W"的内涵。五个"W"分别指：

第一，Who are you?　　　　　　　你是谁？

第二，What do you want?　　　　　你想做什么？

第三，What can you do?　　　　　你能做什么？

第四，What can support you?　　　环境支持你做什么？

第五，What can you be in the end?　你最终的目标是什么？

➢问题链接：如何理解五个"W"？怎么正确使用 5"W"法帮助自己制定职业生涯规划？

以上五个"W"涵盖了目标、定位、条件、距离、计划等诸多方面，只要在以上几个关键点上加以细化和精心设计，使自身因素和社会条件达到最大限度的契合，对实施过程加以控制,并能够在现实生活中知晓趋利避害,就能使职业生涯规划更具有实际意义。

2. 如何思考五个"W"。在思考和回答以上五个"W"时,首先要转换角色,把你变化成我,分别为:

第一,我是谁? 要回答这一问题,必须对自己进行一次深刻的反思,把自己的优点和缺点一一列出来,从而形成一个比较清醒的、全面的自我认识。

第二,我想做什么? 这一问题要求我们对自己的职业发展心理趋向进行检查。每个人在不同阶段的兴趣和目标并不完全一致,有时甚至是完全对立的。但随着年龄和经历的增长,个人的兴趣和目标会逐渐固定下来,并最终形成自己的终生理想。

第三,我能做什么? 个人职业的定位最终以自己的能力为根本基础,而其职业发展空间的大小则取决于自己的潜力,因而,必须对自己的能力与潜力进行全面总结。对于自身潜力的了解应该从以下几个方面着手,如个人兴趣、毅力、临事的判断力与决断力,以及知识结构是否全面、是否及时更新,等等。

第四,环境支持或允许我做什么? 环境对于职业选择的重要影响包括两个方面:一是客观方面,如经济发展、人事政策、企业制度、职业空间等;二是人为主观方面,如家庭支持、朋友关系、同事关系、领导态度、亲戚关系等。对于涉世未深的大学生来说,后者的人为因素更加明显,事实也证明了人脉资源越丰富的大学生找工作越容易;同时,职业发展也很容易受家人、朋友等人的态度的影响。

第五,我的最终生涯目标是什么?

明晰了前面四个问题,就能从各个方面找到对己有利的和不利的条件,那么,对于第五个问题自然就有了一个清楚明了的方向,从而发现不利条件最少的、自己想做而且又有希望实现的最终生涯目标。

🔍 案例分析

小樱的 5"W"

小樱,女,对外汉语专业,大四学生。在临近毕业时她还是难以确立自己的职业目标。就现在来说,对外汉语专业比较热门,国家为推广汉语已经在全世界很多国家建立了孔子学院,国内虽然也有针对外国人授课的汉语培训学校,但学校相对较少,找到一份对外汉语教师的工作虽不难,但远赴他国授课的可能性较大,而很多非洲和亚洲国家的授课条件比较艰苦,这点让小樱有些望而却步。而从兴趣来说,小樱对新闻专业很热衷,中英文的文字功底都很扎实,向往从事报社记者这一职业。

【启示】 在了解到小樱的自身及环境条件后,我们可以通过 5"W"法深度分析其职业定位与方向,通过职业发展、职业兴趣、社会对职业需求等方面的分析,可以清晰地看出不论从事哪个职业对自身未来发展都存在利弊。因此,在做 5"W"分析时,要合理评估自身能力与职业适配度、职业兴趣对职业热情的影响程度,选择适宜自身发展的近期目标及远期目标。

Who are you? 某高校对外汉语专业毕业生,优秀学生干部,学习成绩优异,通过了英语专业八级考试;在校期间辅修并获得了新闻专业双学位证书。家庭状况一般,父母工作稳定，身体健康，暂时还不需要有人特别照顾；自己身体健康，喜欢读书看报，常跟周围同学讨论国内外的热点新闻和时事政治，有坚持写作的习惯。

What do you want? 很想成为一名记者，自己比较喜欢这一职业；其次可以成为一名对外汉语教师；也可考虑继续出国深造，开阔视野，回国后进入电视台从事新闻媒体工作。

What can you do? 曾多次向报纸杂志投稿并获得刊登，并兼职为其他新闻网站进行过英语新闻的翻译工作，感到很有成就感；假期曾兼职做过对外汉语培训学校的授课老师，教授外国学员汉语，对于解答外国学生五花八门的问题感到颇有压力；当过学生干部，团队合作意识较强，多次参加学校组织的有影响的大型活动。

What can support you? 家长希望她能去国外继续深造；学校推荐她到一家旅行社担任全职英文导游，但她自己并未选修旅游英语和旅游管理课程，未参加获取"导游证"的相关考试，也不知道它有多大的发展前途；有同学推荐她到一家出口贸易公司担任行政助理；从所学的两种专业和个人兴趣出发，自己更希望成为一家报社的记者。

What can you be in the end? 最后可能的选择有四种，分别如下：

（1）到国外去继续深造，学成归来进军电视媒体行业。但考虑到家境一般，要举债读书，心里很不舒服，压力也很大，想等自己有能力有经济积累了再去深造，也好减轻父母的负担。

（2）到旅行社担任全职英文导游，除须考取"导游证"外，专业对口，但旅游行业竞争激烈，收入起伏较大，且长期在外奔波，工作非常辛苦，自己对此行业的兴趣也不大。

（3）去同学推荐的出口贸易公司担任行政助理。行政助理的办公室工作虽然比较适合女生，但工作内容较为单一，发展前景有限；尽管公司从事的出口贸易工作能有机会让自己在工作中用到英语，专业技能不至于完全丢掉，但与更具挑战的新闻记者工作相比，无法使自己获得足够的成就感。

（4）如愿从自由投稿人转为全职报社新闻记者。一方面，可以把自己所学的新闻专业的理论知识与实际工作有机结合起来，融会贯通；另一方面，因为是自己擅长且有兴趣的工作，更容易发挥自身的潜能，激发工作热情，而自己很好的英文水平也能成为工作中的助力。

单纯从职业发展上看，这四种选择都有其合理性，但如果从个人而言，第四种选择显然更符合小樱本人的职业价值取向。从心理学上看，选择新闻记者这份工作能够满足她乐于探讨和评论新闻热点的个性特点，在工作中也最容易投入，做出一定的成绩后会有很大的成就感。从职业前途看，记者这个职业社会需求量很大。从职业兴趣上看，这种职业也比较符合她的职业兴趣倾向。从能力角度来看，当记者能发挥她的写作能力和挖掘新闻线索的能力。当然当记者可能会影响她继续深造，但如果她能够确定自己的最终目标并努力去弥补，那么小樱实现自己的职业理想将为时不晚。

（二）决策方格法

1. 列出你最向往的职业生涯发展目标 2~3 个。

2. 根据你个人的情况，从你的个人价值满足程度、兴趣一致程度、专长的施展空间等方面思考自己的职业生涯发展目标，并评估每个职业目标的回报等级。其中：优=4分，良＝3分,中＝2分,差＝1分。

3. 根据职业发展机会的情况,从职业发展机会中对能力与经验的要求、学习限制、发展前景等方面,评估每个职业目标的机会。其中:差＝1分,中＝2分,良＝3分,优＝4分。

4. 根据你对回报和机会的评估结果,在职业目标决策方格中找到相应位置,并将职业目标填入"决策方格"中。

5. 将每个职业目标的回报与机会的得分相乘,乘积最大的目标,就是最适合你的职业目标。

🔍 案例分析

小樱的生涯决策方格

（回报）	优良中差	差	中	良	优
	优		出国深造		
	良			全职英文导游	报社新闻记者
	中			外贸公司行政助理	
	差				
	（机会）	差	中	良	优

小樱的四种职业生涯目标的决策结果:

出国深造:4×2＝8;全职英文导游:3×3＝9;外贸公司行政助理:2×3＝6;报社新闻记者:3×4＝12。经过一番生涯决策的评估之后,成为报社新闻记者是小樱的最佳选择。

【启示】 从生涯决策方格可以快速得出职业生涯目标决策结果。

(三) SWOT 分析法

【微课】

SWOT分析法

SWOT 分析法又称为态势分析法,它是一种能够较客观而准确地分析和研究一个企业现实情况的方法,其后 SWOT 以其很好的分析模式被广泛用于个人的自我分析之中。

在制定职业生涯目标时,一要考虑到自身内部因素;二要考虑外部环境因素。SWOT 分析法是一种有效的自我诊断方法,可以帮助你分析自己的个人优点和弱点在哪里,并且教你评估出自己所感兴趣的不同职业道路的机会和威胁所在。S 代表 strength(优势),W 代表 weakness(弱势),O 代表 opportunity(机会),T 代表 threat(威胁);其中 S、W 是内部因素,O、T 是外部因素。从整体上看,SWOT 可以分为两部分:上半部分为 SW,主要用来分析内部条件;下半部分为 OT,主要用来分析外部条件。利用这些方法可以从中找出对自己有利的、值得发扬的因素,以及对自己不利的、要避开的东西,发现存在的问题,找出解决办法,并明确以后的职业发展方向。

表 4-1　职业生涯决策的 SWOT 分析模型

SWOT 分析法		
内部个人因素	优势优点(strength)：你可以控制并且可以利用的内在积极因素 什么是我最优秀的品质？ 我曾经学习了什么？ 我曾做过什么？ 最成功的是什么？ ……	弱势缺点(weakness)：你可控制并努力改善的内在消极因素 我的性格有什么弱点？ 经验或者经历上还有哪些缺陷？ 最失败的是什么？ ……
外部环境因素	发展机会(opportunity)：你不可控制，但可利用的外部积极因素 社会环境对你的发展目标的支持 地理位置优越 专业发展带来的机会 就业机会增加 ……	阻碍威胁(threat)：你不可以控制但可以弱化的外部消极因素 名校毕业的竞争者 同专业的大学生带来的竞争 ……
自己真实的卖点：		
总体鉴定(评估你制定的生涯发展目标)：		

案例分析

小程，男，上海某大学会计学专业大三学生，在校期间学习了高级财务会计、税收学、财务报表分析、成本会计等相关理论知识。他性格开朗，勤奋好学，吃苦耐劳，敢于面对挑战并喜欢从事有挑战性的工作。

短期生涯目标：大学毕业后成为会计人员。

表 4-2　小程的 SWOT 分析情况

	优势优点(strength)	弱势缺点(weakness)
内部个人因素	1. 富有极强的责任心和耐心，且喜欢做相关的工作。 2. 具有良好的道德素养，具有法制观念和团队精神。 3. 做事比较认真、踏实，有浓厚的学习兴趣和一定的实力，尤其在财务管理方面有着浓厚的兴趣。 4. 办公软件运用能力强，业余加强办公自动化训练。 5. 能熟练地掌握国内会计法规，并及时学习新的政策。 6. 有良好的沟通技巧和内外协调的能力。 7. 有一定的书面表达能力，逻辑思维性和条理性较强。	1. 办事不够细腻，有时考虑问题不全面。 2. 做事有时拖拉，不够雷厉风行。 3. 工作、学习有些保守，创新能力有待提高。 4. 对复杂多变的会计环境缺乏足够的职业判断能力。 5. 综合分析能力不足，不足以通过财务报告对企业进行全面、透彻、综合的分析。

（续表）

外部环境因素	发展机会（opportunity） 1. 加入世贸组织后，外企的进入，为我们提供了更广阔的机会。 2. 在学校里有构建良好的人际关系的条件。 3. 就专业知识方面来说，科学的财务管理对任何企业来说都至关重要，这方面的人才需求正随着我国经济的高速发展而不断扩大。 4. 母亲从事财务会计工作。	阻碍威胁（threat） 1. 距离毕业还有一年的时间，各种准备相当不充分，相比其他重点大学的学生来说自身实力不够突出。 2. 各类企业对个人素质要求不断提高，一些企业甚至还要求职员要具备较高的英语水平。 3. 公司及用人单位对毕业生的要求提高，更希望聘用有工作经验的人才，而个人经验不足。
自己真实的卖点：对财务管理方面有着浓厚的兴趣；办公软件运用能力强；熟练掌握国内会计法规；逻辑思维和条理性较强。		
总体鉴定（评估你制定的生涯发展目标）：通过上述分析，可以看出小程希望从事财务会计工作的个人优势与机会大于劣势和威胁，具有专业优势、个性优势、能力优势、发展条件的优势。建议他在今后的一年中寻找相关实习机会，为就业做好准备。		

【启示】 进行 SWOT 分析应注意的方面：要对个人的优势与劣势有客观的认识，不要过分夸大自己的优势，也不要过于自卑，把自己看得一无是处，应客观全面。同时要区分个人的现状与前景，在进行 SWOT 的分析时，要注意 SWOT 分析法的简洁化，避免复杂化与过度分析。

（四）职业决策平衡单

在进行职业选择时，有时会碰到两个甚至两个以上不同的职业发展方案的选择问题，此时，如果能进行直观的量化，可能会使你对自己的职业生涯目标更加清晰。职业决策平衡单方法和技术可以通过打分的方式，量化你的各项职业选择的分数，帮助你进行职业生涯目标的决策。职业决策平衡单的操作办法如下：

➤问题链接：哪些是你职业决策需要考虑的因素？如何利用职业决策平衡单进行职业生涯目标决策？如何科学合理打分、计算？

1. 确定你的职业决策考虑因素。你可以从以下几方面考虑：

第一，自我部分（精神与物质）。一是自我精神部分，包括自己的能力、兴趣、价值观、心理需求（自尊、自我实现）；生活方式的改变、成就感、自我实现的程度、兴趣的满足、挑战性、社会声望的提高、发挥个人的才能等。二是自我物质部分，包括升迁机会、社会地位、工作环境、工作发展前景、工作内容、休闲时间、生活变化、对健康的影响、足够的社会资源、能提供的培训机会、就业机会等。

第二，外在部分（精神与物质）。一是外在精神部分，包括父母、师长、配偶、家人的支持等；二是外在物质部分，包括家庭经济收入、择偶及建立家庭、与家人相处时间、家庭地位等。

2. 利用职业决策平衡单进行职业生涯目标决策。列出你的职业生涯发展的三个方向，分别填到表格的职业方案中。具体方法为在第一栏"职业决策考虑要素"中，根据对你而言职业选择的重要性和迫切性，赋予它权数，加权范围为 1～5 倍，填写到"权数"一栏。

权数即你在进行职业选择时所看重的东西。某要素的权数越大，说明你越看重该要素。

3. 打分。根据第一栏中的职业决策考虑要素给每个职业方案打分，每个方案的得分或失分，可根据该方案具有的优势（得分）、缺点（失分）来回答，计分范围为 1～10 分。（注：每个方案的得分或失分只能填一项，可参照案例）

4. 计分方法。将每一项的得分或失分乘上权数，得到加权后的得分和失分，并分别计算出总和（即加权后合计）；再把加权后的"得失差数"算出来，并据此作出最终决定。得分越高，该职业方案越适合你。

🔍 案例分析

小敏的职业决策平衡单

小敏，女，现为南京某大学人力资源专业的大三学生。性格外向，活泼开朗，爱与人交往、口头表达能力很强，是学生干部和社团的活跃分子，组织能力强。目前她有三个职业生涯发展的打算：成为人力资源总监；英语培训教师；从事与市场销售相关的工作。以下是她的考虑：

1. 人力资源总监

她希望用十年的时间来实现此目标，认为其符合自己的性格、兴趣的需要，还能充分发挥本专业所学的知识。她认为自己较高的英语水平能辅助自己进入大企业成长，也是帮助她成为人力资源总监的优势。

2. 英语培训教师

她认为这是一个新兴的职业，目前的市场潜力很大，可以满足自己爱与人交往的性格特点和职业兴趣需要。缺点是入行难度较高，需要相关资格证书。

3. 市场销售相关工作

她认为本专业目前的社会需求量大，就业机会最多，同时课余兼职中有一些销售的经历，相比于前两个专业来说入行难度会相对较小。但是她对销售类、市场类工作并不喜欢。

下面是她利用职业平衡单作出的职业决策的结果：

职业决策考虑要素		重要性的权数（1～5 倍）	第一职业方案（人力资源总监）		第二职业方案（英语培训老师）		第三职业方案（市场销售相关工作）	
			得(＋)	失(－)	得(＋)	失(－)	得(＋)	失(－)
自我精神方面的得失	1. 符合自己的能力	4	8			4	7	
	2. 符合自己的兴趣	5	9		8			8
	3. 符合自己的价值观	5	8		8		8	
	4. 符合自己的个性	4	10		9			8
	5. 未来有发展空间	5	10		10		6	

(续表)

职业决策考虑要素		重要性的权数 (1~5倍)	第一职业方案 (人力资源总监)		第二职业方案 (英语培训老师)		第三职业方案 (市场销售相关工作)	
			得(+)	失(－)	得(+)	失(－)	得(+)	失(－)
自我物质方面的得失	1. 较高的社会地位	5	6		8			3
	2. 符合自己的理想生活形态	5	9		8			7
	3. 符合个人的目前处境	4	8			6	8	
	4.							
	5.							
外在精神方面的得失	1. 带给家人声望	2	7					
	2. 有利于择偶以建立家庭	4	7					
	3.							
	4.							
	5.							
外在物质方面的得失	1. 优厚的经济报酬	4	7					
	2. 足够的社会资源	4		2		3	5	
	3.							
	4.							
	5.							
加权后合计			384	8	334	52	182	142
加权后得失差数			376		282		40	

小敏通过职业平衡单的决策之后,她决策方案的得分是人力资源总监＞英语培训教师＞市场销售等相关工作,综合平衡之后,成为人力资源总监较为符合她的职业生涯目标。

在进行职业选择时,小敏最为看重的考虑因素是是否符合自己的兴趣及职业选择价值观、职业是否有发展空间、是否具有较高的社会地位、是否符合自己理想生活的需要这五个方面。

实践拓展

王某是北京某普通高校会计专业的大学毕业生,有着比较扎实的理论基础,但是实践经验并不是很多,在北京这个人才济济的地方,初来乍到的求职者很难有一席之地。并且,很少有企业愿意轻易地将自己的账目交给一个涉世未深的年轻人。再加上同为应届毕业的会计专业学生早已经处于明显的供大于求的状态,要想在此地找到一份理想的工作，简直是难上加难。

虽然无数次投出的简历犹如石沉大海般杳无音信，但王某并没有气馁。相反，他望着墙上挂着的中国地图，嘴角露出了一丝微笑。他作出了对他今后的发展有着不可轻视作用的决定，将目标锁定在离北京不是很远，经济也在近些年迅速发展的石家庄市，在那里，人文文化和科技文化正逐步深入这座城市，带动着经济节节攀升。

王某来到了这座陌生的城市，在这里开始了崭新的求职之路，由于曾在都市中生活和学习过，他对环境的适应很快，同时对信息的领悟能力较强，再加上一口标准的普通话，让公司的招聘人员感到很亲切。在这个不是很大的城市里，王某依靠这些优势，打开了一家中美合资公司的大门，从开始小小的会计员，到初见成色的财务助理，现在他已经成为最有力的财务总监的争夺者。

【思考】

1. 从以上王某的案例中，你获得了什么启示？
2. 根据案例情况，请你为王某做一份职业生涯决策单。
3. 在此案例的启发下，你将如何做自己的职业生涯决策？

任务二　制定职业规划

任务目标

1. 确立人生目标，树立长远目标；
2. 了解人生规划的五个步骤；
3. 能够根据当前形势做出合理的短期目标行动方案。

案例导入

徐悲鸿画马

徐悲鸿（1895—1953年），中国现代美术事业的奠基者，杰出的画家和美术教育家。

徐悲鸿擅长以马喻人、托物抒怀，以此来表达自己的爱国热情。徐悲鸿笔下的马是"一洗万古凡马空"，独有一种精神抖擞、豪气勃发的意态。

徐悲鸿是一位举世闻名的画家。他为了画好奔跑的马，常常跟在马车后面，仔细观察马跑动的样子。有一次，他只顾观察，没有注意脚下的路，结果摔了一跤，满身尘土，手、脚、脸都擦破了。他爬起来，又继续追赶。

徐悲鸿画马入了迷，整天沉浸在马的世界里。他几乎每天都要画马，他小屋的墙上，贴满了骏马图。

功到自然成,徐悲鸿终于获得了成功。他画的骏马成了世界公认的艺术珍品。你看《奔马图》中,那气势雄壮、四蹄生风的骏马,奔腾在一望无际的原野上,显出一股巨大的力量。那强劲的铁蹄,仿佛发出"嗒嗒"的蹄声,催人奋进。

徐悲鸿先生刚刚去法国留学的时候,开始有一位外国同学瞧不起中国,徐悲鸿先生义正词严地对那个学生说:"既然你瞧不起我的国家,那么好,从现在开始,我代表我的国家,你代表你的国家,我们等到毕业的时候再看。"此后,徐悲鸿先生发愤图强努力练习,钻研绘画,后来一画惊人,震惊了巴黎艺术界,从此徐悲鸿先生踏上了一位爱国主义画家的伟大道路。

【启示】 徐悲鸿之所以能成为举世闻名的大画家,与他坚忍不拔的意志是分不开的,细心观察马是他成为大画家的第一个台阶。第一阶段目标不仅是后一个目标的基础,也是实现远期目标的保证。要想有一个成功的职业生涯,就要脚踏实地地从现在做起,为实现自己的人生目标打下坚实的基础。

一、大学生职业生涯规划与人生规划

人生规划既是一个实现人生目标的时间表,也是一个实现日常生活中无数更小目标的时间表。实施人生规划可以合理地分配精力,在一个特定的时间范围里充分地利用脑力和体力,使注意力集中于特定目标。

➢问题链接:到底如何实现人生规划? 如何进行人生规划? 如何做好大学生职业规划呢?

(一)人生规划的五个步骤

1. 确立主要人生目标

所谓主要人生目标,应该是一个终生所追求的、固定的目标,生活中其他的一切事情都应围绕着它而存在。对于一些人来说,发现自身追求的终极目标是一个自我发现的愉悦过程;但对于另一些人来说,也许是一个痛苦的过程。他们在找到自己的终极目标之前往往需要重复一些问题,比如"我是谁?""我到底为什么活着?""我想在我的一生中成就何种事业?""临终之时回顾往事,一生中最让我感到满足的是什么?""在我的日常生活中是哪一类的成功最使我产生成就感?"等。

人的一生绝大部分精力都会用在工作上,幸福的人通常是这样一类的人,即他的职业和工作方式与他的生活目标相一致。如果所从事的职业与自己的兴趣、能力相投,就会乐此不疲,不断努力,奋发成才,在职业实践中实现自己的价值。

2. 准备实施人生目标

当人们能够用一个简单的句子表达出人生目标后,就应该着手准备实现这个目标。在这方面,职业的选择就是应重点考虑的问题。存在主义哲学家萨特曾说过:人生就是选择。一个人生命的历史也是一连串选择的组合。在这一连串的选择之中，对职业的选择无疑是其中最重要的选择之一，毕竟人一生的大部分时间都是在从事某种职业中度过，职业选择对于个人而言至关重要。

职业是一个工具，是帮助个人实现终极目标的工具。规划自己职业的重要性，正如一场战役、一场足球比赛需要确定作战方案一样。最理想的职业规则应该是从大学开始进行的，在这个时候，只要心中明确将来的人生大目标，就会知道要选择或接受一份什么样的职业。毫无疑问，大多数人都会选择那种有助于你实现人生目标的职业。

3. 细化人生目标

在弄明白了职业将会帮助实现人生更大目标之后，就应该着手考虑人生和职业规划中的具体细节。这就需要有一个详细的个人职业发展计划，这个计划可以是一个 5 年的计划，也可以是一个 10 年、20 年的计划。不论是属于何种时间范围的计划，它至少应该能够回答如下问题：

在未来 5 年、10 年或 20 年内将实现一些怎样的职业或个人的具体目标？

在未来 5 年、10 年或 20 年内挣到多少钱或达到何种程度的挣钱能力？

在未来 5 年、10 年或 20 年内有一种什么样的生活方式？

回答这些问题时要提供一份有关自己的短期目标的清单。在形成这些目标的过程中，不能纯粹地依靠逻辑思维，需要充分发挥创造力，将所有的情绪、价值和信仰等因素全部调动起来。

4. 制定行动方案

在形成了以上具体的短期目标之后，就应该策划一下如何去实现它们。当然，这是所有步骤中最艰难的一步，毕竟良好的动机只是一个目标得以确立和开始实现的一个条件，并不是全部。如果动机不转换成行动，动机终归是动机，目标也只能停留在梦想阶段。要想实现人生的终极目标，有两个方面的问题需要谨慎避免出现：一个是懒惰、另一个是错误，哪怕是极小的错误。懒惰是事业成功的天敌，很多勤奋的人奋斗一辈子都无法完美地实现自己的人生目标，更不用说懒惰者了。

5. 修改、更新人生和职业规划目标

人生目标往往是根据特定的社会环境和条件确定的。俗话说：计划赶不上变化。影响人生和职业规划的因素有许多。环境和条件在变化，确定的目标也就应该做出相应的修改和更新，以便为下轮人生目标设计做好参考依据。在当今工作方式不断推陈出新的社会环境下，除了学习新的技能知识外，还得时时审视自己所处的环境，不断修正自己的目标，最终实现自己的人生和职业规划目标。

（二）立足人生规划，实现大学生职业规划

对于即将步入社会的大学生来说，如果想获得事业的成功，使自己成为某个行业中的佼佼者，就应该善于计划自己的人生。在做好人生规划的同时，做好自己的职业规划。

职业规划可使大学生充分认识自己，客观分析环境，科学地树立目标，正确选择职业，运用适当的方法、有效的措施，克服职业生涯发展中的困难，避免人生陷阱，获得事业的成

功。大学生的职业规划,在一定意义上是其人生观、价值观的反映。因此,每个大学生都应该立足人生规划,按照人生规划的五大步骤认真规划自己的大学生涯。

🌐 拓展阅读

心理学家曾经做过这样一个实验,组织三组人,让他们分别向着 10 公里以外的三个村子进发。第一组的人既不知道村庄的名字,又不知道路程有多远,只告诉他们跟着向导走就行了。这么远,何时才能走到头,有的人甚至坐在路边不想走了;越往后走,他们的情绪也就越低落。

第二组的人知道村庄的名字和路程有多远,但路边没有里程碑,只能凭经验来估计行程的时间和距离。走到一半的时候,大多数人想知道已经走了多远,有人说:"大概走了一半的路程。"于是,大家又簇拥着继续向前走。当走到全程的四分之三的时候,大家情绪开始低落,觉得疲惫不堪,而路程似乎还有很长。有人说:"快到了!快到了!"大家又振作起来,加快了行进的步伐。

第三组的人不仅知道村庄的名字、路程,而且公路旁每一公里就有一块里程碑。人们边走边看里程碑,每缩短一公里大家便有一小阵的快乐。行进中他们用看里程碑的快乐消除疲劳,用坚定的步伐丈量行走的路程,所以很快就到达了目的地。

心理学家得出了这样的结论:当人们的行动有了明确目标,并能将自己的行动与目标不断地加以对照,进而清楚地知道自己的行进速度和与目标之间的距离时,人们行动的动机就会得到维持和加强,就会自觉地克服一切困难,努力达到目标。

二、大学生职业生涯规划的类型

【微课】

大学生职业生涯
规划的类型

根据大学生职业生涯规划的特点以及一般职业生涯规划的时间维度划分方法,我们可以把大学生的职业生涯规划大致分为两种类型。

(一) 远期规划

远期规划是规划时间年限在 5 年以上的大学生职业生涯规划,即一般职业生涯规划中的长期规划(5~10 年)和人生规划(40 年左右)。对职业生涯进行远期的规划,能够使大学生明晰各个阶段的职业目标,保持整个职业生涯发展的连贯性和持续性,使总体目标更容易循序渐进地达成和实现,进而产生更大的职业动力。大学生如果有条件的话,应该进行这种远期的职业生涯规划,激励自己为达到各个阶段的目标而不懈努力。

如果是凭空想象的总体规划,虽然内容是完整的,但由于脱离了自身条件和环境要求,只能是海市蜃楼。同时,由于远期规划的时间跨度较长,实施过程中会受到个人和环境不断变化的影响,规划目标的实现难度非常大。另外,大学生尚处于职业生涯的探索阶段,对社会、对职业的了解都极为有限,有可能导致远期规划缺乏可行的操作性而过于理想化。

（二）近期规划

近期规划是规划时间年限与大学生涯年限基本符合的大学生职业生涯规划，即一般职业生涯规划中的短期规划（2 年以内）和中期规划（2～5 年）。规划一般在大学时期的职业准备和选择阶段，职业生涯探索阶段的主要目的就是通过选择、尝试与磨合，找到最合适自己的职业。大学生的职业生涯近期规划，就是大学生根据这个阶段的主要特点和任务要求，在确立总体目标之后，以实现就业为阶段目标，对自己的大学学业生涯制订相应的行动计划和实施方略。

近期规划的特点是主要以大学学制为阶段进行目标分解和策略实施，其最根本的目的是实现总体目标而在学业上做好准备，顺利毕业并进入目标职业。近期规划的侧重点在于以就读期间的职业学习和职业准备为主要内容，规划期限基本以大学生涯的终止为结束。从性质来看，这种规划属于职业准备期和职业早期的生涯规划。

对大学生而言，近期规划更具针对性，也更具可操作性。通过近期规划，大学生可以在认识自我、了解职业的基础上，从自身的条件和社会的需求出发，确定职业发展的方向，明确职业目标，制订大学期间的学习、培训、实践计划，不断地挑战自我、超越自我，为将来迈出校门、走向社会做好准备，为总体目标的实现打下良好的基础。由于规划的时间跨度不长，因此近期规划也比较易于评估与修正，当学业生涯中各个分阶段（多数为各学年）的目标未能达成时，大学生可以适时调整实施的策略，不断修正并完善。由于近期规划能与大学阶段的学习和生活紧密联系，因此，我们提倡大学生在规划自己的职业生涯时采用这种目的和策略，即为明确可行的规划类型。下面有关大学生职业生涯规划的内容，也主要围绕大学生职业生涯的近期规划来作介绍。

当然，近期规划也有一定的缺陷。这种规划由于以求职择业为阶段目标，故有较大的局限性，对中期目标和长期目标缺乏详细系统的规划，难以与总体目标完整衔接，缺失的规划部分只能等到真正进入职业生涯后再根据内部和外部的环境因素重新制订。

根据上述的人生规划方法和大学生职业生涯规划书方法，我们可以按照下述结构制订职业生涯规划书。

（1）题目。包括姓名、年限、年龄跨度、起止日期。

（2）引言。主要写规划的目的以及自己对规划意义的认识。

（3）自身条件及潜力测评结果。

（4）发展环境分析。包括对政治环境、经济环境、学校环境的分析，应包括专业发展前景分析、相关的职业与行业环境分析、所在班级与院系的情况分析。

（5）大学生涯发展方向及总体目标。

（6）目标分解及目标组合。

（7）目标的评估。听取老师、亲人、同学、朋友以及其他一些可能了解或帮助自己的人的意见，征询他们对自己大学生涯目标的建设性意见。

（8）目标与现实的差距分析。即自身现实状况与实现目标要求之间的差距。

（9）确定目标实现或成功的标准。

（10）缩小差距的方法及实施方案。

(11) 后记。

不管是用 PPDF 法、SWOT 法、愿景模型法、5"W"法中的哪一种方法制订大学生的职业生涯发展规划书，其实都没有固定的内容与结构，当事人应当从实际出发，实事求是。

▶问题链接：如何合理制作职业生涯发展规划书？

下面将两种大学生的职业生涯规划方案介绍如下，供大家参考。

🔍 范例 1

某大学生的职业生涯发展规划书（愿景模型法）

1. 引言

未来，掌握在自己手中；花开花又落，春去春又回。踏着时光车轮，我已走到 20 岁的年轮边界。驻足观望、网络铺天盖地，知识信息技术飞速发展，科技浪潮源源不绝，人才竞争日益激烈，不禁感叹，这世界变化好快。

身处信息世界，作为一名电子信息专业的当代大学生，我不由得考虑起自己的未来。在充满机遇与挑战的未来社会里，我究竟该扮演什么角色呢？

水无点滴量的积累，难成大江河；人无点滴量的积累，难成大气候。没有兢兢业业的辛苦付出，哪里来甘甜欢畅和成功的喜悦？没有勤勤恳恳的刻苦钻研，哪里来震撼人心的累累硕果？只有付出，才能有收获。未来，掌握在自己手中。

由此，想起自己走过岁月中的点点滴滴，我不禁有些惭愧。我对自己以前在学业、文体、社团活动中的表现不是很满意。我发现自己惰性较大，平时总有些倦怠、懒散，学习、做事精力不够集中，效率不高，态度也不够端正。倘若不改正，这很可能会导致我最终庸碌无为。不过还好，我还有改过的机会。否则，岂不遗憾终生？

有一本书这样写道：一个不能靠自己的能力改变命运的人，是不幸的、可怜的，因为这些人没有把命运掌握在自己的手中，反而成为命运的奴隶。而人的一生中究竟有多少个春秋、有多少事是值得回忆和纪念的？生命就像一张白纸，等待着我们去描绘、去谱写。

如今，身为大学生的我们，与其一天天消磨时光，不如抓紧时间多学一些知识来充实自己。人的大学时光一生中也许就一次，不把握好，将来自己一定会追悔莫及。于是，在经过一番深思熟虑之后，我决定设计自己的目标。有了目标，才会有动力。

2. 自我盘点

(1) 兴趣爱好

业余爱好：读书、听音乐、无线电维修、画画。喜欢的文学作品：《红楼梦》《战争与和平》《老人与海》《平凡的世界》。喜欢的歌曲：《爱拼才会赢》《红日》《流年》。心中偶像：周恩来、比尔·盖茨。

(2) 优势与优点

学习成绩优秀，担任班干部，班级群众基础好，父母、亲人、班主任、任课老师对我非常关爱，动手能力较强。做事仔细认真、踏实，友善待人，锲而不舍，勤于思考，考虑问题全面。

(3) 劣势与缺点

目前手头经济状况较为窘迫，身高不够，体质偏弱。性格偏内向、能力较差，过于执着、固执,胆小,思想上属保守派,缺乏自信心和冒险精神,积极主动性不够,做事爱拖拉,惰性较大。

（4）生活中的成功经验与失败教训

成功竞选成为班支委一员,成功组织过学习研讨主题班会并获年级组评选第一名,个人学习成绩、综合积分均为班级第一,通过考核以较大优势加入系学生实验室,工作中全班同学的悉心支持是我最大的财富。高考失利对我打击较大,一位好朋友与我有误解而陌路,竞选系学习部长失利,听别人侃侃而谈却接不上话,心里特难受。

（5）解决自我盘点中的劣势和缺点

内向并非全是缺点,使我少一分张扬,多一点内敛,但可相应加强与他人的交流沟通,积极参加各种场合各项有益的活动,使自己多一分自信、激扬,少一分沉默、怯场。充分利用一直关心支持我的庞大的亲友团的优势,真心向同学、老师、朋友请教,及时指出自身存在的各种不足并制订出相应计划加以改正。

加强锻炼,增强体质,提高体育成绩,以弥补身高不足而带来的负面影响。积极争取条件,参加校内外的各项勤工俭学活动,以解决短期内的生活费问题并增加自身的社会工作阅历,为以后创造更多的精神财富和物质财富打下坚实基础。

（6）职业取向分析测试

为了进一步认清自己属于何种类型的社会人,初步确定个人未来数年内更适宜从事的工作岗位究竟是什么,我查找了多种测试工具,最终主要选择了霍兰德职业倾向测验量表,并对其中的相关内容进行了认真的测验,从而初步得出了自己的未来职业取向。以下为测验结果:

心目中的理想职业(专业):公务员、科技工作者、医生。

感兴趣的活动排序:R型、I型、S型、C型、A型、E型。

职业能力倾向测试:R(实际型):木匠、农民、操作X光的技师、工程师、飞机机械师、鱼类和野生动物专家、自动化技师、机械工(车工、钳工等)、电工、无线电报务员、火车司机、长途公共汽车司机、机械制图员、修理机器、电器师。RIS:厨师、林务员、跳水员、潜水员、染色员、电器修理、眼镜制作、电工、纺织机器装配工、服务员、装玻璃工人、发电厂工人、焊接工。表格所测本人适合的职业主要为:无线电修理工、电工。

综上所述,本人所适宜的未来职业倾向类型主要为工程技术类,即无线电服务类、电工类。

3. 未来职业规划

（1）确定职业通路

根据已确定的自己的职业发展领域,确定自己何时内部发展,何时重新选择及发展道路。简述如下。

职业类型:工程技术型。

典型特征:性格内向,喜欢独立思考,做事谨慎细致。职业选择时,主要注意力是工作的实际技术。即使提升,也不愿到全面管理的位置,而只愿在技术职能区提升。

成功标准:在本技术区达到最高管理位置,保持自己的技术优势。

主要职业领域:工程技术、电类专业。

个人职业道路设计：一线操作员→维修技术员→助理工程师→工程师→高级工程师→副总工程师→公司总工程师。在担任高级工程师两年后，如果本企业发展不佳，到大中型企业发展。

培训和准备：3 年内取得助理工程师资格，7 年内取得工程师资格，后 5 年内成为高级工程师；在业余时间进修管理学知识，需要提高处理信息的能力，且保持积极的心态。

（2）未来人生职业总规划

围绕可能的职业发展道路，本人特对未来 50 年作如下初步规划。

2018—2021 年。学业有成期，充分利用校园环境及条件优势，认真学好知识，培养学习、工作、生活能力，全面提高个人综合素质，并做好专升本或就业准备。（具体规划见后）

2021—2024 年。熟悉适应期，利用 3 年左右的时间，经过不断地尝试努力，初步找到适合自身发展的工作环境、岗位。

主要完成内容：

① 学历、知识结构。提升自身学历层次，从专科走向本科；途径：参加进修、自学或函授、夜大或脱产等。专业技能较熟练，达到助理工程师技术水平；途径：专业学习、培训，熟悉工作环境。

② 个人发展、人际关系。在这一时期，主要做好职业生涯的基础工作，与同事友好相处，获得领导认同，打好基础，暂不考虑职位升迁；途径：加强沟通，虚心求教。

③ 婚姻家庭。暂不考虑，有缘分可顺其自然，不强求。

④ 生活习惯、兴趣爱好。适当交际的环境下，尽量形成较有规律的良好个人习惯，并参加体育活动，如跑步、打球等；途径：制定生活时间表，约束自己更好地执行。

2024—2036 年。稳步发展期，在此 10 年左右的时间里，努力奋斗，使自己在单位、本岗位上业务精湛，并小有成就。

主要完成内容：

① 学历、知识结构。在原基础上进一步提升自身学历层次，达到本科或研究生水平；途径：参加进修、自学或函授、夜大或脱产等。较熟练掌握本专业领域内的技术技能，达到工程师或高级工程师技术水平，并具有一定的生产技术管理经验；途径：参加专业培训，加强学术交流。

② 个人发展、人际关系。在与同事友好相处的基础上，使自己逐步成为单位的技术骨干，并充分发挥自身技术优势，能在技术管理岗位上有小成；途径：大胆工作，敢于创新，充分利用网络、图书馆等条件不断学习新技术、新方法。

③ 婚姻家庭。寻找另一半，注意品行、学历、家庭背景等因素，并结婚生子，购买住房，承担家庭责任，教育好下一代。

④ 生活习惯、兴趣爱好。此阶段个人习惯的良好规律显得尤为重要，生活工作压力最大，必须调整好自身状态，以保证能更好地投入事业发展中去，要定时参加体育活动，以增强体质；途径：制定生活时间表，家庭成员督促执行。

2036—2056 年。事业有成期，此为职业生涯发展的黄金时期，应抓好这一阶段，使本人发展到个人事业的顶峰。

主要完成内容：

① 学历、知识结构。重点加强知识的更新,熟练掌握本专业领域的技术技能,并成为技术权威,具有较强的生产技术管理经验;途径:加强学术交流,虚心向年轻人学习新技术。

② 个人发展、人际关系。成为单位的中流砥柱或中层领导,注意管理方法的学习总结,加强对年轻人的指导帮助,带动新一代快速成长。

③ 婚姻家庭。在工作时注意处理好家庭与工作的关系,保持家庭和睦。

④ 生活习惯、兴趣爱好。前些年养成的良好生活习惯将成为现阶段宝贵的一笔财富,注意继续保持。

2056—2061年。发挥余热期,此时已退休,若体力、精力还不错,可继续参加业余工作,为社会尽自己的一份力量,同时也为充实自己的老年生活,注意劳逸结合,千万不能过分劳累,时间视具体情况而定,但若有不适就提前停止工作,进入下一时期。

2061年以后。颐养天年期,忙碌了一辈子,该休息了。在家可养花弄草,闲庭信步,外出游览祖国大好河山,儿孙膝下承欢,尽享天伦之乐。这时候,我终于可以慢慢回顾自己过去走过的路,有可能的话还可以写一部个人回忆录。无论在别人的眼中我的一生过得如何,我总可以很自豪地在回忆录的最后一页写上两个字:成功!

（3）短期目标规划

千里之行,始于足下。本人计划先把目前在校的三年短期规划作为自己职业生涯总规划的开始篇,希望能够走好第一步,为以后更长的路打下坚实基础。

A. 在校期间总的目标规划

思想政治及道德素质方面。树立正确的人生观、价值观、道德观、奋斗创业观,坚持正确的人生价值取向。定期递交对党的章程的学习、认识及实践的体会,以及自己的言、行、感受的材料,争取早日通过审核,加入中国共产党。积极参加党团活动。

社会实践与志愿服务方面。适时参加社会调查活动、下厂参观实习。适时参加安全义务献血、植树活动、青年志愿服务活动等公益事业。

科技学术创新创业方面。扎实学习专业技能,同时,充分利用校内图书馆、校外购书城及网络信息,开拓视野,扩展知识范围,以此激发、开拓思路,尝试设计开展学术创新、科技创新。

文体艺术、社团活动与身心发展方面。积极参加校内外文体艺术活动、校内社团活动、演讲赛、辩论赛、书画比赛等,以此充分锻炼胆量、能力,展示个人风采。积极参加锻炼和校运动会。每周平均参加体育活动三次,每次半小时左右。

技能培训方面。为后期踏入社会、参加工作积累一定的基本经验,并具有较扎实而全面的专业基本技能,力争做到:① 大二上半学期通过二级计算机考试;② 大二上半学期参加英语三级(B)等级考试并通过;③ 大三上半学期参加四级英语考试并力争通过;④ 大三时在技能培训方面注重电子信息技术专业的学习、积累,参加无线电调试工(高级)、通信终端维修工等专业考试并通过。

学业方面。平时,无特殊情况绝不迟到、请假,更不旷课,保证好学习听讲时间及学习质量。除去上课时间,应充分利用课余时间。除去必要适量的身体锻炼、娱乐活动及休闲时间外,均应安心、踏实、专注地攻读职业方向类、专业类书籍和其他类别的实用书籍。学习时应注意预习、听讲、复习、综合分析对比联系，以及所用时间比例。知识积累不仅应做到广，更应做到专、精，博采众长，又红又专。

B. 三年阶段规划

大学一年级（试探期）。初步了解职业，特别是自己未来可能从事的职业即自己所学专业——电子信息技术对口的职业，并通过参加选修课的形式学习文学艺术类课程，努力提高人际沟通能力。多和师长们进行交流，多参加学校、院系组织的各种活动，以提高人际交流的技巧，丰富社会阅历。

大学二年级（定向期）。做好两手准备：① 继续学习深造，专业方向为电子信息技术类；② 就业，在有合适单位、岗位的情况下，可以考虑先工作。围绕这两个方面，本学年一方面做好专升本考试的准备工作，了解与之相关的要求，做好迎考复习；另一方面注意提高自身的基本素质，通过参加学生会或社团等组织，锻炼自己的各种能力，同时检验自己的知识技能；开始尝试兼职、社会实践活动，在课余时间从事与自己未来职业有关的专业工作，提高自己的责任感、主动性和受挫能力。

大学三年级（分化、冲刺期）。若大二专升本成功，则到新的学校继续学习专业知识；若不幸落第，则以成功毕业并找工作为主要目标。注意提高求职技能，搜集就业信息。首先，在平时的学习、研讨中，锻炼自己独立解决问题的能力和创造性。其次，学习写简历、求职信，了解搜集工作信息的渠道，尝试向已经毕业的校友了解往年的求职情况，开始毕业前工作的申请，积极参加招聘活动，在实践中校验自己的积累和准备。最后，预习或模拟面试。积极利用学校提供的条件，了解就业指导中心提供的用人公司资料信息，强化求职技巧、进行模拟面试等训练，尽可能地在做出较为充分准备的情况下进行施展演练，使自己能够为三年大学学习生涯交上一份令自己和所有关心自己的人满意的答卷。

4. 结束语

计划订好固然好，但更重要的在于其具体实施并取得成效，这一点时刻都不能忘记。任何目标，只说不做，到头来都只会是一场空。然而，现实是未知多变的。订出的目标计划随时都可能受到各方面因素的影响。这一点，每个人都应该有充分的心理准备。当然，包括我自己。因此，在遇到突发状况时，要注意保持清醒冷静的头脑，不仅要及时面对、分析所遇到的问题，更应快速果断地拿出应对方案，对所发生的事情，能挽救的尽量挽救，不能挽救的要积极采取措施。相信如此一来，即使将来的作为和目标相比有所偏差，也不至于相距太远。其实，每个人心中都有一座山峰，雕刻着理想、信念、追求、抱负；每个人心中都有一片森林，承载着收获、芬芳、失意、磨砺。但是，如果没有付诸行动，那么，一切都只是镜中花、水中月，可望而不可即。一个人，若要获得成功，必须拿出勇气，付出努力，拼搏、奋斗。成功，不相信眼泪；成功，不相信颓废；成功，不相信幻觉；成功，只垂青有充分磨砺充分付出的人。未来，只能掌握在自己手中。"人生好比是海上的波浪，有时起，有时落，三分天注定，七分靠打拼，爱拼才会赢！"

【启示】　愿景模型法做规划，会把焦点放在全过程追求的目标上，而非仅放在次要的目标，这样的能力是"自我超越"的动力。人在做真正想做的事情时，就精神奕奕，并充满热忱。当遭受挫折的时候，会坚忍不拔，认为是自己分内该做的事，觉得很值得做，意愿很强大，效率也自然提高。

🔍 **范例 2**

某高校毕业生的职业规划(5"W"法)

武汉某高校女生，计算机专业，在临近毕业时对自己的职业方向难以选择。就现在来说，计算机专业属于热门专业，找一份差不多的工作并不难，可由于是女生，在就业时机会肯定不如同专业的其他男生，而她自己对教师的职业比较喜欢。在这种存在多重矛盾的情况下，我们不妨和她一起进行一次有关职业规划方面的认真思考，并通过对其职业前途的规划来确定其就业方向：

1. 我是谁(Who am I)

某重点高校计算机专业毕业生；

优秀学生干部，学习成绩优秀，通过英语六级(CET6)考试；辅修过心理学、管理学；

参加过高校演讲比赛，拿过名次；

家庭状况一般，父母工作稳定，身体健康，暂时还不需要有人特别照顾；自己身体健康、性格不属内向，但也不是特别活跃，喜欢安静。

2. 我想做什么(What do I want)

很想成为一名教师，这不仅是儿时的梦想，而且比较喜欢这种职业；

有机会成为公司的一名技术人员；

如果可以出国攻读管理方面的硕士，回国后成为一名企业管理人员也是可以接受的。

3. 我会做什么(What can I do)

做过家教，虽然不是自己的专业，但与孩子交流有天生的优势，看到他们成绩进步时很有成就感；

当过学生干部，与下属相处得比较好，组织过几次有影响的大型活动；

实习时在一家公司做过一些开发工作，虽然没有大的成就，但总体感觉良好。

4. 环境支持或允许我做什么(What can support me)

在亲戚推荐的一家公司做技术开发；

GRE 考得还可以，已经申请了几所国外高校，但能不能获奖学金还很难说，况且现在办理签证比较困难；

去年曾有几家学校来系里招聘，但不是当教师，而是去学校做技术维护，今年不知会不会有学校再来招聘教师；

有同学开了一家公司，希望自己能够加盟，但自己不了解这个公司的具体业务，也不知道该公司有多大的发展前途。

5. 我的职业与生活规划是什么(What can I be in the end)

最后的选择可能有四种，分别如下：

(1) 当教师

到一所学校当教师。自己有这方面的兴趣和理想，在知识和能力方面并不欠缺，在素质教育的大趋势下，与师范类专业学生相比，自己在专业方面更具优势，讲授知识时可以让学生了解更多的前沿知识，特别是现在计算机知识在中学生中有了相当的普及，并且自己有信心成为学生心中理想的好老师;不足的就是缺乏作为一名教师的基本训练以及一些技巧,但这可以逐步提高。

（2）做技术员

到公司做技术人员,收入上会好一些,但通过这几年的发展看,这一行业起伏较大,同时由于技术发展较快,必须随时更新自己的知识,压力较大,信心不足,兴趣也不是很大。

（3）去同学的公司

去同学的公司,丢掉专业从最底层做起,风险较大,这与自己求稳的心理性格不符,同时也会有家庭阻力。

（4）出国留学

如愿获得奖学金,能够出国读书,但回国后还是去做一名企业管理人员。不确定因素也较多,且自己可把握的较少,始终处于被动状态。

【启示】 单纯从职业发展上看,这四种选择都有其合理性,但如果就个体而言,第一种选择显然更符合她本人的职业取向。从心理学上看,选择第一种职业能够使她得到最大的满足,在工作中也最容易投入,做出一定的成绩后会有很大的成就感;从职业前途看,教师这个职业也日益受到社会的尊重,社会地位呈上升趋势;从性格上看,这种职业也比较符合她的职业取向。主要困难是非师范生进入这个职业的门槛比较高,如果她能够在确定自己的最终目标后,努力去弥补与师范生在职业技巧方面的差距,那么她实现自己的职业理想将为时不远。

三、个人发展规划的论证

光有计划或规划是不行的,制订完大学生涯规划书后一定要进行先期的论证,这样可以少犯错误。论证时可以从以下几个方面来考虑。

(一) 具体性

个人职业发展规划必须具体,表现在自我探索、目标设定、行动方案等多方面。

自己究竟有什么特点? 长处在哪里,短处又在哪里? 兴趣与爱好、能力与技能、性格与气质、成长经历与价值观究竟如何? 近期、中期、远期的职业目标是什么? 准备如何行动和保证行动计划的实施? 所有这些内容必须具体化。

(二) 可行性

可行性包括现实的主观条件、现实的客观条件、可创造的条件三个方面。一个好的职业发展规划光有具体性是不够的,还必须现实可行。

(三) 发展性

社会在发展,职业的种类、内涵、前景都处在不断变化之中。人也在不断发展,年轻人的知识、技能、社会适应能力都在不断增长,理想、价值观以及追求的职业目标都在发生变化。因此,要以发展性原则来看待职业规划,将职业发展与生涯发展联系起来,在不断探索、不断进取和不断调整中实现自己的人生价值与社会价值。

任务三　职业规划的评估与修正

任务目标

1. 了解大学生职业生涯知识结构体系；
2. 对职业生涯规划活动开展有积极的认识和参与；
3. 了解职业生涯规划的评估的重要性，掌握评估的原则和方法。

案例导入

保险销售员的故事

有个同学举手问老师："老师，我的目标是想在一年内赚 100 万元！请问我应该如何计划我的目标呢？"老师便问他："你相不相信你能达成？"他说："我相信！"老师又问："那你知不知道要通过哪个行业来达成？"他说："我想从事保险行业。"老师接着又问他："你认为保险业能不能帮你达成这个目标？"他说："只要我努力，就一定能达成。""我们来看看，你要为自己的目标作出多大的努力，根据大保险公司的提成比例，100 万元的佣金大概要做 300 万元的业绩。一年 300 万元业绩，一个月就是 25 万元业绩，每一天就要 8 300 元业绩。"老师说，"每一天 8 300 元业绩。大概要拜访多少人？"老师接着问他。"大概要 50 个人。""那么一天要 50 人，一个月要 1 500 人；一年呢？就需要拜访 18 000 个客户。"这时老师又问他："请问你现在有没有 18 000 个 A 类客户？"他说："没有。""如果没有的话，就要靠陌生拜访。你平均一个人要谈上多长时间呢？"他说："至少 20 分钟。"老师说："每个人要谈 20 分钟，一天要谈 50 个人，也就是说你每天要花 16 个多小时在与客户交谈上，还不算路途时间。请问你能不能做到？"他说："不能。老师，我懂了。"

【启发】 目标不是凭空想象的，需要有一个能达成的计划才行。只有希望而没有实践，只能在梦里收获。职业生涯目标确立和职业生涯路线选择之后就需要制订行动计划与措施，使其与阶段性的职业生涯目标相对应，这样才能保证目标的实现，才能实现事业的成功。

一、大学生职业生涯规划的实施

通过以上对大学生生涯发展过程中的诸多因素进行分析，可以从课程体系建设、平台构建以及活动开展三个方面来形成一套系统的、可行性强的、适用于大学生自身特点的职业生涯规划体系。

（一）大学生职业生涯课程体系建设

1. 就业指导课程

大学生就业指导课程不仅可以包括专门的就业指导课及形势与政策课，还可以包含就业选修课程。一方面，主要针对学生发展中所涉及的基本素质进行培养，使学生的综合素质得以提高；另一方面，培养大学生的就业观念，同时针对大学生就业中所面临的问题，予以分析并加以解决。

2. 创业教育课程

随着知识经济的快速发展和就业形势的日益严峻，大学生自主创业已经成为当代大学生就业和走上社会的一种选择。这就要求高校不断加强创业教育方面的指导工作：一方面要提高大学生创业意识与能力；另一方面让大学生掌握一些创业的基本知识和基本技能。

3. 职业生涯辅导、职业咨询

职业生涯辅导的目的在于引导大学生以更广阔的视野来审视其个人的职业选择与人生发展之间的内在联系，并在此前提下对自身所拥有的资源进行评估，来促进自身更系统地发展。职业生涯辅导应贯穿于教育的全过程。职业咨询是生涯心理辅导的重要组成部分，是针对学生个体成长和职业发展的需要。

➤问题链接：职业生涯辅导与咨询有什么具体作用？

对学生施加一种直接或间接帮助的活动，目的是提高学生的自我认知和自助能力，指导学生求职，帮助学生作决策，最终促进求职者的职业成功与生涯发展。根据以上课程的开设及咨询与辅导，在大学生中推行大学生职业资格证书制度，能够提高大学生的综合素质和专业技能水平，提升其就业和创业能力，同时也能够实现高等教育与社会就业的紧密结合。

（二）职业生涯规划平台的构建

1. 大学生创新实践基地

大学生创新实践基地是以培养多学科综合性教育为改革实践的平台，旨在系统构建和优化创新人才环境，加强学生创新意识和创新精神的培养，造就具有较强系统设计思想和国际眼光的创新人才。大学生创新实践基地是一个面向大学生的科技、学术创新场所，是一个创新实践的平台，是为同学们在课堂以外创造出的更好的学习环境。

2. 大学生社会实践基地

社会实践是大学生接触社会、了解社会、进行理想信念教育的重要方式，成为新形势下教育的重要载体，是学校教育的延伸，是大学生实现自我教育最有力的手段。高校一般利用假期组织大学生进行社会实践，深入实际，深入群众，依靠社会力量来完成高校培养目标。但单纯地依靠假期参加社会实践，不能达到应有的效果，这就需要提出更高的要求。大学生社会实践基地恰好弥补了单纯依靠假期参加社会实践的缺陷，提高了学生的综合素质，使社会实践真正达到培养学生综合能力的目标。

3. 相关活动中心、协会及社团

大学生职业生涯规划平台的构建除了大学生创新实践基地、社会实践基地，还可以利用学校相关的活动中心、协会及学生团体，如创业协会、科创中心、科技产业园、机器人中心等。创业协会有着完善的管理制度、章程，它为营造学院创新、创业氛围，繁荣校园文化做出了较大贡献。

4. 职业生涯网络体系的构建

在当今信息爆炸的时代，网络普及的重要性无可替代。

▷**问题链接：如何利用网络平台助力职业生涯规划？**

利用高校的就业信息网或相关网站开辟专门的职业生涯规划专题和专栏也显得十分必要，职业生涯网络体系的构建可以结合学生素质培养要求、心理测评、就业信息等方面进行资源配置，并配有一定的测评软件，对学生的职业规划进行咨询和测评；同时设置相关论坛，对学生所关心的热点及难点问题进行讨论，对国内外企业发展问题及社会焦点热点问题进行探讨与交流。

（三）职业生涯规划活动开展

1. 大学生创新创业大赛

大学生创新创业大赛的目的是浓厚创业氛围，增加广大同学的创业知识并增强创业同学的创业信心，全心全意为莘莘学子搭建创业的辽阔平台。参加中国国际大学生创新大赛、挑战杯、创客中国等此类比赛的校赛、省赛及国赛不仅使学生增加了学习的兴趣，更重要的是使学生了解到创业方面的有关知识，增加了创业的意识和信心。

2. 依托大学生创新实践基地开展创新实践活动

当前"创新教育"开始走入人们的视野，众多高校为培养学生的创新精神加紧探索，各个学院结合学校学科特点和当地条件，通过在学校内部建立创新基地的办法，探讨学生创新精神的培养途径，寻找学校与社会的最佳结合点。

3. 开展各类形式的社会实践活动

社会实践作为大学生了解社会和深化自身认识的重要途径，确实对大学生社会化和健康成长有着重要意义。在就业形势日益紧张的今天，让学生在毕业前就通过社会实践了解社会、参加锻炼是十分必要的。大学生的社会实践活动有："三下乡"活动、"大学生青年红色筑梦之旅"活动、大学生志愿者服务、"行走的思政课"、夏令营、参观、实习、考察以及不同主题的社会活动等。通过一些专业性较强的参观、考察乃至实践，学生可以更好地认识自己、接纳自己，明确自身今后努力的工作方向。

4. 开展系列论坛、讲座

举办系列讲座，邀请校友成功者谈创业经历，可激励大学生敢闯会创。"创新创业大讲堂"为大学生提供了交流和学习的平台，大家通过这个平台取长补短、相互激励，实现了同学之间、同学与单位之间、同学与成功人士之间的互动交流；创业者或者将要创业者在通过"创业者论坛"这种形式向广大同学讲述创业故事，宣传创业思想，进行创业激励的同时，由于论坛所营造的环境氛围的影响，自身进一步受到了启发，思想观念得到了进一步解放，创业信念也变得更为坚定。

（四）大学生在校期间的个人规划

九月对大一学生来说是一个全新的开始，新的开始就需要有一份新的规划。进入大学，并不意味着十二年寒窗苦读的终结，而应该是一个新的起点。

➤问题链接：如何在新起点做好新规划？怎么细化短期、长期目标？

在大学期间，同学们需要学习并完善自己的专业知识；需要培养和建立独立生活的能力；需要明确和巩固自己的社会价值观念。当然，最直观的就是要为毕业后自己的发展（如就业、考研、出国）做好充分的准备。那么在大学三到四年的学习生活中，如何能切实有效地实现以上目标呢？一般认为，大学三到四年应按以下规划进行，以起到拾遗补阙的作用。

1. 大一学生

（1）背景：生活时空发生很大变化，由一个见识、交往、活动范围较为狭窄的天地，进入一个见识较为广博、交往活动范围较为宽阔的天地；由上课、作业、考试及活动均由老师统一安排，转化为需要自己来设计和安排学习、生活等。新生通常怀着对大学生活的美好憧憬，把人生理想化，但缺少明确方向。

（2）目标：适应大学生活，提高人际沟通能力。

（3）学习：CET4（部分专业安排在大二上学期）；中级口译；如想系统地学一门第二外语，应从大一开始；如对本专业不满意，可在政策允许的前提下转专业或积极准备插班生考试或业余自学其他感兴趣的知识；对电脑了解不多的同学可进行一些基础知识的补习；有计划地选择与自己较适宜的业余特长，如绘画、书法、篮球、足球、乒乓球、演讲等的巩固性学习或初学，因为有一些大学生就是利用特长找到工作或获得事业发展。

（4）实践：选择参加一两个社团组织；参与一些对专业要求不高的社会实践，如家教、促销员等；如有某项专业技能，也可尝试去公司做兼职。

（5）建议：进行能力、气质、情绪、独立性价值观等个性测试，发现自己的长处和短处，以便今后注重正确培养自己的个性。

2. 大二学生

（1）背景：大二是三到四年中重要的过渡期。大学的概念已经形成，已渐渐适应了校园生活。但时间流逝快，很多东西看上去似乎没什么进展。专业课增多，在社团活动里已大多成为骨干分子。

（2）目标：全面提高基本素质，考虑并初步确定毕业后的发展。

（3）学习：增强英语口语和计算机应用能力；计算机中级（有效期两年，不宜早考）；学习"1＋X"并且获得证书；学习职业技能并且获得职业资格证书；辅修其他专业的知识。

（4）实践：参加与专业有关的暑期实习，并和同学交流实习工作心得。

（5）建议：可在大二确定毕业后的发展方向，是就业、考研还是出国；决定就业者，应初步了解将来的就业形势，对职业有一定的定位。

3. 大三学生

（1）背景：基本都是在学习专业课，或者是实习，找工作。因此对自己专业的认识也比较深入和全面，对于参军、专升本、出国、考研还是就业有了明确的方向。

（2）目标：提高求职技能，搜索公司信息；或者申请工作、成功就业。

（3）学习：加大专业课的学习力度；撰写学术文章、提出自己的见解；学习写简历、求职信；备考专升本。

（4）实践：了解搜集就业信息的渠道并积极尝试；同时，可利用暑假不计报酬地到与专业有关的企业进行短期工作实践。

（5）建议：加入校友网络，和已经毕业的学长交流，评估大二确立的职业定位及知识、能力方面的不足。或者积极利用学校提供的条件，了解用人单位资料信息、强化求职技巧、进行模拟面试等训练，尽可能地在做出较为充分准备的情况下进行演练。

4. 大四学生

（1）背景：养兵千日，用在一时。大四基本上就是实习，找工作。

（2）目标：申请工作、成功就业。

（3）实践：对前三年的准备做一个小结，检验自己前三年的准备是否充分；积极参加招聘活动，在实践中检验自己的积累和准备，预习、模拟并参加面试。

（4）建议：积极利用学校提供的条件，了解就业指导中心提供的用人单位资料信息、强化求职技巧、进行模拟面试等训练，尽可能地在做出较为充分准备的情况下进行演练。

上述规划是一些简要总结，大学生可以此为基础，根据自身情况进行调整，制订一份适合自己的3～4年规划。当然，在繁忙的学习和社会实践之余，还要安排一定的时间进行身体锻炼：生命在于运动，身体是革命的本钱。

制订一份完善的规划固然重要，但更重要的是努力去实现它，我们在上面列的那么多目标，大学生不必力求面面俱到，没有那么多精力也没有必要。同时需要说的是，结果不是最重要的，重要的是在实践的过程中自己各方面的素质得到了提高。所以，即使在一段时间里，你通过努力还是没有达到自己所订的目标，也不必气馁，只要找准了方向，再调整计划，继续坚持自己的追求，功夫不负有心人，你一定会成功。

二、大学生职业生涯规划的评估

（一）大学生职业生涯规划评估的意义

针对大学生本人、学校及社会等三个方面，大学生职业生涯规划评估的意义如下。

1. 有利于个人明确自我人生目标

中国有句古话："凡事预则立，不预则废。"就业竞争实际上就是综合素质的竞争。进行职业生涯规划要求了解用人单位在选择人才时对人的品德、素质的综合要求,从而制订出适合自己的规划。然后按照规划去实施,激发自我塑造意识,提高自己的综合素质,这样势必能在就业竞争中站稳脚跟。因此,对大学生而言,最好从大学一年级就开始职业生涯规划。

2. 有助于高校提高毕业生就业率

现今,大学生就业成为检验学校质量的试金石。由于职业生涯规划的建立使大学生明确了人生使命,确定了自我的人生奋斗目标,把"要我学"变为"我要学",自觉进行终身学习,从而有了较好的职业发展,学校的知名度也就建立起来了,用人单位对该校毕业的学生自然特别青睐,就业率也就会提高。

3. 适应社会市场经济发展的客观要求

随着市场经济的发展,我国产业结构大规模调整,就业形势十分严峻,竞争也非常激烈。过去"学一种技术,用一辈子"和"一招鲜,走遍天"的情况大大减少,但是"用精益求精的工匠精神,学习一种技术,仍然可以走遍天下"。在这种就业新形势下,容易导致一些大学生迷失学习方向,失去学习动力。因此,大学生迫切需要得到相应的职业生涯规划方面的指导,明确自己今后的职业生涯目标和发展方向。

【微课】

(二) 大学生职业生涯规划的评估原则

职业规划师总结:职业生涯发展的好坏,早期看锻炼机会,锻炼机会越多越好;中期看待遇,待遇越优厚越好;晚期看价值感,社会价值感越大越成功。这种说法的确有些道理。由此,我们可以把大学生职业生涯规划的评估原则归纳如下。

大学生职业生涯规划的评估原则

1. 目标与结果和谐性原则

和谐就是指存在差别的各个成分可以相互协调地合在一起。它本身就带有两层含义:一是组成一个整体的各个成分之间存在差别,且差别明显;二是这些存在差别的各个成分之间又可以非常协调地合在一起。结果可以理解为目的,目标则是阶段性的结果,目标与结果虽然不尽相同,但能够保持一定的和谐性就可以了。

2. 阶段性原则

不同阶段的大学生有不同的生涯发展任务,评价大学生生涯发展良好与否必须按上述大学 3~4 年中不同阶段的目标进行有效的评估,掌握阶段性原则。

(三) 大学生职业生涯规划的评估维度

1. 自我评价

按照心理学的说法,自我评价(Self-evaluation)是自我意识的一种形式,指主体对自己思想、愿望、行为和个性特点的判断和评估。一个人如果能够正确、如实地认识和评价自己,就能正确地对待和处理个人与社会、集体及他人的关系,有利于自己克服缺点、发扬优点,在工作中充分发挥自己的作用。实事求是地评价自己是进行自我教育、自我完善的重要途径之一。

2. 他人评价

这里所说的他人评价主要包括同学评价、朋友评价、教师评价、家人评价等。同学评价又包括师兄师姐评价、同班同学评价、室友评价等。此处所说的教师既包括班主任、辅导员,也包括任课教师、实习指导教师、毕业论文指导教师。

3. 组织评价

组织评价是指由某种正式或非正式机构实施的评价,如班级、院系、学校、学生社团等。组织评价往往有较高的信度和效度,而且有利于当事人看清楚自己在同龄人或同学中的竞争位置,有利于发现优势与劣势。

(四)大学生职业生涯规划的评估内容

在现代职业领域中,变化是永恒的主题,大到国家政策的调整、完善,小到一个单位领导人的更替、组织制度的调整、产品的更新换代,乃至个人家庭的变化等,都会影响到个人职业生涯的发展及生涯规划的执行过程。要想赶上日新月异、飞跃发展的时代,就要时时注意个人状况和外部环境的变化,不断地审视自我,不断地调整自我,不断地修正职业生涯策略和目标,以使职业生涯规划行之有效、切实可行。

➤**问题链接:怎样判断评估的重点?如何进行调整与修正?**

这个过程就是职业生涯评估,即对职业生涯目标、实施措施、实施效果等进行评估和作出适当的调整,以更好地符合自身发展和社会发展的需要。职业生涯规划的评估与反馈过程是个人对主客观情况的认识过程。应在每一个规划阶段进行一次系统全面的评估,如每半年或每年进行一次,以查验前期的策略、措施实施情况,修正实施中出现的偏差。

1. 评估要点

(1)抓住核心,突出重点。在评估过程中,抓住一两个关键的目标和最主要的职业生涯策略进行跟踪而不必面面俱到,重点评估那些可能达到核心目标的主要策略执行的效果。

(2)找到突破点。想一想,在职业生涯规划中,哪一条职业生涯策略对于目标的实现有突破性的影响?如何找到新的突破点?

(3)关注最薄弱点。在肯定成绩的同时,更重要的是关注最薄弱的地方,发现自己的实际状况与目标的差距,然后想办法修正。这些差距主要表现在思想观念、知识、能力、心理素质等方面。

2. 及时修正

评估后发现与原先目标的差距,应对职业生涯规划进行再思考,修正职业生涯规划的有关内容或者进行再规划。修正的内容包括:职业的重新选择,职业生涯路线的调整,各阶段目标的修正,实施措施与行动计划的变更等。

通过评估与反馈,应该达到以下目的:

(1)深入全面地了解自己,对自己充满信心;

(2)对自己的发展机会有一个清楚的了解,明确在哪些地方需要改进;

（3）针对薄弱环节制订详细的行动变更计划；

（4）实施你的行动计划，确保取得成功。

在个人职业生涯中，每个人都有自己成功的标准，有人侧重物质，有人侧重精神，有人考虑多种追求的综合平衡，但是无论怎样的成功，都需要在社会价值上体现出来才具有真正的意义。在现实生活中，常常见到有些人自认为很成功，却因得不到社会认可而陷入尴尬境地。

（五）评价方法

1. 综合测评法

综合测评是众多高校普遍实施的一种对学生的德、智、体多方面发展状况进行评比的方法，一般包括多个指标体系，每个指标体系均以量化的方式呈现，便于排名或统计。而且每个指标的最终得分包括多个评价来源，如自我、班级、教师等。正因为这样，综合测评有较高的外部效度。

实践拓展

我的未来不是梦

为了实现职业理想，我必须制订一个方向正确、目标实在、符合实际、内容翔实、措施具体的职业生涯规划。

一、分析自身条件

现在的我有耐心、有自信、有诚信，注重团队合作精神。有耐心是从事计算机行业必需的，因为计算机操作有很多重复工作。有自信是很必要的，如果你自己都不相信自己，那叫别人怎么相信你？有诚信是做人的基本道德，你诚信待人，人家也会诚信待你，这种彼此之间的信任会使合作更顺利。

21世纪是孤掌难鸣的时代，你必须重视团队的力量，信任会使合作更顺利！如微软的Windows 2000操作系统有4 000万行源代码，如果靠比尔·盖茨一个人写，可能到现在还没问世呢。所以团队的力量不容忽视。从事计算机行业的人既要有独立性，也必须具备合作性，这一点刚才的例子已经充分说明。我想以上几个职业个性我已基本具备，下面分析一下我目前的职业能力。目前我在计算机的操作、维修、网络这三方面都已达到中级职业水平要求，一般的计算机操作、简单的维修、简单的网络组建是难不倒我的。眼前我要通过暑期努力，争取在今年10月份把初级程序员证书拿下来，要掌握计算机操作中常见的英文，复习一下编程等，为拿下这张证书做充分的准备工作。如毕业后找不到合适的工作，我将继续求学，继续提高职业技能。

我目前的英语水平不高，编程工具还不能完全熟练地使用，所以这两方面我还要继续努力，以满足职业需求为底线。

二、确定职业目标

成功要靠目标来领航，强烈的成功欲望和信心，能极大地激发一个人的能量与热情，使其精神抖擞地为目标的实现付出努力。发展软件产业已被列为我国的基本出口战略，也是浙江省的重点产业政策。前段时间有媒体报道说，中国每年软件人才缺口达40万，而且这个数字还在扩大。

所以我的职业发展方向就是软件行业，要为祖国软件事业的发展尽一份绵薄之力。目前国际软件产业已进入流水线编程阶段。流水线就需要流水线上的蓝领工人，对于软件产业而言，普通编程人员就是软件蓝领。在杭州软件出口企业老总们的一次小型沙龙聚会中，许多老总一致表示："搞出口软件最缺的是熟练的编程人员。"把自己培养成为熟练掌握编程技术的软件蓝领就是一个很好的定位。一方面符合社会需要，另一方面符合中职生的能力水平。所以毕业之前我不仅要拿下初级程序员证书，还要成为一个熟练掌握编程技术的优秀软件蓝领。毕业后找一家软件公司担任软件技术人员两年后，再去参加中级程序员资格考试。拿到中级证书并担任软件助理工程师两年后，就去报考高级程序员。在这几年工作的同时，通过业余学习来取得相当于大学本科的学历，为我考取软件业最高职业水平的系统分析员证书铺好路。为了实现以上目标，我要努力、努力、再努力。但我最终目标不是系统分析员，而是创办自己的公司，成为一名出色的、成功的企业家！

创办公司不仅可以为自己及家人创造更好的物质条件，还可以吸纳社会上的人才，为国家分忧。有了公司、有了资金后，我还要在全国各地创办学校，特别是在贫困山区。在贫困山区创办学校不是为了营利，而是为自己的公司储备能吃苦耐劳的人才。这一举措看似亏本，但实质上是企业对人的投资，是在扩大自己的人力资本。发达国家之所以能保持强劲的经济增长率，主要就在于重视人力资本，自己花钱培养的人才会对公司更忠诚。从一个更高的层面讲，也为祖国的科教兴国战略出了一点薄力，于公于私都有好处。我相信只要努力，我的未来不是梦！

远期目标是分阶段实现的。职业理想应该通过一个个具体的阶段目标分步实现，不应该企图一步登天，远期目标的实现，需要奋力攀登一个个阶段目标构成的台阶，有无具体的阶段目标是大学生职业生涯规划优劣的重要标志，所以我要规划一下发展阶段。第一阶段目标是考取初级程序员证书，达标时间为2018年10月；第二阶段目标是考取中级程序员证书，达标时间为2021—2022年；第三阶段目标是考取高级程序员证书，达标时间为2024年；第四阶段目标是考取系统分析员证书，达标时间为2027年之前；第五阶段目标是在2034年之前拥有自己的公司，成为一个出色的企业家！

三、制订实现措施

为了使目标成为现实，我必须制订实现职业理想的具体措施。为实现第一阶段的目标，我要买用VB6.0编写的软件例程，在这两个月里每天从各种电脑杂志上查找有关VB编程的知识，并理解每一个语句的意思和作用。根据初级程序员的考试要求，在10月份之前我必须达到以下几点要求：

（1）了解计算机基本原理；

（2）了解计算机主要部件及其功能的基础知识；

（3）掌握操作系统的基础知识；

（4）掌握数制、数据信息机内表示和逻辑运算的基础知识；

（5）熟练掌握计算机安装和维护的基本知识；

（6）掌握基本数据结构和程序设计语言的基本知识；

（7）了解多媒体和网络的基本概念；

（8）了解文字处理、数据库和信息安全的基础知识；

（9）理解计算机操作中常见的英文；

（10）熟练掌握一种流行的操作系统、一种流行的文字处理软件和常用上网软件的使用方法以及有关的基础知识；

（11）能使用 C 语言或能使用一种可视化的编程工具开发简单的应用程序。

我想，只要符合以上 11 点要求，我一定能拿到那张证书。

第二阶段的目标是考取中级程序员证书，我必须在 2022 年之前达到以下几点考试要求：

（1）了解计算机的体系结构、主要部件的基础知识；

（2）熟练掌握基本算法和数据结构，用语言编制程序；

（3）掌握数据结构和掌握数制、数据信息机内表示及其算术运算和逻辑运算的基础知识；

（4）了解软件工程、数据库、多媒体和网络的基础知识；

（5）正确阅读和理解计算机领域的简单英文资料。

第三阶段的目标是拿到高级程序员资格证，我必须在 2024 年之前满足下面几点考试要求：

（1）掌握计算机体系结构和主要部件的基础知识；

（2）掌握数据结构、程序语言、操作系统、数据库和软件工程的基础知识；

（3）了解 CASL 汇编语言的程序编制；

（4）掌握软件设计的方法和技术；

（5）了解多媒体和网络的基础知识；

（6）熟练掌握面向对象编程技术，用 C/C++ 语言熟练编制程序；

（7）正确阅读和理解计算机领域的英文文献。

第四阶段的目标是要考取系统分析员证书，我必须在 2027 年之前掌握几点考试要求：

（1）掌握管理科学与系统工程基础知识；

（2）熟练信息系统开发过程；

（3）理解信息系统开发标准；

（4）掌握质量保证的手段；

（5）掌握需求分析、系统测试和系统维护的基本技术；

（6）掌握计算机软硬件的基础知识；

（7）理解知识产权的基本知识；

（8）掌握组织与管理的基本知识；

（9）熟练阅读和正确理解相关领域的英文文献；

（10）熟悉常用的计算方法。

第五阶段的目标是成为企业家。我想，成为企业家不仅要有专业能力，还要有管理能力。所以在具备较高的专业能力后，我还要在 2034 年之前有意识地去学习各种关于企业管理的知识,了解作为企业家应具备的能力并在工作、生活中去培养,等到时机成熟便创办企业,实现职业理想的最终目标!

我相信我的未来不是梦!

【启示】 以"立体"形式设计发展道路,是这份规划的亮点。设计者以计算机程序员从低到高的级别为台阶,构建了发展台阶的主线,以业余学习提升学历、在职业活动中汲取和积累创业与管理经验为辅线,给予了清晰、扼要的表述。对发展目标、发展台阶的设计思路和表述形式,不但一目了然,而且有利于自己把握攀登高峰的要点,更使这份规划有了坚实的"骨架"。

此外,在分析自我条件和经济社会发展需要的基础上,为确定先就业、再创业、业余提升学历、不断提高计算机编程能力的发展方向做了很好的铺垫,也让人感到成为企业家的发展目标并非可望而不可即。

设计者很现实地以"熟练掌握编程技术的软件蓝领"为近期目标,以不同级别的编程员水平为台阶,构建的发展台阶严谨、合理,制定的发展措施具体、实在,使这份规划有很强的操作性。可惜的是,设计者没有分析自身条件与企业家素质之间的差距,造成有关措施只能局限在创业知识方面,发展措施中有关提升技术水平的内容丰富,而有关提升创业能力的内容却很匮乏。

【思考】

1. 从以上的案例中,你获得了什么启示?
2. 请制订一份适合自己的大学生职业生涯规划书。
3. 在以上案例的启发下,你将如何对自己的职业生涯规划做出调整?

项目五　提高生存技能，满足市场需求

项目导读

　　学校和社会是有差距的，其运行规则和社会运行规则有很大不同。这种环境的差异，往往使得"象牙塔"里的大学生对社会的看法趋于简单化、片面化和理想化。一些企业对应届毕业生表示出"冷处理"，其中有个重要原因就是刚毕业的大学生缺少实践经验，角色转换慢，适应过程长。除此之外，他们更加注重对毕业生的素质要求。新时代大学生不仅是实现中华民族伟大复兴历史进程的亲历者，更应成为这一历史的创造者。作为历史创造者的高校毕业生，应该紧紧追随社会发展的步伐，深入了解产业结构的动态，及时完善自己的综合素质，适应市场对人才素质的要求。

知识目标

1. 了解大学生应具备的素质与能力；
2. 了解就业市场对大学生素质和能力的要求，掌握提升就业素质和能力的方法；
3. 提高自身就业素质，增强自身就业能力。

能力目标

1. 掌握大学生应具备的几种职业能力；
2. 提高自身对就业形势及政策的分析能力；
3. 提高自身就业素质，增强自身就业能力。

价值目标

1. 要树立科学的世界观、实践观，有正确的政治方向，能妥善处理好个人与集体、个人与社会、个人与他人的关系；
2. 作为新时代的有为青年，作为一名光荣的劳动者，要充分发扬主人翁精神，在干事创业中体现自身的良好素质和个人修养，实现自我价值；

3. 要科学分析判断个人的职业能力,恰当地选择与自身职业能力、兴趣密切相关的工作,在平凡的工作岗位上不断提升个人思想道德素质和科学文化素质。

注意事项

1. 在执行本项目的过程中,需要特别引导学生懂得培养良好的职业道德素养的重要性,这是职业道德规范在从业人员思想及行为中的体现,是从业人员职业素质的重要内容。因此,需要建立科学的世界观、正确的政治方向和立场,要求学生要有爱心,有集体荣誉感,有谦虚谨慎的态度,有良好的修养和宽大的胸怀;

2. 引导学生认识到:劳动者不再仅仅将职业作为谋生的手段,而是将其视为生活的重要组成部分,人生快乐的重要源泉,体现自我价值的重要途径。整个社会都要重视劳动者在工作中的自我价值体现,同时要引导学生将自我价值与团体价值、社会价值统一起来。

任务一　未来人才需求和职业发展趋势

任务目标

1. 了解人才需求及职业发展趋势;
2. 能结合自身的职业兴趣及所在行业特点进行分析。

案例导入

我的职业选择

马克思在中学毕业时就在《青年在选择职业时的考虑》中提出了为全人类的幸福而努力奋斗的观点,事实上,在后来的生活中他践行了自己的观点——为全人类的幸福生活奋斗终生。

小学作文中我没少写《我的理想》,写过立志当军人,写过一定成为科学家,也写过当政治家,还写过当作家等等,但随着时间的推移,这些选择都慢慢发生了变化。

马克思说青年选择职业时不能被个人一时的兴趣、渺小的激情和个人的虚荣心所左右,必须采取严谨的态度,选择一个可以为全人类幸福做出贡献的职业,一个可以实现自我价值最大化的职业,一个可以完善自我的职业。但职业选择是个困难而又漫长的过程。

选择职业之所以困难,是因为选择职业的时候要考虑很多方面,如个人的兴趣、爱好、能力、自己家庭经济状况和所选择的职业的收入,以及家人的意见、社会关系等等,而这些因素往往会构成多对矛盾。选择职业的痛苦就在于要有所取舍,有得必舍,而舍去的东西就是抉择的代价。作为大学生,即将面临毕业,无论是继续学习,出国,还是工作,都要面临择业这一难题。

那么,面对这些选择,我们该如何做呢?

首先,我们必须要弄清楚的是:今后的职业发展趋势是什么?

一、未来职业发展趋势

(一) 出现大批新兴职业

例如,随着现代科学技术的发展而出现的职业,如高新技术研究与应用、新材料新工艺新能源开发、网络设计与管理、计算机软件开发等;随着市场经济的发展而出现的职业,如营销策划、广告策划、资产评估、商务代理等;随着一些边缘科学的开发而出现的职业,如生命科学研究、人口学研究、社会学研究、心理咨询、应用美学研究等;随着社会服务需求的扩大而出现的职业,如公益慈善事业管理、社区服务、家政服务、法律顾问、中介服务、环境设计与保护等;为适应政治体制及其管理需要而出现的职业,如公共事业管理、行政监督、司法监督等。这些新兴职业打破了传统职业的格局,需要大批具备现代科学思想,掌握现代科学知识和现代管理手段的创造型人才。人才培养必须不断适应发展形势,培养出开拓创新型、社会应用型人才,否则将不能满足职业发展的需要。

(二) 技术性将成为各职业主题

在知识经济时代,生产工艺和管理手段日益现代化和高科技化,产品的科技含量越来越高,技术性工作将成为各行各业的先导。各种类型的科学技术人员和现代技术型管理人员将支撑起整个行业,成为企业生存和发展的决定性因素。失去科学技术支撑的行业将落后甚至被淘汰,相关的职业也将会随之消失。掌握现代科学技术和现代管理手段的人才,将在竞争中显现出优势地位。为适应这种趋势,人才培养要全面提高科学意识,传播现代科学技术、现代信息技术、现代实验技术和现代管理技术。

(三) 现代行政办公型职业将得到迅速发展

随着政府机构的改革和办公自动化的发展,传统型文职人员需求量减少,而适应现代信息管理与办公自动化的咨询参谋型文职人员需求量迅速增加,如计算机软件编程员、计算机制图技术员、计算机辅助信息检索员、计算机辅助设计工程软件专家、计算机终端操作员、信息分析论证专家、行政助理、人事助理、外事助理、技术助理等。精通业务、熟练掌握外语和计算机技术,有较强参谋能力、策划能力、组织能力和外交能力的高级行政人员将受到欢迎。文职人员的培养要突破传统的模式,重点培养具备高深公共事业管理理论、熟悉某专业领域业务的专家型人才。

（四）服务型职业将广泛发展

新时期，服务型行业将大力发展，社会将从以生产为中心的时代逐渐过渡到以服务为中心的时代，在服务型行业就业的人员将逐渐超过生产型行业。服务型行业将对社会发展和人类生活产生重大影响。服务型职业主要有商业服务型、社会服务型、生活服务型和私人服务型。服务型职业的发展需要各种类型的人才，如何培养高素质的服务型人才，规范服务工作质量标准，鼓励高素质人才从事服务工作，培养更多大师级、专家型服务人才，已成为社会所关注的问题。

（五）职业资格制度将促进职业的规范化

职业资格制度是指对某些责任重大、社会功能性强且关系国家或公共利益的专业技术岗位的人员依法实行控制，通过统一考试、注册管理、保证从业人员质量等方式，保障国家与人民财产安全和多方利益。要想成为某种职业的专业人员，就必须参加国家统一组织的资格考试，未取得相应资格的人，就不能从事相应的专业工作。现已实行的专业资格考试有"会计专业技术资格考试""教师资格考试""统计员资格考试""执业药师资格考试""资产评估师职业资格考试""法律顾问职业资格考试""珠宝玉石质量检验师资格考试""公共关系职业资格考试"等。这些职业资格考试既考核职业应具备的专业知识，也考核职业实务能力，并且科学地规范了各种职业人员的职责和权利，大大提高了职业人员的工作水平。

在完善职业资格考试制度的同时，还要加大对相关职业从业人员资格的审查监管力度。要立法执法，冲破各种人为障碍，将不具备职业资格的人坚决清理出岗位，以保证重要工作岗位的工作质量。

（六）未来职业将更加重视体现人的自我价值

职业不再仅仅把人作为一种"工具"，而是作为生产的要素和创造财富的手段。它将越来越重视发挥人的智慧和潜能，在工作中满足人的安全感、归属感、自尊感和成就感，实现人的自我价值。新兴职业越来越强调人的综合素质、创新能力、合作能力和对高新技术的掌握程度，从而促使人才不断学习，更新自我，在创造社会财富的同时，促进人类自身的发展和完善。劳动者不再仅仅将职业作为谋生的手段，而是将其视为生活的重要组成部分，人生快乐的重要源泉，体现自我价值的重要途径。整个社会都要重视劳动者在工作中的自我价值体现，同时要引导劳动者将自我价值与团体价值、社会价值正确统一起来。

🌐 **拓展阅读**

职业、工种、岗位是什么关系

职业是具有一定特征的社会工作类别，它是一种或一组特定工作的统称。我们以往经常使用"工种""岗位"等概念，实质上就是将职业按不同需要或要求进行的具体划分。一般情况下，一个职业包括一个或几个工种，一个工种又包括一个或几个岗位。因此，职业与工种之间是一个包含和被包含的关系，其间有着密切的内在联系。例如，焊工职业就包含"电焊工""气焊工"等12个工种。

工种是根据劳动管理的需要,按照生产劳动的性质、工艺技术的特征或者服务活动的特点而划分的工作种类。目前大多数工种是以企业的专业分工和劳动组织的基本情况为依据,从企业生产技术和劳动管理的普遍水平出发,为适应合理组织劳动分工的需要,根据工作岗位的稳定程度和工作量的饱满程度,结合技术发展和劳动组织改善等方面的因素进行划分的。

岗位是企业根据生产的实际需要而设置的工作位置。企业根据劳动岗位的特点对上岗人员提出的综合要求形成岗位规范,它构成企业劳动管理的基础。

二、未来人才需求

(一)未来人才流向的特征

1. 高新技术产业的发展对人才流动具有强烈吸引力

以电子计算机、生物工程、光纤通信、激光技术、宇宙工程、海洋开发、新材料技术和新能源技术为代表的新技术革命将在新时期广泛深入地发展,开创出许多高新技术产业。这对社会主义现代化建设,对新型人才施展才能既是机会,也是挑战。新技术革命涉及的领域广泛而深入,任何一类专门人才或者一个专门人才,都不太可能单独面对新技术革命的挑战,必须综合各方面的人才,合理组合,统一规划,精细分工,密切配合。客观形势要求各类人才进行合理流动和重新组合。高新技术产业对于青年人具有强烈的吸引力,它能满足青年人追求新事物、探索新领域的时代要求。国内外大批具备高科技知识的人才必然流向这些领域。我们要加速对高新技术人才的培养,制定政策鼓励海内外优秀人才向我国高新技术产业流动,这是具有战略意义的人才工程建设。

2. 政治和经济体制改革是人才流动的重要导向

第一,随着政治体制改革的深入发展,政府转变职能,精简机构、裁减人员、制定相关政策鼓励人才流动。政府部门集中了大量优秀人才,他们将随着改革的潮流从各级政府机关流向基层组织、各类公司和企业。如果能迅速转变观念、掌握新技能,他们的潜能将在新的领域里更好地得到发挥。第二,国家经济体制改革使农村经济向专业化、商品化、现代化转变,吸引城市科技人才、经营人才、管理人才向乡镇流动。第三,城市正在逐步改变政企不分、条块分割的局面,新兴产业和部门大量涌现,吸引人才从传统产业和部门流向新兴产业。第四,国家宏观经济发展战略的转移,吸引大批人才从东部发达地区向西部新开发地区流动。这些人才的流动,既有利于保证宏观经济结构的调整和社会可持续发展,也有利于人才找到更好的用武之地。

3. 人才流向更有利于自身发展的工作环境

追求自身价值和能力被社会发现和利用,追求更理想的工作环境和生活条件是人才流动的内在因素。如果人才处在不利于其发展的工作环境中,例如,人际关系紧张、奖罚不明、专业不对口,工作与个人志向、兴趣、性格不合等,就很难发挥其聪明才智,不仅不能取得较大成就,而且会使人才感到压抑和失望,他必然要流动到一个更适宜的环境中去工作;如果人才所处的组织已经老化、缺乏活力,他工作多年后缺乏信息交流、缺乏激励力量、失去新鲜感,而他工作寿命的黄金时期即将逝去,那么他就要通过流动来改变环境,接受新的挑战和新的工作来激发和保持自己的创造力和进取心。新时期各类组织要重视营造良好的人事环境、文化环境、工作环境,使人才愉快舒畅地工作;要重视不断开拓新领域、新目标,使人才不断得到激励、有所创造、有所进步。只有这样才能保持人才和组织的活力。

4. 人才流动国际化趋势正在加强

人才流动国际化是全球经济一体化发展以及各国大力吸引短缺人才发展本国经济的迫切需要带来的必然结果。为尽快缩小我国与发达国家在教育、科技、管理等方面的差距,适应我国加入世界贸易组织的形势,我国将进一步加大改革开放力度,创造条件吸引国外高科技人才、高级管理人才、高级金融人才来我国工作。

影响人才流动的因素,除国家相关法律、法规和政策之外,还有三个因素:一是职业资格的国际互认;二是工资水平差距;三是工作环境。为了给人才的国际流动创造条件,国家人事部门正积极推动我国职业资格的国际互认,进一步扩大职业资格互认的范围和领域。加入世界贸易组织之后,我国加强了工资分配制度的改革,进一步提高了工资待遇,从而使我国人才的工资待遇逐步与国际接轨。为吸引国内外优秀人才,我们要进一步创造良好的社会环境、工作环境和生活环境,使人才能够有良好的科研条件和工作条件,有自主发挥才干的较大空间,从而更好地发挥人才的潜能,创造良好的经济效益和社会效益。

(二) 21世纪中国急需的人才

专家对我国科学技术的发展进行了分析和预测,认为随着我国经济、社会文化和科学技术的发展,我国的产业结构将发生根本性的变化。未来10年有较大发展潜力的行业主要有电子技术、生物工程、航天技术、海洋开发与利用、新能源、新材料、信息技术、机电一体化、农业科技、环境保护技术、生物工程研究与开发、工商与国际经贸等。

在未来10年中,我国科学技术方面有重大发展潜力的领域有:

1. 生物技术

生物技术主要是以基因工程、蛋白质合成工程以及生物制品开发为核心的研究领域,它将对21世纪人类社会的发展产生重大的影响。生物技术的发展将从根本上解决威胁人类的疾病,改善人类的生产、生活,甚至人类未来的命运。

2. 以信息技术为主导的高新技术

此类技术主要包括计算机和互联网技术、人工智能技术等。近年来,由于高科技的发展和应用,新型的智能材料不断问世,并且广泛地应用于医学领域,例如,能模拟活体的生物弹性材料,其力量和反应速度均接近于人的肌肉。这种材料将来可以应用于人体组织的修复。因为它们具有与生物体的相容性,随着伤口的愈合,这种聚合物就会在体内分解。意大利比萨大学的科研人员最近研制成功一种可以用于机器人的人造皮肤智能材料,这种材料可以感知温度的变化以及各种应力的大小。科学家们预言,由于电脑的作用越来越大,未来将能创造出一种体内嵌有软件的虚拟人体。药物可以首先在虚拟人体内进行试验,然后才投入市场。虚拟技术在医学教学、临床诊断和手术等方面的应用极为广阔。虚拟显示的人体结构大都可以达到以假乱真的程度,比如医生可以看到孕妇体内的胎儿,可以观察模拟器官对刺激的反应。医生们凭借虚拟技术所产生的图像可以"步行"到人体内部去查看肿瘤,以便找出准确的治疗方案并检查治疗效果,确保放射治疗的辐射只聚集到肿瘤部位,而不致伤害周围的健康组织。随着现代高新技术的快速发展和广泛应用,专家预言,今后高新技术特别是计算机技术、激光技术、超声波技术、多媒体技术、虚拟现实技术、机器人技术、互联网络技术等高精尖科学技术在医学领域的广泛应用,将会给医学领域带来全新的机遇和飞跃。

3. 新材料科学

材料科学是与人们日常生活和科学技术发展密切相关的应用科学领域。人类生产、生活中需要各种特殊的高性能的材料,如工业和高科技领域需要的各种合金材料、超导材料,用于制造各种芯片的半导体材料,生活中的各种高分子合成材料(用于生产服装、洗涤用品、美容保健品等)。最近成为新材料技术热点的纳米技术等新材料科学技术的发展带来的高技术产品,给人类的生活带来了便利,提高了人类的生活质量和效率。在未来的发展中,新材料科学仍将成为科技发展的主导领域。

4. 新能源及相应技术开发

如果石油、天然气、煤炭等传统能源枯竭的时候,人类生产、生活的主导能源仍是它们,人类将无法生存。在未来的发展中,人类必须寻找新的能源替代这些即将耗尽的能源。其中,核聚变能、太阳能、海洋能源、风能、水电能源将成为未来能源开发的主要方向,在此基础上再寻找和开发新的能源。

5. 空间技术

21世纪是人类开发外太空的时代,空间技术的发展将为人类开发和利用太空资源提供技术手段。随着科学技术的发展,人类对太空的利用也越来越多,效率也不断提高。如遍布于地球外层空间,用于通信、军事、地理遥感、天气观测等领域的各种卫星,用于做各种材料合成试验、科学实验和太空中转站的太空站,在地球以外进行空间探索的宇宙飞船等。在未来的发展中,人类还将进一步开发太空,如建立太阳能太空发电站,建立人类居住的太空城,开发外太空中行星、天然卫星、小行星等天体上的矿物资源和能源,这一切都需要先进的空间技术支持。

6. 海洋技术与海洋资源开发

海洋资源是人类赖以生存的重要资源库,它是人类食品和原材料的重要来源,而目前人类对海洋资源的开发是非常有限的。对海洋资源的合理开发和利用将对人类社会经济与技术的发展产生重要的影响。

选择什么岗位

张艳一直有志于从事企业白领职业，但是认真想了一想，在白领职业中有许多职位，例如在一个公司中有人力资源管理部门、销售部门、办公室、生产部门、供应部门……就是从事管理工作岗位也有车间管理人员、中层管理人员、高层管理人员，还有分支机构管理人员等。张艳想了一下，到底选择什么岗位？这些岗位有什么用人要求？这些岗位到底要做什么呢？因为不同的岗位工作有不同的特点，对工作的人员也有不同的要求，它与一个人的兴趣、知识、经验和精力有关。

张艳经过思考以后觉得对岗位的选择还是需要慎重，因为她的一个表姐原来学的涉外会计，后在国内的一家企业从事文秘工作，而且做得不错。她的表姐说这个工作更适合她的个性和兴趣。她对张艳说过要找到一个好的工作和适合自己的岗位，首先应该要知道这个岗位对工作人员的素质要求以及是否符合自己的性格和能力。

【思考】

1. 请结合所学知识，谈谈你的看法。

2. 请你将自己所学的专业和职业大类表对对号，看看自己究竟适合入哪一行。随着社会经济的不断发展，据统计，目前职业已经超过 12 000 多种，一些新的职业还在出现，另一些职业又在衰亡。这些就发生在你身边，你能说出来吗？

任务二　毕业生应对"就业难"的策略

任务目标

1. 了解就业市场对大学生素质和能力的具体要求，掌握提升就业素质和能力的方法；

2. 提高自身就业素质，增强自身就业能力；

3. 能对就业形势做出客观准确的判断。

案例导入

做事先做人

李伟是重庆某学院工程造价专业即将毕业的学生。两周前，沿海多家企事业单位组成一个招聘团来渝招聘应届大学毕业生，李伟带着个人简历也去应聘。招聘场面异常火爆，简直人山人海！李伟选中一家幕墙装饰公司准备投简历。然而，数十人把招聘台挤得密不透风，求职心切的学生们争先恐后地将自己的简历往前递，现场秩序一片混乱。李伟实在看不下去了，于是扯着嗓门大声对学生们喊："大家不要再往前挤了，排队好吗?"一连喊了好几声，混乱的局面才有所改变，李伟现场帮着保安维持半天秩序，学生们才开始按顺序递交材料。

李伟在排队等候时发现，这家公司的要求很高，很多学生都只能得到招聘者一句冷冰冰的话，李伟不禁有些紧张。然而，当李伟将简历递上去时，招聘者只问了一句:"你是学工程造价的吗?"然后便告诉李伟，如果他愿意，马上就可以签约。李伟惊诧不已，半晌才明白过来，一定是自己刚才主动维持秩序的举动打动了招聘者的心。也许一个小小的、无意识的举动，便能改变你的命运。其实现在的用人单位看重的并不仅仅是大学生成绩单上的分数，更看重的是大学生为人处世的态度、人际交往的能力以及团队精神等。李伟求职的经历说明，做事先做人，人品在求职中同样重要。一名大学毕业生，如果连做人的基本道理都不懂，谁会相信他在事业上能有所建树呢?

一、毕业生就业过程中应注意的问题

就业是民生之本、安国之策。我国约有 14 亿人口，劳动年龄人口超过 9 亿，是世界上人口和劳动力最多的国家，就业问题比任何一个国家都复杂，就业任务比任何一个国家都繁重。我国政府历来把扩大就业放在经济社会发展的突出位置。近二十年来我国大学生的就业形势无疑是十分严峻的，近几年更是如此，所有在校大学生都要走上社会，寻找合适的工作，在校大学生提前认识到当前的就业形势、就业政策及未来前景，有利于增强大学生的就业能力，激发大学生勇于拼搏的奋斗精神，促使大学生对自己的未来进行初步规划。

(一)高校毕业生要正视面临的就业形势

高校毕业生供给紧缺的年代已成为过去，高等教育已由"精英教育"转变为"大众教育"，高校毕业生就业也走向大众化。在社会需求总量增加不大的一段时间内，对同层次、同专业的毕业生，名牌学校与普通学校之间培养质量和特色的竞争格外激烈，毕业生整体求职的成本和时间将扩大和延长，整体的薪酬水平将有所下降，这些问题高校毕业生必须予以正视。

(二)高校毕业生要正确认识自我，转变观念

高校毕业生要认清社会需求，找准就业的社会定位。不同层次、专业的毕业生在社会需求中应有不同的客观定位。如果毕业生自我定位准确，要求的条件符合客观情况，求职就相对容易;反之，就业就较难。同时，不要苛求第一次就业就十全十美，要做好多次择业、多次就业的心理准备。特别是在毕业生就业形势紧张的时候，更应当首先考虑能否就业的问题。

1. 合理确定就业期望值

在目前的形势下，毕业生一次就业定终身的可能性会越来越小，要有多次就业的心理准备。一个人的职业要经历一个探索过程，可能要换好几次工作，才能找到自己正确的职业轨道。但在就业期望上，很多毕业生还不能很好地定位。当前，毕业生在就业方面受"铁饭碗""干部身份"思想影响还很大。手捧"铁饭碗"职业比较稳定；具有"干部身份"自我感觉比较好，受人羡慕。家长的期望值也是居高不下，总希望子女比自己有出息，择业首选稳定职业，地方首选大城市。还有对投入和产出的比较，尤其是民办高校的毕业生，每年万元以上的学费支出，而每月几千元的工资，在毕业生和家长的心里会形成强烈的落差。

其实大城市、机关单位和大企业的人才更多，竞争必然更为激烈。而在计划经济时代比较稳定的职业岗位，现在也都是择优而用、竞聘上岗。有的人虽然凭借社会关系找了一个相对稳定、起点较高的岗位，但如果自身不努力，也会在人力资源的优化中被淘汰。而选择了人才相对比较缺乏的中、小城市，或者现在有人不太愿意去的岗位，反而容易脱颖而出。

2. 能力是就业的关键问题

【微课】

在大学生的就业过程中，学校品牌有一定的影响，但是毕业生的能力是最关键的。在市场经济时代，薪酬待遇也是衡量一个人能力大小的标准之一。毕业生能否在日益严峻的就业形势和激烈的竞争中脱颖而出，取得一个合适的岗位，关键在于能力。

能力是就业的关键

所以，毕业生首先要正确评价自己的能力，即专业水平如何，外语和计算机应用能力如何，综合素质怎么样。评价要实事求是、客观、合理。评价过高或过低，都会影响最终就业的质量。毕业生只有充分地认识自我、正确判断、客观评价，解决好自己想干什么、适合干什么的问题，才能主动地适应市场的变化，就业才有针对性。其次要掌握推销自己的能力。用人单位了解毕业生，除了通过学校、同学外，更重要的是通过毕业生的自我介绍和书面材料。因此，尤其要重视面试环节，把握机会，简洁明了地向用人单位展示自己的优势和特色。最后要有胜任工作的能力。现在的用人单位一般在签约前，都会通过就业实习的方法，使毕业生进入准就业状态，以此来考察和选拔毕业生。在这个阶段，毕业生是否符合企业的要求，能否胜任将要担任的职位、为企业所用，适应能力、工作潜力和创新能力如何，将会一览无余。

毕业生的专业水平有高低，就业能力有差异，但就业的机会是公平的，就业的大门对每个毕业生都是敞开的，问题在于毕业生就业准备的充分程度和选择什么样的就业道路。

（三）高校毕业生要做好多方面的准备

对高校毕业生而言，进单位工作只是一条路，出国、考研、自主创业等也都是不错的选择。特别是对高校毕业生自主创业，国家规定工商和税务部门要积极给予支持。许多地方贯彻中央的政策，规定对毕业生自主创业开办的企业给予扶持和税收方面的一些优惠。高校毕业生如果能够自主创业，不仅解决了自己的就业问题，还为他人创造了就业机会，更能充分地体现出自己的社会价值。

在市场经济、加入世界贸易组织和信息网络化等背景下,在单一的就业方式向多元化的就业方式转化过程中,毕业生要充分关注期望、能力、就业方式等就业适应问题,相信自己。

从国家经济发展和就业政策看,解决高校毕业生就业问题,需要多方面的协调努力:有关部门要进一步调整学科、专业结构,避免结构性的就业困难;高校要加强对学生的就业指导,鼓励学生到基层和艰苦的地方工作,积极拓宽渠道,加强就业服务;社会要给予大力支持,树立正确用人观,为毕业生就业和自主创业营造有利的舆论环境和政策环境。

有关专家表示,大学生只有转变观念,才能真正改变"就业难"的局面。大学生要客观认识就业形势,找准定位,理性调整期望值。要用长远的眼光看待就业,树立"先就业求生存,后择业谋发展"的思想,特别是金融、房地产专业的毕业生,不要过分要求专业对口。大学生要客观评价自己,低姿态求职择业,学会从基层做起,适当放低薪酬要求。同时,在城市类型的选择上,中心城市固然机会多,但变动也更大,相对而言,一些有潜力的其他城市也许有更好、更稳定的就业机会。

因此,专家建议毕业生们"不要观望游移,尽早抢占就业先机"。一旦有比较合适的岗位,一定要珍惜,尽快确定求职意向,尽早签约。此外,历史经验表明,每当世界经济出现问题时,在校园中多停留几年往往也是很好的选择,不妨专科升本科,本科再考研,硕士毕业再考博士。这样,"不仅规避了就业风险,也缓解了就业压力"。不管怎样,就业低潮总要过去,高潮迟早会来。

> 问题链接:大学生应该如何应对严峻的就业形势? 是积极迎接还是继续深造?

【微课】

二、根据能力选择职业

为抵御这场就业风暴对自己职业道路的侵袭,不少毕业生纷纷启动
"接招预案",除了中规中矩地应聘求职外,职业思路转型,如考公务员、考

根据能力选择职业

事业单位、专升本、考研、参军入伍、创业等都被列入备选项中。带有几许无奈,透着几分智慧,他们正重新规划设计着自己的人生。常见的选择有这四种:1. 考公务员或事业单位;2. 专升本、考研;3. 参军入伍;4. 自主创业。

身处就业难大潮中的大学生,首先要有一个良好的心态。相信自己,相信未来。在就业路上遇到一些挫折与打击是很正常的,要及时调整心态,为下一次的成功做好准备。其次,调整自我,树立先就业、再择业的观点,一方面培养独立生活的能力,另一方面,通过尝试可以真正了解自己,从中明确职业目标。最后,自己要主动争取机会,把握机遇,迎接挑战!

课内讨论

场景一

在某学院操场上,面临毕业的三位学生 A、B、C 针对自己的未来发起了感慨。

A 学生说:"从地区看,北京、上海等发达地区需求旺盛,需求总量大于当地的生源数;中西部不少省区虽然有较大的用人需求,但面临的问题是工作和生活条件艰苦,往往招不到合格的人才,出现了有地方没人去、有人没地方去的现象;在一些经济不发达的西部地区,当前就业岗位相当有限,难以吸纳本地毕业生。我想去大城市,可是担心竞争太激烈,去西部吧,又觉得太吃苦了,想想我的未来,真是发愁啊!"

B学生说:"从院校类别看,教育部直属高校毕业生就业情况较好,初次就业率为85%,部分高校次之,地方院校较差,我们学院只是普通的高职高专院校,找工作肯定难啊!"

C学生说:"从专业看,一些人才紧缺专业如计算机、通信、电子、土建、自动化、机械、医药和师范等科类的毕业生需求旺盛,毕业生供不应求;而一些长线专业如哲学、社会学、经济学、法学等科类的毕业生需求较少,我学的是哲学啊,想想未来就觉得头疼。"

看到此番情景,请思考下列问题:

(1) A、B、C 三位大学生对就业形势的分析有没有道理? 还有哪些可以作为补充?

(2) 三位大学生针对就业的态度是怎样的? 是否可取? 结合当前就业形势和自身的实际情况,客观地分析自身的处境。

场景二

某天,某学院的三位大学生甲、乙、丙看到下述一则材料。

有就业意愿但未能就业的大学生群体最值得关注。未就业的高校毕业生,社会上称之为"毕业漂族"。这些学生毕业为什么不就业,具体可以分为三种情况。第一类是继续深造者。他们为提高自身的就业条件,获得更好的工作职位,参加专升本考试,或毕业后没有找到合适工作而选择考研,这部分人约占"毕业漂族"的30%。第二类是边看边干者。有些学生毕业后到处打短工,频繁变换工作岗位;有些是因用人单位或个人原因,时而应聘,时而解约,这些人约占"毕业漂族"的20%。第三类是就业困难的大学生。他们没有继续深造的打算,仍将户口、档案放在学校里,虽然有就业的意愿,但难以就业,他们约占"毕业漂族"的50%,其中不少人通过各种方式多次求职,但仍找不到工作,心理受到较大的打击。

甲学生说:"第一类人有明确的目标,他们一般聚集在一起,互相鼓励,如无大的变故,属于相对稳定的群体。"

乙学生说:"第二类人,虽然边看边干,但能逐步融入市场,适应市场就业。"

丙学生说:"第三类人市场就业能力相对不强,心理较脆弱,而其数量在今后还会成倍增加,需要特别关注。"

看到此番情景,请思考下列问题:

(1) 你周围有没有"毕业漂族"? 他们属于哪一类? 试对他们做出分析。

(2) 你有没有可能成为"毕业漂族"? 结合就业政策和自身实际情况展望一下自己的就业前景。

拓展训练

场景一

某网络公司招聘软件人员，招聘条件是名牌大学计算机专业本科生。

甲和乙是某市属高职院校经济类专业的学生，他们都看到了这一招聘信息，不同的是，乙学生看后觉得自己条件不够，没放在心上。而甲同学平时爱好广泛，在学习本专业之余，还辅修了计算机专业，通过了华为认证，并积极参加学校的课外科技活动和科研项目，具有较强的实际动手能力。当他看到这一招聘信息后，进行了冷静的自我分析，然后勇敢地敲开了公司人力资源办公室的门。

开始，招聘人员一看甲学生的学历不是本科，又不是计算机专业的，就想婉拒。可看过甲学生的简历和证书后，他们改变了主意，因为他丰富的经验充分反映了他的实力。于是招聘人员专门向总经理做了汇报，请求特聘该学生。总经理了解情况后，特批予以录用，并给予甲学生与本科生一样的待遇。

乙学生看到甲学生成功地获得了一份好工作，心里非常后悔。

看到此番情景，请思考并解决下列问题：

(1) 讨论分析甲、乙两位学生的区别在哪里。

(2) 请结合以上两名同学的经历和自身特点分析自己的就业素质在哪些方面还需要提升，如何提升。

场景二

山东省东营市的宋亚伦历经十余载苦读，获得了山东某学院机械系专科文凭，还通过参加自学考试获得了其他专业自考本科文凭。为了读书，宋亚伦付出了许多，像他这样要求上进的人应该是众多单位争相录取的人才，可是他却在求职中屡屡碰壁。虽然机械专业在当前市场上也属于比较热门的专业，但在过去的两年中，宋亚伦先后被多家单位辞退。用人单位都反映，虽然宋亚伦理论知识比较扎实，但是不能很好地应用于实际工作中。

看到此番情景，请思考并解决下列问题：

(1) 文字材料对你有什么启发？

(2) 通过对本章内容的学习，结合上述材料和自身情况，谈一谈你对在大学期间有针对性地提升就业能力的设想。

任务三　大学生应重点培养的能力

✅ 任务目标

1. 了解大学生应具备的素质与能力，努力培养和提高自身素质与能力，更好地迎接社会挑战；

2. 了解市场对毕业生人才素质的要求；

3. 能结合自身专业能力对相关专业、行业进行职业发展趋势分析。

🔍 案例导入

扎实的专业基础

刘某是市场营销专业大专生，毕业时她选择了某家电销售公司的销售岗位作为自己求职的目标。与她同时应聘的有名校的毕业生、硕士生，甚至还有海归。为了顺利应聘，她决定利用招聘会前的一周时间，为那家公司拿出一份市场调研报告。在接下来的几天里，她对该公司所有的产品做了细致的市场调查，从市场份额、产品到竞争对手等各方面的情况都了解得清清楚楚，拿出了一份有分量的市场调研报告，最后在招聘会上击败了众多学历高于她的竞聘者，被公司录用。

对于这家公司来说，刘某可能不是最优秀的，从学历上来说，刘某并不占优势。但是刘某能够认认真真地对待这个求职机会，同时具备较扎实的知识基础，还能够针对公司和岗位，结合自己的专业知识，给用人单位一个切实可行的市场调研报告，正因为如此，她才能够打败其他颇具优势的竞争者，获得这个职位。同时，我们必须强调的是，刘某所具备的知识不是仅来自书本的、静态的知识，而是能够用于解决公司实际问题的知识，也就是"程序性"知识，切切实实地解决了公司需要解决和了解的问题，获得公司的认可。那么什么是程序性知识？它有什么特点？我们将通过本任务来进行学习。

一、就业能力

就业能力是指从事某种职业所需要的能力。一个人想要顺利地找到工作，在工作中做出成绩，就必须具备一定的就业能力，就业能力包括一般就业能力、特殊就业能力和推销自己的能力。

（一）一般就业能力

1. 一个人的态度、世界观、价值观、习惯；

2. 与工作有关的一些能力，主要是指处理与周围的人和工作环境关系的能力，如怎样进行工作、如何与人相处等；

3. 自我管理能力，如决策能力、理解能力、对资源的利用能力，以及如何把在校所学知识运用到具体工作中的能力。

（二）特殊就业能力

特殊就业能力是指某个职业和环境所需的特殊技能，如一个会计必须具备较好的数学功底，护士需要某种特殊的护理技能，美术工作者必须具备色调感、浓度感、线条感和形象感等。

一般就业能力和特殊就业能力在职业活动中都很重要。要成功地从事某种职业，常常需要一般就业能力和特殊就业能力的有机配合，如果一个人只有一般就业能力而无特殊就业能力是很难胜任某种职业的，就像一个不精通医术的大夫又如何能给病人治病呢？同样，只有特殊就业能力而无一般就业能力的人也是很难在事业上取得成功的，一个缺乏团结协作精神、缺乏事业心和责任感的人，纵使有娴熟的职业技术，最终也会成为职业的失败者。

【微课】

推销自己的能力

（三）推销自己的能力

大学生需要掌握一定的就业技巧，善于利用市场信息，善于在就业市场中"推销自己"，通过市场落实就业单位。要注意拘小节、细节，一位礼仪专家曾说："教养体现于细节，细节展现素质。"因为一些小事情或一些不经意的细节往往会透露出一个人的内心世界，显现出一个人的本质，招聘方能从中迅速产生判断，可能会影响一个人的前程，而这些不是大学生在短时间内靠突击就能具备的，需要长时间的培养。如果你拥有良好的全面素质，你就会比别人拥有更多的机遇。

二、职业能力

职业能力是人们从事某种职业的多种能力的综合。例如，一位教师只具有语言表达能力是不够的，还必须具有对教学的组织和管理能力，对教材的理解和使用能力，对教学问题和教学效果的分析、判断能力等。

大学生就业难的最大原因是缺乏职业能力，而用人单位最注重的就是大学生的职业能力，而非所谓的工作经验。职业能力包括以下三个方面：

（一）专业知识或行业专业技能(不可迁移能力)

行业的专业知识(业务知识)，是指那些需要通过教育或培训才能获得的知识或能力，也就是个人所学的科目、所懂的知识即专业技能。知识技能不像可迁移能力那样容易迁移到不同职业领域，比如知识技能并非只通过正式的专业教育才能获得，除了专业课程，选修、自学、考证等方式都可以帮助个人获得知识技能。实际上，越是大公司越看重个人的综合素质(也就是自我管理技能和可迁移技能)，而不那么在意个人是否具备专业知识。

（二）自我管理技能

自我管理技能是指一个人的风格或特点，经常被看作个人素质而非技能，如敬业、负责、自信等。良好的自我管理技能能够帮助个体更好地适应周围的环境、应对工作中出现的问题，因此也被称为"适应性技能"。它包括敬业精神、时效意识、团队精神、遵纪守法、诚实守信和良好的心理素质。

1. 敬业精神

敬业精神就是对所从事的职业精益求精、一丝不苟的精神，也是一个人责任心的体现。大学期间由于大学生选修的专业各有不同，所以毕业时面临的选择也必定不相同。但是，职业本身并无高低贵贱之分，唯有社会分工和职业分工的不同。从业者只要敬重自己的职业，热爱自己的工作，必定能"三百六十行，行行出状元"。正如宋代哲学家朱熹所言："敬业者，专心致志，以事其业也。"

2. 时效意识

所谓时效意识，就是对时间和效率的重视程度。树立时间意识要做好两点：一是做事要准时，比如，会见客人要准时，上班、下班要准时，开会、出席宴会要准时等；二是"每天抽出一小时"，也就是学会利用时间。而树立时效意识，则是说要提高办事的效率，提高时间的利用率。

3. 团队精神

所谓团队精神就是指团队内部成员齐心合力、同舟共济、视团队利益高于个人利益的精神，是大局意识、协作精神和服务精神的集中体现。简单来说，团队精神的核心就是协同合作。培养团队精神其实就是学会如何和别人共事。

4. 遵纪守法

遵纪守法是当代大学生走上工作岗位时所必须具备的一种素质。作为接受过高等教育的大学生，应该牢固树立法律法规意识，成为遵纪守法的模范和典型。

5. 诚实守信

诚实守信是社会的基本道德准则，也是每个人必备的素质。诚信作为一种道德要求，意为诚恳老实，有信无欺。诚信是一切道德的基础和根本源泉，是人之所以成为人的最重要的品德。大学生只有讲诚信，才能获得社会的认可，赢得他人的称赞和信任；也才能为自己在未来事业中大展身手铺平道路。从某种程度上讲，一个人事业成功的第一步是从诚信迈出的。人们因为赞赏一个人的为人而信任他，因为相信他的动机而与他合作，无论做什么，只有做到明礼诚信，才会得到人们的理解和大力支持。诚信在任何时候都非常重要，它会带给人们更多的机会。

6. 良好的心理素质

心理素质指一个人在心理过程和个性心理特征方面所表现出来的本质特征。作为人的整个精神活动的基础，人的心理素质渗透到人的一切行为中，影响和制约着人各方面素质的发展。一般来说，良好的心理素质具有以下五个方面的特征。

（1）精神愉快,适应能力强。具有良好心理素质的人在生活中一般都乐观开朗,面对困难勇往直前。他们通常具有良好的自我适应能力和应变能力,人际交往能力较强,能很好地与人相处。

（2）能准确地评价自我,悦纳自我。具有良好心理素质的人,一般都能比较客观地评价自己的优点和缺点,既不骄傲自满、狂妄自大,也不自卑。正确认识自己的优点,有利于树立自信心和自尊心,并努力发挥自己的潜能;而个体在正确地认识自己的不足并坦然接受之后,仍可以设法克服和补救。一个人在身处逆境时,如能容纳和宽慰自己,则会减轻心理压力,增添信心。

（3）学习工作效率高,能充分发挥自己的才能,也就是心理效能发挥得好。著名心理学家大卫·韦克斯勒(David Wechsler, 1896—1981)考察过 40 余名诺贝尔奖获得者,发现其成就的取得主要靠的是后天的非智力因素,其中心理健康是非常重要的原因。

（4）人际关系和谐。具有良好心理素质的人,一般都乐于与人交往,能与他人建立良好的关系。这种良好的人际关系可以使人得到友谊和支持,驱散孤独感,获得安全感,增强自信心,并有利于宣泄情感,减轻负担和压抑感,提高对挫折的忍受力。

（5）行为的统一协调。人的行为是受心理活动支配的,行为的特征也表现了心理活动的特征,行为是否协调一致直接表明了心理状态是否稳定和正常。心理不健康者的行为往往前后矛盾,甚至会有突发性的怪诞行为,与其身份不符,也难以让社会理解和接受。

（三）可迁移技能(通用能力)

可迁移技能也称为通用能力,主要指的是在日常生活中获得的和不断得到改善的技能。它们适应性很强,并且在许多领域里都可以得到进一步的完善和增强。通用能力主要包括信息获取的能力、学习能力、适应能力、表达能力、组织管理能力、人际交往能力、开拓创新能力、知识更新能力等。

更为重要的是,这些能力的培养往往在课堂之外,这就要求我们必须全面创新我们现有的大学课外生活管理模式,为大学生职业能力的培养找到合适的平台,并不断引导其树立意识,自觉提升自身的职业能力。

1. 信息获取能力

信息获取能力是指人们通过对自然的感应、人际交流和大众传媒,并且利用一定的信息技术获取信息的能力。由于信息获取能力是多种能力的综合体现,所以人们知识水平、技术水平的不同,会影响信息获取能力的形成和发展。

2. 学习能力

学习能力是指怎样学习的能力,就是在环境和教育的影响下形成的、概括化了的经验。一个人的学习能力往往决定了其竞争力的高低,也正因如此,无论是对于个人还是对于组织,未来唯一持久的优势就是比竞争对手习得更多的能力。

3. 适应能力

适应能力是指个人随环境和时代变迁而改变自己的行为方式、生活方式、交往范围、思维习惯和价值观念的能力。

4. 表达能力

表达能力是指借助于各种方式，如语言、文字、图形、数字符号等交流信息、表达思想感情的本领。表达能力包括语言表达能力、写作能力、图表表达能力和数理表达能力等。

5. 组织管理能力

组织管理能力是指组织群体活动时，能按照明确的计划，充分发挥每个人的积极性、主动性、协调性进行工作，以达到预期目标的能力。此项能力包括确定目标、制订计划、组织实施、指挥决断、反馈控制、协调配合、总结经验等。

6. 人际交往能力

著名的心理学家和人际关系学家戴尔·卡耐基在调查了无数的明星、巨商和军政要员后得出结论：一个人事业成功 15％靠专业知识，85％靠人际关系和处事技巧。对于绝大多数人而言，人际交往的成败在很大程度上决定着他们事业的成败。为此，当代大学生需要重视人际交往能力的培养，加强个性品质修养，学习并掌握良好的人际交往艺术，增强自己的人际交往吸引力。

7. 开拓创新能力

开拓创新能力包括多方面的内容，如强烈的好奇心、细致的观察力、深刻的洞察力、大胆的设想、勇于探索的精神以及提出问题、研究问题、解决问题的能力等。

8. 知识更新能力

所谓知识更新能力，即持续学习、终身学习的能力。具备终身学习的能力是由知识经济时代激烈的市场竞争所决定的。一般来说，学习能力强的人适应能力就强。在大部分用人单位看来，学习成绩和学习能力之间也是密切相关的，较低的成绩很难使招聘者相信该大学生有很强的学习能力，这是许多大学生求职失败的重要原因。

三、生存能力

"物竞天择，适者生存"是自然界的规律，人也是自然界的一部分，因此也必须遵从此规律。在现实社会的大环境里，我们必须懂得如何适应它，首先要生存下去再求其他。

四、市场对毕业生素质的要求

拓展阅读

深圳某职业技术学院"市场人才需求调研组"访谈多位企业总裁、人力资源部长，了解就业市场，探访人才需求。下面是部分摘录。

问：企业需要什么样的人？

唐某（深圳×××实业有限公司）：公司对人才的选择坚持两大标准，对公司核心价值观的认同；人岗匹配，不一定要找最优秀的人，而是要找最合适的人，这种合适，不是学历或资历上的要求，而在于你能够胜任岗位要求。

李某（深圳×××新实业发展有限公司）：一个优秀、合格的人才除了具有很强的专业能力之外，还要有耐得住寂寞的思想准备，如模具工程师，每天面对电脑8～10小时，很少有和外界交流的机会，所以一定要踏实对待每一天的工作，耐得住寂寞。此外，非常欢迎技术精湛同时又具备复合型才能的人才，复合型才能包括与人沟通、外语、市场开拓等方面的能力，在国际化程度越来越高的今天，企业非常需要既精通技术、会外语，又懂得成本核算、经营管理的复合型人才。

问：怎样打造高职人才培养模式？

赵某（深圳××实业有限公司）：感觉现在招聘的人员素养不够高。高职院校应强化对学生的职业素养培训，内容应当包括职业道德、技能知识、对行业的敏感度、职业工作规范等，这样才能尽快成为本行业的专家。

吴某（××集成电路设计有限公司）：公司不太喜欢招聘个性张扬、另类的人，而是很注重团队的合作，个性过于突出的人可能会影响到别人，给团队带来不稳定、不和谐因素。

问：怎样恰当求职？

简某（深圳××科技有限公司）：紧张得说不出话的人显然是不行的，但太能"说"、夸夸其谈，把自己说得无所不能也不行。学习能力也是需要的。

姚×（深圳××实业有限公司）：主动提问说明会思考，有自己的思想，同时也能说明他对企业的关注，这类毕业生是比较受欢迎的。

【启示】 从上述案例材料可以看出，大学生毕业时必须成熟地面对一个处于不断变化中的市场，市场对毕业生素质的要求成了大学生就业前自我完善的风向标。中华文化源远流长，世界文化博大精深，一个具有良好文化素质的专门人才，不管学什么专业，都必须具有良好的知识结构、深厚的文化底蕴和高雅的文化气质。

当代大学生必备的核心素质是踏实、学习发展、责任心、自信、人际交往、口头表达、坚持性和成就导向等。主要体现在以下两个方面：

（一）思想道德要求

【微课】

职业人员应具备的
职业道德素养

在工业化进程中，对就业者的技能要求无疑需要提高，如果大学生的文化素质和道德素质起点不高、发展不够全面，会在很大程度上导致其就业时远不能满足企业和社会的需求。无论从企业和社会的要求，还是从学生自身发展来看，大学生的文化素质和道德素质都不能成为"短板"。

企业要发展、要壮大，就需要具备良好的社会公德、职业道德的员工，不仅要对国家和社会有强烈的责任感，还要对企业有信心、有感情，忠诚于企业，踏踏实实对待工作岗位。先学做人，再学做事，才能会做事、做成事，这是用人单位对高校毕业生最根本的态度和要求。

职业道德素养是职业道德规范在从业人员思想及行为中的体现，是从业人员在一系列道德行为中所表现出来的比较稳定的特征和倾向，是从业人员职业素质的内容之一。良好的职业道德要建立在科学的世界观、正确的政治方向和立场之上，要求从业人员有爱心、有集体荣誉感、有谦虚谨慎的态度、有良好的修养和宽大的胸怀。

拓展阅读

诚信的力量

某大公司招聘总经理助理，由总经理亲自面试。应聘者小王第一个来到总经理办公室。总经理一见到小王就说："咱们好像在一次研讨会上见过，我还读过你发表的文章，很欣赏你所提出的关于拓展市场的观点。"小王一愣，知道总经理认错人了，但接下来想，既然总经理对那个人那么有好感，不如将错就错，对我肯定有好处。于是就接着总经理的话说："对，对。我对那次研讨会也记忆犹新，我提出的观点能对贵公司有帮助使我感到非常高兴。"

第二个来应聘的是小高，她一进总经理办公室，总经理也对她说了同样的话。小高心想："真是天助我也，这家伙认错人了。"于是就说："我对您也非常敬佩，您在那次研讨会上是最受关注的对象。"

第三个来应聘的是小孙，总经理再次说了同样的话。小孙一听就站起来说："总经理先生，对不起，您认错人了，我从来就没有参加过那样的研讨会，也没有提出过什么市场拓展的观点。"总经理一听就笑了，说："小伙子，请坐下，我要招的就是你这样的人，你被聘用了。"

党的十八大提出，倡导富强、民主、文明、和谐，倡导自由、平等、公正、法治，倡导爱国、敬业、诚信、友善，积极培育和践行社会主义核心价值观。富强、民主、文明、和谐是国家层面的价值目标，自由、平等、公正、法治是社会层面的价值取向，爱国、敬业、诚信、友善是公民个人层面的价值准则，这 24 个字是社会主义核心价值观的基本内容。

从实现中华民族伟大复兴中国梦的宏伟目标看，核心价值观是一个国家的重要稳定器，构建具有强大凝聚力感召力的核心价值观，关系社会和谐稳定，关系国家长治久安。实现"两个一百年"的奋斗目标，实现中华民族伟大复兴的中国梦，必须有广泛的价值共识和共同的价值追求。这就要求我们持续加强社会主义核心价值体系和核心价值观建设，巩固全党全国各族人民团结奋斗的共同思想基础，凝聚起实现中华民族伟大复兴的中国力量。

职业人员应具备以下几方面的职业道德素养。

1. 教育工作者的职业道德

教师的职业道德被称为师德，教师的职业道德水平对后代起着不可估量的影响，主要表现在以下几个方面：

(1) 教师要追求道德的完善，做一名中国特色社会主义文化思想的优秀传播者。作为一名教师，要自觉树立"园丁"精神，热爱自己的职业、热爱自己的学生，忠诚于党的教育事业，做到"为党育人，为国育才"，为国家培养合格的社会主义建设者和可靠的接班人。

(2) 教师要有负责的职业道德，这样才会对学生产生强烈的责任感，诲人不倦，才能克服一切困难，献身于祖国的教育事业。

(3) 教师要把培养德、智、体、美、劳全面发展的优秀青年作为自己职业道德的核心，因此要有强烈的历史使命感和自豪感，把国家的兴旺发达看作己任，把祖国的前途和自己的工作密切联系起来。

2. 医护工作者的职业道德

医护工作者的职业道德被称为医德。医德是人类道德水平的集中体现,是人性的表露和张扬,主要表现在:

(1) 救死扶伤是社会主义医德的第一要求。

(2) 不分亲疏远近、职业高低,视病人为亲人,这是社会主义医德的首要标准。

3. 企业经营者的职业道德

随着社会主义商品经济的发展,企业经营者必须遵守的道德规范变得更加明确和重要。

(1) 平等待客,一视同仁,对所有的顾客都要做到热情、主动、耐心、周到。

(2) 讲究商贸信誉,公平、诚实无欺,要做到货真价实,不以次充好,不欺骗顾客,实事求是地宣传产品,信守合同,严格履行协议。

(3) 廉洁奉公,热情服务。企业经营者应严格执行国家的价格政策和有关规定,不滥用职权,不损公肥私,满足顾客需求,热情地为所有顾客服务。

4. 管理工作者的职业道德

管理者担负着检查督导的职责,因而,管理工作者的职业道德对社会影响是非常大的,所以,管理者要做到以下几点:

(1) 一心为公。管理工作者要把国家利益和集体利益放在第一位,这样才能在管理工作中全心全意,以不断取得成绩为目标。

(2) 掌握科学的管理办法。要做一名合格的管理工作者,必须具有相关专业的管理知识,掌握一定的管理方法,没有相应的管理知识,做一名合格的管理人员是不可能的。

(3) 处理好人际关系。管理工作者直接与人打交道,必须具备谦逊的态度、耐心的作风、公而忘私的品格,才能使别人自愿愉快地接受管理。

拓展阅读

对员工的要求

曹渊勇历任朗讯中国和吉百利中国人力资源总监超过十五年,曾一针见血地指出:如果在能力、素质和经验之间挑选,吉百利用人一定会挑素质。吉百利非常强调责任心,而这通过简历是很难看出来的。他说:"公司对于毕业生的考察重点不在反应敏锐、思维敏捷方面,我们主要是看有没有成熟的责任心。"

摩托罗拉和奥的斯两家企业对毕业生的要求,最大的共同点是都重视毕业生的态度。一个学生的潜力究竟有多大,刚工作的时候是很难看出来的,所以注重态度是许多公司的做法,无论事情大小,愿意做,并且做好,是最重要的。

据调查,在对个人工作业绩的影响方面,情商的影响力是智商的两倍。

【启示】 企业更多强调的是学生的综合素质。大学生在学校所学的专业知识和经验离企业的实际需求肯定有很大的差距,企业在招聘大学生时看重的并不是成绩单上的分数,而是他们学习和融入的速度,这种速度很大程度上与态度和情商有关。

（二）知识储备要求

扎实的专业理论＋娴熟的专业技能＝流水线上合格的技工，可以为用人单位节省大量的培训费用和时间。但仅有这些还不够，新科技、人工智能源源不断地为企业开辟新的发展空间，也对企业员工提出了更高的要求，考验员工的自信心和学习发展能力，而这种非专业素质是高校毕业生和用人单位持续高效发展的必备财富。

用人单位对于大学生知识储备的要求主要集中在以下方面。

1. 渊博的知识

这里所讲的知识主要包括专业知识、科学技术知识、人文社科知识三大部分。现在社会对从业人员的文化知识要求越来越高，仅仅具有一定的专业知识是不够的，还必须具有广博的科学技术知识和人文社科知识。科学技术知识包括数学、物理、化学、生命科学等；人文社科知识包括文学、艺术、历史、哲学、法律、社会学等。

2. 合理的知识结构

所谓知识结构就是指一个人的知识体系的构成因素和各因素之间的联系方式。知识结构合理与否，并没有绝对的标准，然而通常用知识的承载力与知识的活化率作为判断知识结构是否合理的两个主要标准。所谓知识的承载力，是指知识面的宽广程度。只有知识面足够宽广，基础知识才能足够扎实，由此建立的知识大厦才会稳固。所谓知识的活化率，就是指可以灵活运用的知识占知识总量的比例，它表明一个人驾驭知识解决问题的能力，强调智能素质开发应该与岗位和专业需要相结合，避免盲目的知识获取。

目前，A字形知识结构和金字塔形知识结构得到了社会的认可，应该成为大学生知识素质开发的一个方向。A字的左右两撇代表科学技术知识和人文社科知识，中间一横代表文理兼通。这种知识结构突出强调了各知识之间的和谐发展，是对传统教育思想的修正。金字塔的顶端是专业知识，塔身是专业基础知识，塔基是人文社科知识、自然科学知识和社会经验等。

实践拓展

表 5－1　新生自我规划表

姓名		性别		年龄		现家庭住址	
所在学院		年级、班级		专业			
一、描述你入学时的心态							
二、给自己制定一个明确的目标	1. 通过三到四年的学习，你将要实现什么愿望？						
	2. 第一学期你在某个方面要达到什么状态？						
	3. 你认为有哪些行动有助于实现你的愿望？						

(续表)

三、给自己找一个学习的榜样	1. 你想像谁那样生活？
	2. 你希望做好哪些事？
	3. 每件事要做到什么程度？
	4. 你希望在人际关系方面怎么做？
	5. 在处理人际关系方面，你比较羡慕谁的表现？他（她）是如何做的？
四、制定一个塑造自己的计划	1. 你了解什么样的个性品质受人欢迎吗？
	2. 你希望自己具备哪些优秀的职业品质？
	3. 你的弱点或缺点有哪些？
	4. 你想怎样塑造自己的个性品质？
五、给自己找一位生活导师	可能成为你的导师的人是： □你的父母　□你的老师　□你所尊敬的长辈　□你的校友 在你的生活中，谁对你有较大的影响？
六、熟悉、适应大学各种环境和生活	1. 学校的学习管理制度如何？
	2. 大学的学习方法与中学有何不同？
	3. 怎样适应大学的学科考试？
	4. 你愿意参加哪些学生社团组织？
	5. 如何利用图书馆？
	6. 遇到问题可以通过哪些渠道解决？

（续表）

七、你的关系网 与人情"账"	1. 你平时喜欢和谁交往？
	2. 都有哪些人会牵挂你？
	3. 如何付出才能获得友情？
	4. 如何在新的环境里结识新的朋友？

项目六　职场过关斩将，个人脱颖而出

项目导读

　　择业就是择业者根据自己的职业理想和能力，从各种职业中选择其中一种作为自己从事职业的过程。任何已具备劳动能力的人，都要进入社会职业领域选择特定的职业。并且，在职业选择过程中，择业者不仅要考虑到个人的需要、兴趣、能力等因素，还要考虑社会发展的需要。

　　当市场需求大时，毕业生可适度提高期望值，好中选优。当市场需求较小时，毕业生应及时调整就业观念，切实降低期望值，低中选高。当然劣与优、低与高是相对而言的，我们可酌情而定。

　　市场充满激烈的竞争，大学毕业生必须清醒地意识到这一点。双选市场充满了知识的竞争、能力的竞争、素质的竞争，危机意识不可或缺。大学生应该更加珍惜大学生活，集中精力学习知识，掌握实用技能，提高素质，增强自己的竞争力。当然，大学生也应该有"毕业即待业"的思想准备，因为少数人的暂时待业某种程度上讲是社会的一种调节机制。在暂时的待业过程中，毕业生不必自暴自弃，而应该用积极的心态搜集信息，并根据社会的需求不断地调整和完善自己的知识结构。

　　培养明确择业目标与优秀的岗位竞争技巧，有助于毕业生找到最适合自己的工作，实现自身的价值。同时，也保证了社会对人才的合理使用。明确的择业目标，不论对劳动者自身，还是对社会的发展，都是有益的。常言道，"人怕入错行"，明确的、适配的择业可以充分发挥出劳动者的社会价值，使劳动者获得良好的价值反馈。科学的、合理的择业，能够使劳动者对社会做出贡献，甚至能够推动行业的进步发展。

　　优秀的岗位竞争技巧，是毕业生踏入社会后获得心仪工作的重要手段。只有掌握了优秀的竞争技巧才能在茫茫人海中展示出自身优势，从而获得工作机会。本项目将带领大家走进择业过程，从培养优秀的岗位竞争技巧入手，从应聘礼仪、心理、话术、谈判及劳动者应具备的品质等方面作出分析，详细全面地给予择业训练指导，使毕业生择业不再迷茫无助，在岗位竞争中做到从容专业。

知识目标

1. 学习应聘的方法与技巧，提升岗位竞争力；
2. 了解面试的种类及各种面试形式的特征；
3. 了解用人单位所注重的个人品质。

能力目标

1. 通过学习，明确择业过程中所需要的各方面素质，能够处理应聘中遇到的问题；
2. 通过训练，能够明白专业知识学习的重要性，并在日常生活中注意优雅姿态养成；
3. 能熟练掌握面试话术，掌握谈判技巧与签约技巧，通过交流，能够洞悉用人者问询意图；
4. 通过学习，关注"能力、心理、仪态、谈判、个人品质"等方面差距，补齐自身短板。

价值目标

1. 通过训练，能够建立良好心态，充满自信；
2. 积极树立正确择业观念，建立明确择业目标；
3. 要明白成功永远留给有准备的人，要加强自身职业素质建设，努力学习专业知识，培养个人能力，积极面对激烈的就业竞争压力。

注意事项

1. 因为学生的素质与认知不同，教师要注意在"参与应聘、面试技巧、面试礼仪"等方面加以引导纠正；
2. "仪态、话术、专业、谈判"等方面的提升，要用大量的时间学习和积累，需要学生合理利用课余时间加强各类项目的训练，提升自身职业素质。

任务一　驰骋招聘市场

任务目标

1. 了解应聘中所需要具备的能力；
2. 理解用人单位所看重的品质；
3. 学习应聘中处理问题的办法。

🔍 **案例导入**

特殊的面试

王珊珊是一所高职院校工商管理系的学生,毕业后她去一家大的食品公司应聘销售员。这家公司要求严格,每个新进的员工都必须从理货员做起,无论你是研究生还是中专毕业生。如果干得出色,可以升职加薪,如果做得不好,只能永远做一个理货员。王珊珊不怕吃苦,愿意从一线干起,所以顺利通过了公司的初试,但能否应聘成功,还要经过最后一关——面试。

王珊珊拿着面试通知书,来到一家星级酒店,按约定找到了面试的房间。她轻轻地敲了敲门,里面有人说:"请进!"王珊珊推门进去,只见两名男子正在房间里下象棋。楚河汉界,战云密布,正斗得难分难解。

"请问这里是××食品公司的招聘地点吗?"王珊珊问。

"你走错了,我们是住酒店的客人。"一位先生头也不抬地回答。

王珊珊愣住了,她看看手里的通知,又出去看看房间号:"对不起,招聘启事上说的就是这里呀!"

一位先生停止下棋,他从王珊珊手里接过招聘启事,用狡黠的目光望着她:"你搞错了,怎么会在我们住的房间里面试呢?"然后两个人继续下棋不再理她。王珊珊看着两位客人下棋,没有离开的意思。大约过了五分钟,另外一位先生看了看手表,笑着对她说:"你挺有耐心的,不错,这里的确是面试地点,不过,如果你是来应聘的,请回去吧,我们招聘的人已经满了!"

王珊珊是不会轻易放弃认输的,她对两位先生说:"面试通知截止时间是月末,请给我一个机会,听听我的自我介绍。"接着王珊珊就用简短的语言把自己的情况和工作设想说了一遍。

两位先生听了王珊珊的介绍后对她说:"恭喜你,你被录用了!"

【启示】 这种特殊的面试是公司精心设计的一种方法,是为了考察新员工的判断力、自信心、与人沟通的能力和坚忍不拔的毅力。××食品公司要求员工上到管理者,下到销售员都必须具备这些宝贵的品质。

成功永远都是留给有准备的人的,王珊珊被录用是其自身职业素质所决定的,优秀的判断力、自信、沟通能力这些都是销售岗位所必须具备的。进入职场中,公司作为经营者,其实更看重的是员工的工作能力和其能够带来的效益。员工良好的职业素质是为公司带来利益的重要前提。

良好的职业素质是通过应聘者与用人者各方面接触所表现出来的。大学生必须加强修养,提高心理素质,要能够正确评价自我,做到胸襟开阔、豁达大度、积极乐观;要正确对待困难,培养坚韧不拔的毅力;要克服自卑感,增强自信心;要培养交流沟通能力,要具备判断能力;要姿态优雅大方,谈吐得体。

通过学习和长时间的积累、练习，做好择业准备，为毕业后参与心仪的岗位竞争打下坚实基础。

➤**问题链接：为什么用人单位更注重员工内在品质？**

原因很简单，优秀个人品质的体现，在职场中往往能够抓住 HR 的心。工作当中员工所代表的就是公司形象，拥有优秀素质的员工往往能够为公司带来良好效益；日常同事相处过程中，优秀的素质也能够为公司内部团结和工作有序开展带来积极影响。

内在品质的高度也决定了职业素质的高度，优秀的内在品质有助于职业素质的快速提升；内心光明积极、工作努力上进、虚心学习受教、言行礼貌优雅、具有团结精神的人，他的成长也一定是迅速的。

同是参加招聘会，不同的人有不同的结局，一方面是由于求职者的自身条件可能有所不同，另一方面，也与一些毕业生求职缺乏必要的准备、缺乏基本的应聘知识有关。

➤**问题链接：为什么用人单位更喜欢有工作经验的应聘者呢？年轻的毕业生如何在众多应聘者中脱颖而出呢？**

原因还出在大学生身上。大学毕业生应注意以下几点，可以提高命中率，争取可能到来的笔试和面试机会。

一、调适心理，认真准备

招聘会前要明确自身条件，不要眼高手低，更不能自卑。事先准备好简历等自荐材料，把自己的工作经历及求职意向清楚表达。

二、充满自信，精神振奋

年轻的毕业生应该朝气蓬勃、充满自信，要相信自己所掌握的知识和技能一定能胜任要从事的工作。同时要掌握必要的礼仪和谈话技巧，并要适当地"包装"自己。面谈时避免先谈待遇，最好能就单位的情况谈些有深度的看法或建议。

三、把握时间，寻找时机

早起的鸟儿有虫吃，进入人才市场不宜太晚。毕业生就业市场的时间安排一般非常紧凑，及早进入可以有充足的时间收集信息，掌握到会单位的情况。但交谈不必太早，最好是先尽快地浏览一遍，对到场单位情况做个初步了解，然后根据自己的求职意向确定几个重点，安排好主次再去交谈。

四、善咨询，问明白

应仔细询问招聘单位的详细情况，包括单位的上级主管部门、所有制性质、法人主体、招聘的内容和目的、用工形式、工作时间、月薪支付等，既做到心中有数，还可以去发现招聘单位及招聘人员有无破绽，了解其真实情况。如果是专场招聘会，进入现场后最好能先仔细观看企业的宣传介绍，对企业有充分的了解。此外，有些企业喜欢有创新力的人才，有些则青睐忠诚的员工，有些强调团队精神，有些看重稳定安分，只有事先了解企业偏好，才能在面试时有的放矢。

五、听议论，听反响

充分利用大会的会刊查找自己感兴趣的公司，然后直接去其所在场馆，这样能够节省大量时间和体力，提高应聘效率。在求职时，应注意听招聘者向其他求职者的介绍是否与你了解到的情况一致，听一听其他求职者的议论，再听取一下别人的建议和意见，了解招聘单位的口碑。如果各方面情况都适合你,且这家单位的口碑良好,则可以决定报名,接受用人单位的挑选。

六、留资料,多跟踪

如果单位不能当场签约,还要继续面试或考核,就要留下自荐书、简历等材料。留下资料后不要坐等,会后两三天内及时与用人单位联系,因为用人单位会收到很多简历,可能将你漏掉。及时电话联系,一方面表示你对公司的尊重,另一方面表达了你迫切加入公司的愿望,给用人单位留下深刻的印象。

七、独前往,慎签约

毕业生就业协议书是一种就业契约,具有一定的约束力,签约时应基本了解单位的大致情况。正因为就业是大事,有些同学拿不准主意,要家长陪同,其实,在人才市场不能让家长在身边出谋划策,否则,会给用人单位留下"缺乏独立性"的不良印象。

🔍 案例分析

李华是南京某职业技术学院的三年级学生,下学期学校安排他去外地实习 3 个月。临出发前,李华先去拜托班主任,如果有合适的单位,请班主任帮忙推荐,并留下两份简历;然后他又找到学校的就业指导中心,留下自己的电话号码和电子邮箱地址,请他们有什么重要信息及时通知自己。接下来,李华又找到下一届一个要好的学弟,拜托他定期到学校就业信息栏看看,如果有重要信息及时通知他。最后,李华又找到同届的其他专业的几名同学,因为他们要去其他地方实习,所以拜托他们如果知道有什么好机会,一定记得通知他。都安排好之后,李华才放心去外地实习。

在实习期间,李华依然消息灵通,不断接到用人单位的面试通知,选择机会有很多,实习还没结束,他就敲定了一家满意的工作单位。

无独有偶,广州某职业技术学院信息通信技术专业张强同学,从三年级第一学期就开始上网浏览一些企业主页,根据企业的职位要求准备简历,并记下企业招聘会相关信息。到下半年其他同学开始准备简历时,她早已把简历投到了美的、长虹、海尔等公司了,在大家都等双选会时,她早已经和美的公司签约了。

【启示】 在就业市场竞争日益激烈的今天,要找到一份合适的工作,必须从多渠道收集就业信息,挖掘就业机会,为自己创造展示自我的平台。就业机会蕴藏在就业信息之间,所谓就业信息,就是指求职者通过多方搜集、加工整理事先不知道的、有关可供选择的职业或职位的有价值的消息、资料或情报,即用人单位的招聘信息。

由此可见,在就业竞争当中,信息的获取至关重要。学校通常在毕业前的最后一年安排预毕业生实习,同时为了给学生创造机会,还组织很多招聘会,但实际情况是很多毕业生到外面实习或者外出求职,联系起来很困难,有的联系不上,有的联系不及时,错过就业机会,造成信息资料浪费。上述两位同学能够提前铺设就业信息通道,充分利用各个方面的资源,通过多个渠道保持就业信息畅通无阻,赢得了就业时机和机会。要想成功,就必须付出应有的努力,成功永远留给有准备的人。

实践拓展

应聘中应该坦诚

【微课】

参加人才市场
招聘的技巧

拓展 1

招聘现场，某公司正对十余位求职者进行最后一轮面试。

"这位求职者你好，你觉得你自己有什么缺点？"主面试官突然问一位姓王的应聘者。"考官你好，我觉得我十分热爱工作，工作中过于投入，人家都说我是一个工作狂。"王先生不加思考就脱口而出。主面试官笑了笑："工作投入可是优点啊，你说说你的缺点吧。"王先生仍然没有察觉到面试官态度的细微变化，自作聪明地大声说道："我是个急性子，为人古板，又好坚持原则，工作中太认真，所以容易得罪人。另外，我还……"面试官"哼"了一声，面露不快，大手一挥，终止了面试。

王先生的求职结果是显而易见的：没有用人单位会喜欢一个不坦诚、耍滑头的人。

而同时参加面试的李先生，却在众多实力强劲的应聘者当中脱颖而出，有人问何故，面试官说道："我喜欢他的老实！"原来，大多数参与面试的人都不够诚实，憨厚老实的李先生给面试官留下了良好的印象。

拓展 2

陈琼是某知名大学工业自动化专业的毕业生，在开发区一家外资企业应聘面试动力设备部门经理助理的时候，公司考官问他："你觉得你能够胜任你应聘的职位吗？"陈琼谦虚地说："现在我还谈不上胜任，但是我可以多向领导请教，向同事们学习，在实践中边干边学，积累经验。"考官又带他到生产车间实地参观，陈琼显得有些惊讶地说："哇，这么先进的设备，我还从没有见过呢，如果我能够入职贵公司，一定要好好学习，钻研这些先进的设备和技术，希望公司能给我一个学习的机会。"就因为陈琼的这些谦虚的话，他应聘失败了。公司考官对他说："我们招聘的是能够胜任本职位工作的人才，要能够立即派上用场，而不是招收培训生。"陈琼从考官的话语中醒悟过来，悔之晚矣。

实际上，陈琼是知名大学的高才生，专业知识和技术功底扎实，在实习时也接触过类似的先进设备，完全有能力胜任这家外资企业动力设备部门经理助理一职。只不过陈琼受"做人要谦虚"这一传统美德的熏陶较深，试图以谦虚姿态来博得考官的好感，没想到弄巧成拙，适得其反。

求职者应聘面试不能过于谦虚，招聘单位可能并不认为你是在谦虚，而是认为你的能力不够，不能胜任职务。所以求职者在面试中要尽量把自己的才华、能力展现出来。尤其是应聘外企时，求职者一定要充满自信，充分地展示自己的才能，表明自己完全能胜任所应聘的职位，从而取得外企考官的信任，实现自己的就业愿望，获得心仪职位。

拓展 3

2022 年，对于即将大学毕业的刘某来说，是一个幸运年，因为他是全班同学中第一个成功找到工作的人。

刘某是市场营销专业大四学生。新年伊始，已进入大学最后实习阶段的他，和众多学友一样开始寻找工作。在 2 月 3 日举行的市人才市场新春大型招聘会上，他选择了市内某大型商场品牌家电的销售岗位。为了应聘成功，他利用招聘会前的一周时间，对该品牌

大学生职业发展与就业指导

的家电产品做了细致的市场调查,从市场份额、产品性能到竞争对手等各方面的情况都做了详细了解,并拿出了一份翔实的市场调研报告。最后,他击败了众多高学历的竞聘者,被录用。

用成果证明自己的能力。刘某针对目标公司和岗位,结合自己的专业知识,提供了可行性调研报告。用人单位最希望的就是招聘到的人能实实在在干工作,能给单位创造价值。

拓展4

周某是外地生源,毕业后决定留在上海工作。然而她并不急着找工作,而是积极地上课,用功地撰写毕业论文,理由是要给最后的大学生活画上一个圆满的句号。她认为,一时找不到工作没关系,反正上海高校非上海生源学生可以通过申请居住证入沪。况且如今工作难找,与其凑合,不如慢慢了解职场情况,总会找到最合适自己的工作。周某的一番豁达的言语一定让"迫切型"的毕业生听得瞠目结舌。有了这样的心态,周某果然在硝烟四起的求职擂台中"轻松"败北。

求职者的心态因人而异,有些学生十分急切主动,有些学生却不紧不慢,太不把求职当回事。在如今的就业市场,他们需要适当增加求职的紧迫感,否则随着时间的推移,其人力资本价值会每况愈下。

拓展5

2020年7月,刚刚从大学毕业的张渊,对自己的专业技能有着清醒的认识。为了成功就业,他为自己制订了一个符合实际的应聘方案:"先就业再创业,从低职位做起"。

在一场人才招聘会上,张渊通过自己对一家民营企业的深入了解,向该企业老板提出了自己对公司未来的设想和自己的职场规划。老板很高兴,一锤定音,当场决定录用张渊。在此后的工作中,张渊吃苦耐劳、扎实肯干、积极上进的工作态度进一步得到了老板的赏识,在短短一年多的时间内,张渊连升数级,当上了总经理助理。

山不在高,有仙则名。求职时,不顾自身的条件,一味地唱高调,意味着人为地为自己设置了求职的障碍。临渊羡鱼,不如退而结网,也可以超前把自己"推销"出去。

【思考】

1. 阅读拓展1:你认为王先生在面试中都有哪些失误?
2. 阅读拓展2:你认为陈琼"谦虚"的做法可取吗?如果是你会怎么做?
3. 阅读拓展3:谈谈刘某是如何成功的。
4. 阅读拓展4:你认为周某的想法正确吗?如何改善这种心态?
5. 阅读拓展5:分析张渊面试成功的原因。

140

任务二　沉着应对面试

✓ 任务目标

1. 了解面试的种类，各种面试形式的特征；
2. 掌握面试前需要做什么准备；
3. 掌握常见面试问题的回答方法。

🔍 案例导入

　　胡某同学是某高职院校2021届毕业生，父母深知当前毕业生就业形势严峻，从2020年暑假开始，就经常唠叨，叫胡某抓紧时间搜集就业信息，可以说胡某的工作问题成为全家人的重点。可胡某压根儿没有着急，2020年暑假没有参加社会实践和实习，而是去吉林姑妈家避暑去了。2020年下半年开始，胡某所在班级陆续有同学请假面试，看到同学面试，有的提前上岗，胡某有些心动，但想想还有几个月才毕业呢，父母也在操心，不急。年底学校举办双选会，胡某因表姐结婚没有参加。一晃半年多过去了，班上好多同学找了实习或者预就业单位。三年级下学期是学校安排的集中实习时间，针对没有单位的同学，学校在3月份再举办了一次小型双选会，胡某的父母亲在招聘会尚未开始时，就早早地到会场打听单位的情况。招聘会开始很久以后，胡某才姗姗来迟，并由家长陪同前往用人单位摊位前面谈。面谈过程中，胡某发言的时间还没有其父母多，结果谈了一家又一家，最终仍一无所获。

　　【点评】　胡某同学的问题出在择业过程中过分依赖他人，对人才市场规律把握不够。其实，依赖他人难以选择到一份满意的工作。现在的毕业生中，独生子女所占的比例越来越大，其中部分毕业生的生活一帆风顺，没有经历过什么波折，再加上父母亲的过分呵护，客观上也培养了他们的依赖心理。

　　面试机会不是坐等而来的，求职材料不是为了孤芳自赏，"供需见面、双向选择、自主择业"是当前大学生就业的原则。

　　求职者应充分认识当前我国就业市场的规律，掌握参加人才市场的方法与技巧，积极主动争取面试机会，为成功求职打开机遇之门。

　　➤问题链接：你认为胡某的择业心态正确吗？为什么？

　　胡某的择业心态是错误的。原因很简单，如今的就业环境，竞争十分激烈，作为刚毕业的大学生，必须积极主动参与到应聘环节中才能有一线希望。胡某"等、靠、要"的依赖心理十分不成熟，这也让用人单位望而却步，试问哪一家企业敢要这种心智不成熟、连面试都不能够积极准备的员工呢？

　　毕业生应了解以下知识：

一、面试的概念

面试即当面测试，是用人单位对应聘者进行选拔而采取的诸多方式中的一种，也是应聘者取得求职成功的关键一步。面试是求职者全面展示自身素质、能力、品质的大好机会，面试发挥出色，可以弥补先前笔试或是其他条件如学历、专业上的一些不足。在应聘的几个环节中，面试也是难度最大的，尤其是对于应届毕业生来说，由于缺乏经验，面试常常成为一道难过的坎，有很多毕业生顺利通过了简历关、笔试关，最后却在面试中铩羽而归。因此，要重视学习面试的基本知识。

二、面试的形式和种类

面试有很多形式，依据面试的内容与要求，大致可以分为以下几种。

（一）问题式面试。由招聘者按照事先拟定的提纲对求职者进行发问，其目的在于观察求职者在模拟环境中的表现，考核其知识，判断其解决问题的能力，从而获得有关求职者的第一手资料。

（二）压力式面试。由招聘者有意识地对求职者施加压力，就某一问题或某一事件作一连串的发问，详细具体且追根问底，直至无以对答。此方式主要观察求职者在特殊压力下的反应、思维敏捷程度及应变能力。

（三）自由式面试。招聘者与求职者海阔天空、漫无边际地进行交谈，气氛轻松活跃，无拘无束，招聘者与求职者自由发表言论，各抒己见。此方式的目的是在闲聊中观察应试者的谈吐、举止、知识、能力、气质和风度，对其做全方位的综合素质考察。

（四）情景式面试。由招聘者设定一个情景，提出一个问题或者一项计划，请求职者进入模拟角色，其目的在于考核其分析问题、解决问题的能力。情景模拟面试又包括无领导小组讨论面试、答辩式面试、竞聘演讲式面试等。

（五）综合式面试。招聘官通过多种方式考察求职者的综合素质，如用外语交谈，要求即时作文，或即席演讲，或要求写一段文字，甚至操作计算机，等等，以考察其外语水平或书面及口头表达等各方面的能力。

（六）试用式面试。安排应聘者在单位某固定岗位上实习一段时间，达到对应聘者综合能力进行考察的目的，也是一些单位面试的方式。

以上是根据面试种类所做的大致划分，在实际面试过程中，招聘者也可能采取一种或几种面试方式，也可能就某一方面的问题对求职者进行更深层次的观察，其目的在于能够选拔出优秀的应聘者。

面试的种类就目前而言，包括三种：

（一）集体面试。即很多求职者在一起进行的面试。就招聘者来讲，可以在专业、地域及其他各方面都有较大的选择余地。比较流行的是无领导小组讨论式面试，它通过给一组考生（一般是5～7人）一个与工作相关的问题，让考生们进行一定时间（一般是1小时左右）的讨论，来检测考生的组织协调能力、口头表达能力、辩论能力、说服能力、情绪稳定性、处理人际关系的技巧、非言语沟通能力（如面部表情、身体姿势、语调、语速和手势等）等。对于应聘者各方面的能力和素质是否达到拟任岗位的要求，无领导小组营造了一种团体气氛，比较容易综合评价考生之间的优劣。

（二）个体面试。即用人单位对求职者单独进行的面试，可能由若干考官参加，也有可能仅是一次面对面的交谈。

（三）随机面试。即采用非正规的、随意的面试方式，这样就可以考核出求职者的真实情况。

[微课]

面试前进行有效准备

三、面试准备

（一）面试前进行有效准备

1. 充分了解应聘单位。对用人单位的性质、地址、业务范围、经营业绩、发展前景，对应聘者岗位职务及所需专业知识和技能等要有一个全面的了解。单位的性质不同，对求职者面试的侧重点也不同。一位资深的人力资源主管说："面试时，我们都会问求职者对我们公司了解多少，如果他能很详细地回答出我们公司的历史、现状、主要产品，我们会很高兴。"

2. 使自己的能力与用人单位岗位要求相符合。"知己知彼，百战不殆"，求职者面试前应该对自己的能力、特长、个性、兴趣、爱好、人生目标、择业倾向有清醒的认识。认真阅读你收集到的所有信息并牢记它们，尽量使自己的能力与工作要求相适应，参加面试时，通过表述你对知识的掌握和理解来表达你希望进入这一行业工作的愿望。

3. 模拟可能询问的应聘问题，对可能遇到的问题进行准备。面试前不经过角色模拟，便无法达到最佳的效果。

4. 练习处理对你面试不利的事情。即使曾有一些不愉快的受挫经历，也可以作为一段可供学习的经验加以陈述。务必用积极的事情抵消消极的事情，最好不要说有损自己形象的话。

（二）进行自我评估

要自信地应对面试，首先要对自己有清楚的认识。

1. 写出几件自己认为可称得上成功的事情，并逐一分析这些成就，列出你最主要的几项技能。

2. 同一件事情，各人有各人截然不同的处理方式，这取决于每个人不同的个性，为弄清楚自己的个性，可以通过分析，用一些形容词来归纳自己的性格。

3. 确定与你个性、兴趣相符的工作环境。工作环境不仅指具体的环境，更重要的是工作单位的文化背景。

（三）心理准备

面试就好比是一场考试，测试每个人的能力，同时也测试每个人的心理素质和临场发挥,因此要成功面试,首先要充满信心,要保持良好的心态和快乐的心情。其次要抓住招聘者的心,招聘者可能会先评价求职者的衣着、外表、仪态及行为举止,也可能会对求职者的专业知识、口才、谈话技巧作整体性的考核,还可能会从面谈中了解求职者的性格及人际关系,并从谈话过程中了解求职者的情绪状况、人格成熟度、工作理想、抱负及上进心。

(四)业务知识准备

备上一份与应聘岗位的专业知识、业务技能相关的求职材料,供招聘者查阅参考。准备当天可能用到的个人资料或作品,携带相关的证件,以便在面试的过程中进一步向招聘者提供有关自己的材料。

(五)体能、仪表准备

面试前要保证充分的睡眠,保持良好的精神状态。面试前还应注意修饰自己的仪表,使穿着打扮与年龄、身份、个性相协调,与应聘的职业岗位相一致。

四、交谈技巧

(一)答问技巧

1. 把握重点,条理清楚。一般情况下,回答问题要结论在先,议论在后,先将意思表达清楚,然后再做叙述,便于主考官把握你的思想。

2. 讲清原委,避免抽象。招聘者提问是想了解求职者的具体情况,切不可简单地仅以"是"或"不是"作答,有的需要解释原因,有的则需要说明程度。

3. 确认提问,切忌答非所问。面试中招聘者提出的问题过大,以至于不知从何答起,或求职者不明白问题的意思是常有的事情。"你问的是不是这样一个问题……"将问题复述一遍,确认其内容,才会有的放矢,不至于南辕北辙、答非所问。

4. 讲完事实以后适时沉默。保持最佳的状态,好好思考你的回答。

5. 冷静对待,荣辱不惊。招聘者中不乏刁钻古怪之人,可能故意挑衅,令人难堪。这不是"不怀好意",而是一种策略,故意提出不礼貌或令人难堪的问题,其目的在于"重创"应试者,考察你的"适应性"和"应变性"。你若反唇相讥,恶语相对,就大错特错了。

6. 要知之为知之,不知为不知。面试中常会遇到一些不熟悉、曾经熟悉现在忘了或根本不懂的问题。面临这种情况,回避问题是失策,牵强附会更是拙劣,诚恳坦率承认自己的不足之处,反倒会赢得招聘者的信任与好感。

(二)发问技巧

面试时若招聘者问你有没有问题,你可以适当问一些问题,并且应该把提问的重点放在招聘者的需求以及你如何能满足这些需求上。通过提问的方式进行自我推销有时十分有效,所提问题必须紧扣工作任务和岗位职责。

你可以询问诸如以下的问题:应聘职位所涉及的责任以及所面临的挑战;在这一职位

上应该取得怎样的成果；该职位与所属部门的关系；该职位具有代表性的工作任务是什么。当然也要注意不要问一些通过个人渠道了解到的有关公司内部的信息，这会让人对你面试的目的是否明确表示怀疑。

（三）谈话技巧

1. 谈话应顺其自然，不要误解话题，不要过于固执，不要独占话题，不要插话，不要说奉承话，不要浪费口舌。

2. 留意对方反应，交谈中很重要的一点是把握谈话的气氛和时机，这需要随时注意观察对方的反应，如果对方的眼神或表情显示对你所涉及的某个话题已失去兴趣，应该尽快找一两句话将话题收住。

3. 具有良好的语言习惯。不仅是表达流利，用词得当，同样重要的还有说话方式。

（四）交谈心态

作为应届毕业生初次参加招聘，如何摆正自己的心态很大程度上关系着招聘的成败。

1. 展示真实的自己。面试时切忌伪装和掩饰，一定要展现自己的真实实力和真正的性格，有些毕业生在面试时故意把自己塑造一番，比如明明很内向，不善言谈，面试时却拼命表现得很外向、健谈。这样的结果既不自然，很难逃过有经验者的眼睛，也不利于自身的发展，即使通过了面试，人力资源部往往会根据面试结果安排适合的职位，这对个人的职业生涯也不利。

2. 以平等的心态面对招聘者。面试时如果以平等的心态对待招聘者，就能够避免紧张情绪，特别是在回答案例分析问题时，一定要抱着"我是在和招聘者一起讨论这个问题"的心态，而不是觉得他在考自己，这样就可能做出很多精彩的论述。

（五）结束面试

1. 适时告辞。面试不是闲聊，也不是谈判，从某种意义上讲，面试是陌生人之间的沟通，谈话时间的长短要视面试内容而定。招聘者认为该结束面试时，往往会说一些暗示的话语：(1)我很感激你对我们公司这项工作的关注；(2)谢谢你对我们招聘工作的关心，我们做出决定就会立即通知你；(3)你的情况我们已经了解了；(4)你知道，在做出最后决定之前我们还要面试几位申请人。求职者听了诸如此类的暗示语之后，就应该主动告辞。

2. 礼貌再见。面试结束时的礼节也是公司考察录用的一个砝码，成功的方法在于，首先不要在招聘者结束谈话前表现出浮躁不安、急于离去的样子。其次，告辞时应感谢对方花时间同你面谈，如果有秘书或接待员接待过你的话，也应向他们致谢告辞。

五、常见面试问题解析

上面讲过知己知彼的准备是面试成功的一半，下面列出一些面试过程中毕业生一般要了解的问题和解答思路，毕业生最好在面试前有所思考，同时做准备时也不要仅限于这些问题。

(一) 毕业生的基本情况:姓名、专业、学历等

提问的方式有:请你用 1 分钟时间简单介绍你自己;或者请你用 2～3 分钟时间介绍你的大学生活等。一般招聘应届毕业生时,安排的面试比较集中,很多时候面试官问这样的问题是为了了解基本情况,或者趁应聘者介绍的时候快速浏览简历,以便根据应聘者的情况进一步提问,同时看看应聘者的表达能力。这部分内容可以提前准备好,针对应聘的岗位和自己的亮点要组织得有条理有重点。

(二) 根据简历和介绍的基本情况进行深入提问

主要内容涉及学习成绩、社会活动、打工实习等内容,并且面试官可能会要求举出实际的一个事例来说明应聘者谈到的活动或能力。面试官主要希望从应聘者的过往经历和表达中发现应聘者的优缺点,考察应聘者的逻辑思维能力、团队合作等基本素质。应聘者在回答时应该以事实为依据,前后一致,逻辑严密,表达清晰。

(三) 谈谈家庭情况

面试官是希望从你的家庭教育背景中判断你的素质。注意不要简单罗列家庭人口,宜强调温馨和睦的氛围,宜强调父母对自己教育的重视,宜强调家庭成员对自己工作的支持,强调自己对家庭的责任感,等等。

(四) 你有什么优点和不足

提出这个问题,大多想进一步了解你的情况,以便录用后更好地安排工作,同时也看看你对你自己是否有正确的评价。知人为聪,自知为明,回答这个问题时,要实事求是地介绍自己的长处和不足,包括你的道德品质、为人处世、学业成绩、生活习惯等方面。多数单位不会因你讲了不足而影响录用,除非有严重的思想品德问题。介绍完后可补充一句:"由于自己还不很成熟,自我评价可能不完全准确,如有可能请领导通过学校再了解。"

(五) 你有什么特长和爱好

对这个问题要据实回答,有什么特长就讲什么特长,有什么爱好就讲什么爱好,不要无中生有,也不要过分谦虚。因为爱好广泛、多才多艺的人,才是备受用人单位青睐的人。

(六) 你选择工作主要考虑哪些因素

对这个问题应集中回答应聘的单位是具有较好发展前景的单位,应聘的工作有利于发挥自己的能力,有利于施展所长,有利于单位和个人的发展等,也可以讲讲对哪些工作感兴趣。对一些与个人利益有关的问题最好少谈,即使谈及也不要重复强调。

(七) 求职目标及对所应聘公司和职位的了解情况

面试官问这方面的问题主要是想了解应聘者希望的岗位、工作地点、应聘原因、对所

应聘公司和岗位的熟悉程度。应聘者提前做好充分的准备，对所应聘的公司和职位了解得越多越深入，则回答得越好。

（八）你希望的报酬是多少

这是我们无法回避的问题，要对市场上的行情有一个大致的了解，建议从不同公司、不同单位、不同职业加以了解，才能够提出或者应允一个中等偏上的工资数，使这个问题的商量有一个回旋的余地。例如，有人是这样说的："我刚刚参加工作，涉世不深，经验不足，还需要不断提高。所以你们根据我的情况开工资，我可以接受。我愿意在今后的工作中努力上进，得到一个很好的发展，那时候根据我对公司的贡献，相信公司会给我一个相应的报酬。"当然，如果自己足够优秀，可以比市场行情略高一些。

🔍 案例分析

求职失败 50% 源于面试错答，凛冽的寒风抵不住滚滚的求职人潮，时近岁晚，各种招聘会一个接一个，让一些应届毕业生疲于奔命，然而稍不留神前途就会断送在某些面试环节上。

三心二意"失荆州"

最近，马场花城会展中心举行的应届生招聘会上，记者看到一位穿着套裙的女学生自信地在一家大型外资公司的展位前面试，她以流利的英语与招聘人员谈了约 10 分钟。

最后，招聘人员一边合上简历，一边随口问她，"你的成绩这么好，没想过考研吗？"那位女大学生迟疑了一下，勉强答道"有这个打算"。招聘人员脸色即时沉了下来，对她说"回去等通知吧"。

等女学生离开后，招聘人员即时在简历上打了一个叉。记者不解地问该招聘人员，他说，离毕业还有半年时间，虽然她的条件不错，但明年 1 月就要考研了，公司不会招一些至今还拿不定主意的人。

"乖巧"要恰到好处

读土木工程专业的张某到某电力工程公司应聘，对方劈头就问："你为何想进这家公司？""公司的培训机会很多，我想来好好学习。""你认为你适合干什么？""只要公司需要，我什么都能干。"

亚洲国际大酒店人力资源总监蓝国庆说，应聘者以为这样答就等于"乖巧"，其实招聘人员会想：你是来学习的，那我干吗花钱雇你？你什么都能干，那要我干什么？

因此，蓝国庆认为，正确的回答是，不要只谈希望公司给你提供多少福利、培训，而应让对方觉得你能为公司创造价值，并且求职者必须让人觉得你有抱负，但也脚踏实地。你觉得自己最适合干什么，就老实告诉人家，"服从需要"之类的空话，效果适得其反。

贸然谈薪没必要

"你对薪水的期望值如何？"薪酬待遇是每个求职者最想了解的问题之一。

但是应届大学生在面试中贸然谈薪酬是个大忌。广东省邮政信息技术局办公室主任项仪认为，没有经验的大学生没有资格谈薪水。况且新人的起薪都一样，你谈了，人家也不会给你加薪,反而会招致反感。即使对方问你对薪水的期望,你也应谨慎应对,或者干脆用"我相信公司会承认我的工作价值"之类的话搪塞过去。

【启示】 面试的过程是用人单位对求职者考核的过程,评价标准在于岗位要求和招聘者的价值判断。每个人的价值判断可能有异,但用人单位通过考察应聘者对面试问题的态度,进而了解其对职业的态度。对于相同的问题,不同的回答方式,效果截然不同,因此,每位求职者对常见问题最好有所准备,方能展现最优秀的自己。

作为应届毕业生,初次参加招聘,摆正自己的心态在很大程度上关系着求职者的成败。面试时应该展示真实的自己,切忌伪装和掩饰,一定要展现自己的真实实力和真正的性格。面试时要态度坚决,不可左右摇摆,不可三心二意。特别是在回答问题时,一定要抱着"我是在和招聘者一起讨论这个问题"的心态,这样就可能做出很多精彩的论述。

面试时态度要坦诚。招聘者一般都认为做人优于做事,所以,面试时求职者一定要诚实地回答问题。一位企业的人事主管说,以前曾经面试过一个女孩,面试时她说自己有男友,进入公司后又说没有男友。问她原因,她说曾在一些书里看到,如果说有男朋友就会给人稳重、有责任感的印象。实际上这样做非常不好,面试时的欺骗行为是不利于以后的发展的。

要成功面试,需要掌握以下原则:

1. 肯定自己的价值。让面试官看到你是公司未来的有利资产,有帮助企业实现预期目标的潜在能力,是公司的宝贵财富而非包袱。

2. 强调自己的人生目标。面试中要让考官感觉到你有积极的自我成长概念,努力进取,并充满旺盛的事业心与斗志,能迅速进入工作状态。企业最赏识这样的人。

3. 显示强烈的工作意愿。面试时要随时保持对工作的高度热诚与兴趣。

4. 展示与同事、团体合作的能力。一个容易与人沟通的求职者可以说已有一半获胜的希望。如果应聘者曾有社团活动的工作经验,可尽量举例说明,以争取主考官的青睐。

5. 具有诚恳的态度。在录用标准上,"才能"是永恒不变的原则,"诚恳"则是重要的辅助因素。面试前准备充分,心情镇定,仪容大方整洁,临场充分表现自我,便是诚恳的最好表现。

6. 忌好高骛远、不切实际。找一份理想的职业是每个求职者的愿望,无可厚非。但美好的愿望应根植于自身素质和客观现实之上。审时度势、准确定位是求职成功的关键所在。眼高手低,这山望着那山高,是求职之大忌。

端正的态度在面试中十分重要,态度有时比能力更重要,能够顺利毕业的大学生知识掌握的都没有问题,一般缺的是与人沟通的能力。

实践拓展

拓展1

陕西某职业学院汉语言文学专业的宫某,在投给西安某高校附属中学招聘人员的简历中,附上了她在校期间发表的厚厚一叠文学作品,受到学校负责人的赞赏,认为她善于展示自己的长处,求职主动意识强。

见招聘方非常高兴，宫某随口说道，来西安求职，是因为妈妈不放心她独自在外省工作。招聘方的眉头马上皱了起来，暂时收起了宫某的简历。事后，招聘方对记者说："父母的关心可以理解，但这话也给人自主意识不足、对家长过于依赖的感觉。能不能把工作担子交给她，还值得考虑。"

面试就像是一场考试，在测试每个人的综合能力。面试官通过与应试者面对面地观察及交谈，来了解应试者的气质、性格、知识、个人能力、态度等方面状况。因此，应试者应掌握面试的技巧，将最佳的自己表现出来。

面试作为找工作所面临的重要环节，需要求职者学习和掌握面试技巧，做好充分准备，来应对这些难关。招聘企业通过应试者回答的内容及反应，评价其言谈举止、人品、求职诚意以及理解能力、应变能力、表现能力、对工作的适合度，并决定是否录用。因此，每位求职者要做到：应聘前充分了解招聘单位，做到知己知彼；应聘中，充分表现，努力发挥实力；应聘后，适时联系沟通。

拓展2

有一个叫史蒂文斯的中年男人在一家公司里当程序员，他已经在这家软件公司里干了8年。然而，就在这一年，公司倒闭了。这时，史蒂文斯的第三个儿子刚刚降生，巨大的经济压力使他喘不过气来。

于是，史蒂文斯开始了漫长的找工作生涯。然而一个月过去了，他一无所获。一天，史蒂文斯在报上看到一家软件公司要招聘程序员，待遇非常好。他立刻赶到公司，准备参加应聘。应聘的人数实在太多了，竞争异常激烈。经过简单交谈，公司通知他一个星期后参加笔试。在笔试中，史蒂文斯再次轻松过关，剩下的只有两天后的面试了。

然而，在这最后一关中，史蒂文斯没被选中。不过史蒂文斯并没有怨恨，而是给这家公司写了封信，以表感谢之情。信中这样写道："感谢贵公司花费人力、物力，为我提供了笔试、面试的机会。虽然我落聘了，但通过应聘我大长见识，获益匪浅。"

那家公司收到回信后，无不为这样的一封信而感动，最后总裁也知道了这件事情。3个月后，新年来临，史蒂文斯收到一张精美的新年贺卡，上面写着：尊敬的史蒂文斯先生，如果您愿意，请和我们共度新年。贺卡是他上次应聘的公司寄来的。原来，公司又出现了空缺，他们第一个就想到了史蒂文斯。

史蒂文斯应聘的这家公司就是著名的微软公司，而十几年后，史蒂文斯凭着出色的业绩，一直做到了公司的副总裁。

拓展3

广州某公司在报纸上刊登了一则招聘营销人员的招聘启事，应聘条件、工资待遇等内容一应俱全，参加笔试、面试等要求也非常明确，可通篇启事从头看到尾，就是没有发现应聘的联系方法。

真是怪事，招聘启事哪有不留联系方法的？多数人认为这是招聘单位疏忽或是报社排版错误，于是，便耐心等着报社刊登更正或补充说明。但也有三位应聘者见招聘的岗位适合自己，便不去管是谁的疏忽：小王通过互联网，在搜索引擎上输入公司名称，轻松地搜出了包括通讯方式在内的所有公司信息；小张则立即通过114查号台，查出了该公司的办公电话，通过向公司办公室人员咨询，取得了联系方法；小刘查找联系方式的办法则更是颇费了一番周折,他依稀记得该公司在某商业区有一个广告牌,于是骑车围着城区转了一下午,终于找到了广告牌,并顺藤摸瓜取得了公司的地址和邮编。

招聘启事刊登的第三天,多数应聘者正眼巴巴地等着从新来的报纸中找有关更正和补充,但小王、小张和小刘三人的求职信及有关招聘材料已经寄到了公司人事主管的手中。

此后,人事主管与小王、小张和小刘相约面试。面试时,公司老总对三位小伙子的材料和本人表示满意,当即决定办理录用手续。三人为如此轻松应聘而颇感蹊跷:招聘启事中不是说要进行考试吗?带着这一疑问,他们向老总请教。

老总拍着他们的肩膀说:我们的试题其实就藏在招聘启事中,作为一个现代营销员,思路开阔、不循规蹈矩是首先应具备的素质,你们三人机智灵活,短时间内能另辟蹊径,迅速找到公司的联系方式,这就说明你们已经非常出色地完成了这份答卷。

拓展4

有一位年轻人从学校毕业后来到美国西部,他想当一名新闻记者,但人生地不熟,一直没有找到合适的工作。于是他想起了大作家马克·吐温。年轻人给他写了一封信,希望能得到他的帮助。

马克·吐温接到信后,给年轻人回了信,信上说:"如果你能按照我的办法去做,你肯定能拥有一席之地。"马克·吐温还问年轻人,他希望到哪家报社工作。

年轻人看后十分高兴,马上回信告之。于是,马克·吐温又告诉他:"你可以先到这家报社,告诉他们你现在不需要薪水。只是想找到一份工作,打发你的无聊,你会在报社好好地干。一般情况下,报社不会拒绝一个不要薪水的求职人员。你在获得工作以后,就要努力去干。把采写到的新闻给他们看,然后发表出来。这样,你的名字和业绩就会慢慢被别人知道。如果你很出色,那么,社会上就会有人聘用你。然后你可以到主管那儿,对他说:'如果报社能够给我相同的报酬,那么,我愿意留在这里。'对于报社来说,他们是不会轻易放弃一个有经验又熟悉单位业务的工作人员的。"

年轻人听后,有些怀疑,但还是照着马克·吐温的办法去做了。不出几个月,他就接到了别家报社的聘任书。而这家报社知道后,愿意付高出别家很多的薪水来挽留他。

故事中的年轻人听从劝告选择了一条独特的求职道路。把求职作为一种提高自己才能、积蓄力量的手段,变被动为主动。作为行业新人,切记不要只盲目关心薪水,而是应该放眼长远,不断提升自身价值。

拓展5

晓莉是一所师范院校大四的学生。为了找到一份工作,晓莉奔波于各大中小学校应聘试讲。

那天她去了一所实验中学,学校声誉很不错,来应聘的人自然也不在少数,其中有不少重点大学的毕业生。也许他们都很看重这次机会,从着装和面貌中都能看得出来是经过精心准备的。那天正好是学校初中部开学的日子,老师都很忙,负责招聘的老师叫他们在办公室等。办公室很热闹,他们却管不了那么多,一个劲儿地在想一会试讲的时候应该怎样让学生和老师喜欢。终于负责人来叫他们去一个班试讲。空气中顿时弥漫着紧张的气氛。

到了那个班,发现老师还在给学生们发书,所以大家想还有时间容他们观察班上学生的情况,好为接下来的试讲做准备。晓莉看到老师忙得一脸汗水,就很本能地去帮她发书。当看到稚气未脱的初一新生拿到书后满足的神情和听到一声声的谢谢时,她很开心地笑了。

发完所有的书,她渐渐感觉手有点酸了。重新回到那个应聘的队伍,她发现其他人还在为试讲做准备。后来,他们的试讲果然很出彩,赢得孩子们的一片掌声,晓莉却很一般,虽然没有什么过失却也没有什么出彩的地方。晓莉听了他们绘声绘色的试讲后觉得没什么希望了。

但结果出人意料,毫不出众的晓莉被聘上了。所有的应聘者都觉得不可思议,就连晓莉自己也这么觉得。直到她迷惑不解地问那个老师,老师笑着说:"这是孩子们的选择。孩子们也会看人啊,只有你帮忙发书。所以当你把书发到学生们的手上时,他们看到了一个温暖的笑脸,教书要面对的可是一个个活生生的、有感情而且感情很单纯、很脆弱的孩子,我们需要的是一个有感情的老师,一个关心孩子的老师。虽然他们不懂这些,但他们给的答案就充分说明了这点。所以恭喜你赢得了孩子的好感。孩子们的眼睛是雪亮的啊。"

晓莉从来没有想过自己的一个小小的举动会给她带来职场的胜利,她真心感谢那些可爱的孩子,是他们给了她机会,她想以更大的热情回报他们。

【思考】
1. 通过阅读拓展1的故事,你认为官某为什么面试失败?
2. 通过阅读拓展2的故事,你对史蒂文斯的成功有什么感悟?
3. 通过阅读拓展3的故事,你对小王、小张、小刘的面试成功有什么感悟?
4. 通过阅读拓展4的故事,如果在面试中被问及薪资诉求,你该如何回答?
5. 通过阅读拓展5的故事,分析晓莉面试成功的原因。

任务三 求职礼仪训练

任务目标

1. 了解求职礼仪内容和养成良好礼仪习惯的方法;
2. 掌握面试礼仪的主要内容;
3. 掌握面试效果提升方法。

案例导入

这是全市最忙的一部电梯,上下班高峰时期,和公共汽车差不多,人挨着人。上电梯前和公司的人力资源总监相遇,说笑间,电梯来了,我们随人群一拥而进。每个人转转身子,做一小小的调整,找到了一种相对融洽的关系。这时,一只胳膊从人缝中穿过来,出现在我的鼻子前头。我扭头望去,一个小伙子隔着好几个人,伸手企图按电钮。他够得很辛苦,好几个人刚刚站踏实的身子不得不前挺后撅,发生了一阵小小的骚动。

那个人力资源总监问道:"你要去哪一层?""九层。"有人抬起一个手指头立刻帮他按好了。没有谢谢。

下午在楼道里又碰到那个人力资源总监。"还记得早上电梯里那个要去九层的小伙子吗?"她问我。

"记得呀,是来应聘的吧?"

"没错。挺好的小伙子,可我没要他。"

"为什么?"

"缺少合作精神。"她露出一副专业 HR 的神情,"开口请求正当的帮助对他来说是件困难的事情,得到帮助也不懂得感激。职场礼仪能够体现一个人的修养。这种人很难让别人与他合作。"

【点评】 这个故事给我们两层提示,一是面试有时并非全部在面试室里,从踏进用人单位起,甚至由于现代沟通手段的发展,在家里、在教室里,都有可能展开面试,具备好的道德修养、养成良好的习惯才是最重要的。二是培养情商和礼仪,如果那个小伙子坦然自信地说一句:"请按一下九层。"结果会怎么样呢?大家不但不会反感他的请求,帮他的人还会心生助人的快乐,最后他也可能得到他想要的工作。

当你得到别人的帮助时,也别忘了道一声谢。尊重他人,你将会获得尊重和快乐。千万别吝啬你的感谢或一个微笑。就像在我们的集体生活中,当我们得到同学们的帮助和有力的合作时,也别忘了道一声谢。

> **问题链接:良好的礼仪习惯在面试中有什么作用?**

养成良好的礼仪习惯,能在求职应聘中以良好的礼仪赢得工作机会。求职者以什么样的形象显现给面试官,关系到能否顺利踏入社会,找到一份合适满意的工作。毕业生在面试时应注重求职礼仪。

通过本章节的学习,求职者可充分了解职业礼仪的主要内容,平时能养成良好的礼仪习惯,面试前有意识地训练自己,面试中充分展示自己,面试后及时提升自己,使面试机会成为现实的工作机会。

一、求职仪态礼仪

职业礼仪是在人际交往中,以约定俗成的程序和方式来表现的律己敬人的过程,涉及穿着、交往、沟通、情商等内容。从个人修养的角度来看,礼仪可以说是一个人内在修养和素质的外在表现。从交际的角度来看,礼仪可以说是人际交往中适用的一种艺术,是人际交往中约定俗成的示人以尊重、友好的习惯做法。从传播的角度来看,礼仪可以说是在人际交往中进行相互沟通的技巧。求职礼仪表现在穿着打扮方面，应衣着整洁，大方得体。男生短发，女生长发要用发夹夹好，不能染鲜艳的颜色。表现在精神状态方面，应精神饱满，面带微笑。表现在卫生习惯方面，应养成良好的卫生习惯，不留过长的指甲，不当众掏耳挖鼻。表现在行为举止方面，应有良好的站姿和坐姿，避免一副漫不经心、拖拉的样子。表现在个人修养方面，比如讲话音量适当，如果考官发名片，拿取名片时要用双手去拿，拿到名片时可轻声念出对方的名字，以让对方确认无误。如果念错了，要记住说"对不起"。拿到名片后，可放置于自己的名片夹、衬衫的左侧口袋或西装的内侧口袋，最好不要放在裤子口袋。特别需要注意的是专场招聘会上，往往有许多面试者是同学或者是校友，大家相互认识，避免挤坐一起，大声喧哗，也避免有人多力量大的心理，就某些细枝末节问题集中向考官发难。

【微课】

面试时的礼仪

二、面试时礼仪

在求职面试时，礼仪是毕业生呈给招聘单位的"名片"，是一个人修养和道德的外在表现。因此，毕业生应把握面试的基本礼仪，给对方留下良好的"第一印象"。以下几点通用性原则可供同学们参考。

（一）掌握时间

参加面试特别要注意遵守时间，一般要提前到达，不要迟到，以表示求职的诚意，给对方以信任感。

（二）安静候试

大多数面试同时会有数位毕业生候试，再由接待人员视面试情况一一唱名引见，在引见之前，千万不可因等候时间长而急躁失礼，你的失礼也许稍后就会传到主试人的耳中。

（三）使用敬语

进入面试室应先轻轻敲门，等到室内传来回应声才能进入，切忌冒失进内。进入面试室要等对方说"请坐"之后，自己才能坐，并应说声"谢谢"，然后向面试人轻轻点头致意，等候询问的开始。

（四）坐姿端正

面试坐姿要端正，脚放在本人座位下，不可任意伸直，切忌跷二郎腿并不停抖动。两臂不要交叉在胸前，更不能把手放在邻座椅背下，不要给人一种轻浮傲慢、有失庄重的印象。

（五）态度热诚

面试态度要热诚，又要面带笑容，有问必答，切忌板起面孔，爱答不理。调查显示，面试成功者90%都有热诚的态度。

(六) 视线处理

面试时最好把目光集中在主试人的额头上,且眼神自然,以传达你对别人的诚意和尊重,切忌东张西望,给人一种三心二意的印象,更不能在主试人身上扫视、上下打量,以显得无礼。

(七) 发言有度

面试时将对方和自己的发言比率定为 6∶4 最好,切忌把面谈当作你或他唱独角戏的场所,更不能打断主试人的提问,以免给人以急躁随意、鲁莽的坏印象。

(八) 动作优雅

交谈时要姿态端正、自然、放松,切忌做一些捂嘴、歪脖、抠鼻孔、掏耳朵之类的小动作,以免引起考官的反感。

(九) 注重观察

毕业生参加面试要放亮眼睛、观察环境、见机行事。先要寻找周围环境中有什么地方需要你做点什么。虽然是一件不起眼的小事,但有时也会成为你面试成功的契机。因为,这有利于彼此情感的交流,并使气氛和谐,让对方接纳你、悦纳你。

(十) 善于收尾

面试结束时,毕业生应一面徐徐起立,一面以眼神正视对方,趁机作最后的表白,以突显自己的满腔热忱,并打好招呼。比如说:"谢谢您给我一个面试的机会,如果能有幸进入贵单位服务,我必定全力以赴。"然后欠身行礼,说声"再见",轻轻把门关上,退出面试室。

三、面试后礼仪和提升

【微课】

面试后礼仪和提升

(一) 回顾总结

1. 面试一结束,应该对自己在面试时遇到的难题进行回顾。重新考虑一下,如果他们再一次向你提问时,该如何更好地回答这些问题。

2. 一定记下面试时与你交谈的人的名字和职位。

3. 应该虚心地向招聘者请教你有哪些不足,以便今后改进。能得到这样的反馈不容易,你应该好好抓住时机。

(二) 事后致谢

1. 在面试后的一两天内你可以给某个具体负责人发一个信息,在短信里应该感谢他为你所花费的精力和时间,感谢他为你提供各种信息。

2. 如果一个星期内,或者依据他们做决策所需的一段合理时间内没有任何音讯,你可以给负责人打一个电话,问他:"是否已经做出决定了?"这个电话可以表示出你的兴趣和执着,还可以从他的口气中听出你是否有希望得到那份工作。

3. 如果觉察自己有希望中选,但是用人单位的最后决定尚未做出,那你过一段时间后再打一次电话催问。

4. 每次打电话后,你应该给对方发一个信息。内容应该包括:(1)重申你的优点;(2)你对应聘的职位仍然十分感兴趣;(3)你能为公司的发展做出贡献;(4)希望能早日听到公司的回音。

哪怕他们已经暗示你可能落选了,发一则短信说明你即使没有成功,也高兴有面试的机会。这样做不仅仅是出于礼貌,而且还能让招聘人在公司出现另一个职位空缺时心里想着你,创造出一个潜在的求职机会。

🔍 案例分析

北京林业大学的刘某毕业后在一家外企工作,这也是她应聘的第一份工作。和求职中屡屡受挫的同学相比,她几乎算一次成功。当别人向她讨教经验时,她说,细节决定成败的道理在找工作时也适用。

刘某应聘的第一家单位是外国一家保健品企业。那时,公司只招聘客服助理一人。为顺利进入面试,刘某开始做简历准备。她说,现在很多大学生从网上下载简历,没有新意,容易被企业冷落。为此,她写简历时,结合招聘职位沟通能力要强的特点,强调自己食品专业出身,性格开朗,尤其突出曾任校园就业指导服务中心助理团外联部部长、副主席职位等诸多细节,表明自己沟通能力强,适合客服岗位。

一周后,刘某和20多名应聘者一道顺利过关。复试时,刘某特意找件整洁的衣服穿上,穿衣问题虽是小节,却体现了对他人的尊重。她还特地提前半小时到达,守约不是大事,却能给人严谨的好印象。复试由总经理亲自主持,是一对一的交谈,刘某刚开始也很紧张,因为与其他前来应聘的同学比,她的优势并不特别突出。当主考官要求她介绍下自己有什么特点时,刘某冷静下来。她拿实例回答考官:大三下学期,一边准备六级英语和期末考试,每天还要抽两小时到社团工作,由于合理安排工作和学习时间,在完成工作的同时,英语六级考试也顺利通过。

在学校担任社团工作期间,她负责联系用人单位来学校举办讲座和招聘活动,这对没有任何关系的她是一种挑战。她经常从网上挑选、联系、邀请用人单位,在这个过程中,虽遭遇挫折,却在很大程度上锻炼了她较强的抗挫折能力。

面试完毕时,她把椅子轻轻搬回原位。这时,主持面试的总经理脸上产生了微妙的变化,并热情地说再见。

因为这个细节,她成为唯一被录用的应届毕业生。招聘经理后来告诉她,面试时,考官都会观察应聘者是否迟到。那天她不但没有迟到,还是应聘人员中唯一一把椅子搬回原位的应聘者。这个小小的举动决定了她最后的胜出。

【启示】"泰山不拒细壤,故能成其高;江海不择细流,故能就其深。"要想获得成功,应当事事从小处着手。而关注细节的人无疑也是能够捕捉创造力火花的人。一个不经意的细节,往往能够反映出一个人最深层次的修养。

实践拓展

拓展 1

北方某学院热门专业的应届毕业生李佳音(化名),接到国内一所大型企业研发部门系统工程师职位的面试通知,李佳音大学三年成绩优秀,并且在国内有影响的学术刊物上发表过论文,动手操作能力较强,很适合从事研发工作。尽管如此,由于竞争者众多,李佳音对面试并没有十足的把握。

公司人力资源部的两位主管先问李佳音是否了解本公司,然后就问李佳音身高多少、有无女朋友等与职位无关的问题,略显孤傲的李佳音,态度由尊敬转化为轻视,并且在神情中不自觉地流露出来。

随着面试过程的深入,李佳音逐渐放松下来,他习惯性地撸起袖管,嘎吱嘎吱地捏着手中的塑料水杯,双腿不停抖动,好几次碰响了桌子。两位考官似乎略有分工,人事主管问完后,由招聘专员单独与李佳音交流。

突然,那位人事主管暂时离场,李佳音认为主管对他失去了兴趣,心思有点乱了,好几次需要对方重复提问。轮到李佳音提问了,李佳音问了一些与系统工程师职位有关的问题,考官似乎不太了解,用略显厌烦的语气敷衍李佳音。

整个面试过程,李佳音一直低着头,回答问题时,才偶尔抬一下头。

李佳音又参加了商务英语笔试。李佳音没学过商务英语,看了 3 分钟以后,什么也没有写,便交了试卷,脸色阴沉沉的,也没有和考官道别。

考官对李佳音的面试的评价为:"有较强的专业研究能力和较大的发展潜力,面对压力心理素质较差,在人际交往方面有较大缺陷,对公司不够重视。"

拓展 2

一位知名企业的总经理想要招聘一名助理。这对于刚刚走出校门的青年们来说是一个非常好的机会,所以一时间应征者云集。经过严格的初选、复试、面试,总经理最终挑中了一个毫无经验的青年。

副总经理对于他的决定有些不理解,于是问他:"那个青年胜在哪里呢?他既没带一封介绍信,也没受任何人的推荐,而且毫无经验。"

总经理告诉他:"的确,他没带来介绍信,刚刚从大学毕业,一点经验也没有。但他有很多东西更可贵。他进来的时候在门口蹭掉了脚下带的土,进门后又随手关门,这说明他做事小心仔细。当看到那位身体上有些残疾的面试者时,他立即起身让座,表明他心地善良、体贴别人。进了办公室他先脱去帽子,回答我提出的问题时也是干脆果断,证明他既懂礼貌又有教养。"

总经理顿了顿,接着说:"面试之前,我在地板上扔了本书,其他所有人都从书上迈了过去,而这个青年却把它捡起来了,并放回桌子上;当我和他交谈时,我发现他衣着整洁,头发梳得整整齐齐,指甲修得干干净净。在我看来,这些细节就是最好的介绍信,这些修养是一个人最重要的品牌形象。"

拓展3

在一次招聘会上，北京某外企人事经理说，他们本想招一个有丰富工作经验的资深会计人员，结果却破例招了一位刚毕业的女大学生，让他们改变主意的起因只是一个小小的细节：这个学生当场拿出了两块钱。

人事经理说，当时，女大学生因为没有工作经验，在面试第一关即遭到了拒绝，但她并没有气馁，一再坚持。她对主考官说："请再给我一次机会，让我参加完笔试。"主考官拗不过她，就答应了她的请求。结果，她通过了笔试，由人事经理亲自复试。

人事经理对她颇有好感，因她的笔试成绩最好，不过，女孩的话让经理有些失望。她说自己没工作过，唯一的经验是在学校掌管过学生会财务。找一个没有工作经验的人做财务会计不是他们的预期，经理决定收兵："今天就到这里，如有消息我会打电话通知你。"女孩从座位上站起来，向经理点点头，从口袋里掏出两块钱双手递给经理："不管是否录取，请都给我打个电话。"

经理从未见过这种情况，问："你怎么知道我不给没有录用的人打电话？""您刚才说有消息就打，那言下之意就是没录取就不打了。"

经理对这个女孩产生了浓厚的兴趣，问："如果你没被录取，我打电话，你想知道些什么呢？""请告诉我，在什么地方我不能达到你们的要求，在哪方面不够好，我好改进。""那两块钱……"女孩微笑道："给没有被录用的人打电话不属于公司的正常开支，所以应该由我付电话费，请您一定打。"经理也笑了，"请你把两块钱收回，我不会打电话了，我现在就通知你：你被录用了。"

记者问："仅凭两块钱就招了一个没有经验的人，是不是太感情用事了？"经理说："不是。这些面试细节反映了她作为财务人员具有良好的素质和人品，人品和素质有时比资历和经验更为重要。

第一，一开始她就被拒绝了，却一再争取，说明她有坚毅的品格。财务是十分繁杂的工作，没有足够的耐心和毅力是不可能做好的；

第二，她能坦言自己没有工作经验，显示了一种诚信，这对搞财务工作尤为重要；

第三，即使不被录取，也希望能得到别人的评价，说明她有直面失败的勇气，想把每项工作都做得很完美，我们接受失误，却不能接受员工自满不前；

第四，女孩自掏电话费，反映出她公私分明的良好品德，这更是财务工作不可或缺的。"

拓展4

北京有一家外资企业招工，对学历、外语、身高、相貌的要求都很高，但薪酬挺高，所以有很多高素养人才都来应聘。这批年轻人，过五关斩六将，到了最后一关：总经理面试。这些年轻人想：这很简单，只不过是走走过场罢了，肯定十拿九稳了。

没想到，这一面试就出问题了。一见面，总经理说："很抱歉，年轻人，我有点急事，要出去10分钟，你们能不能等我？"年轻人说："没问题，您去吧，我们等您。"老板走了，年轻人一个个踌躇满志，得意非凡，闲不着，围着老板的大写字台看，只见上面文件一摞，信一摞，资料一摞。年轻人你看这一摞，我看这一摞，看完了还交换："哎哟，这个好看。"

10分钟后，总经理回来了，说："面试已经结束。""没有啊？我们还在等您啊。"老板说："我不在的这一段时间，你们的表现就是面试。很遗憾，你们没有一个人被录用。本公司从来不录用那些乱翻别人东西的人。"

趁别人不在乱翻别人的东西，是非常不礼貌的行为，这更是职场当中的禁忌。这些年轻人应聘时都不能够遵守基本的礼仪，展现出不良的行为习惯，当然不可能得到面试官的肯定。良好的行为习惯和礼仪是需要长时间养成的，在校大学生应该从入学开始，就纠正自身行为习惯，以应对毕业后进入职场。

拓展 5

26 岁的安娜去年研究生毕业，开始了自己的求职道路。安娜出生在太原一个知识分子家庭，人漂亮，性格开朗，学历又高，根据常理，找到一份不错的工作，应该不是难事。

可是，一年过去了，面试的几家公司都没有录用她，安娜的父母、朋友觉得有些想不通。

安娜最近一次求职，是去省城一家高档购物中心面试楼层主管，当时主考官问她对时尚的理解，安娜回答："你们莫非没有看到吗？在眼前的我就是时尚。作为一个 90 后的代表，我从头到脚的着装就代表着一种时尚。像你们每日在这座大厦里的人，看到我的气质就应该一下子拍板，认定我就是最适合在这里工作的时尚达人，怎么还会问我对时尚的理解呢？"

据安娜说，当时其他面试者有许多问题，还有许多现场演示，但她自己都不明白，自己为什么只回答了一个问题以后，就被请出去了。

事后，经过了解，曾经面试安娜的主考官说出了事情的原委："姑娘漂亮、洋气，学历又高，说实话，当时看她简历的时候，我们人事部几个人都相当看好。可见了人以后，才发现说话实在太冲，过于自信有时候就是自负。首先，她对面试的前辈们没有礼貌，一些该有的礼节问候都没有。再有，也不应该锋芒毕露，低调谦虚才是一个职场新人让大家喜欢且容易接受的品质。"

安娜终于明白了自己失败的原因是什么——自身条件是不错，可就是太高调，太傲慢，也不太懂得去和比自己资格深的前辈们融洽相处。回忆起当时应聘的场景，她说："可能从小优越惯了，觉得眼里的一切都应该是自己能驾驭的，却忽视了自己是一个新人，自己是来求职的。以后，再有面试的机会，一定不能错过了。"

现在很多企业招人不仅是看个人才华了，素养也是很重要的。所以，求职者要留意提升自己的素养，切勿忘记礼仪。

【思考】

1. 讨论拓展 1 中李佳音求职应聘失败的主要原因。他在哪些方面需要改进？
2. 通过阅读拓展 2 的故事，你对青年的面试成功有什么感悟？
3. 通过阅读拓展 3 的故事，分析女大学生应聘成功的因素有哪些。
4. 分析拓展 4 中年轻人失败的原因。
5. 拓展 5 中安娜的做法是错误的，从面试礼仪角度出发你认为她应当如何改正？

实践拓展

语言沟通内容的 10 种致命过失

1. 语言沟通内容的 10 种致命过失:评价、说教、扮演或者标榜为心理学家、讽刺挖苦、命令、仓促行事、威胁、多余的劝告、模棱两可和转移话题。

2. 在这些过失中,你最常犯的是哪些? 谈谈你的看法。

_____

_____

电话求职体验

1. 重点要体验内容:(1) 打电话前的准备;(2) 打电话的语气语速;(3) 言语的组织;(4) 如何对待拒绝;(5) 进一步的措施。下面我们设定一个情境。

2. 活动过程:

(1) 选派代表。推荐 2 名代表,分别扮演求职者和人力资源部经理。

(2) 情境设定。要求代表自行设定情境,包括:时间、地点、个人情况、用人单位状况、应聘岗位。扮演者在模拟前,要向全体同学说明情境,并说明打电话前的准备情况。

(3) 记录。教师除指定记录员记录外,同时要求全体学生记录。记录的要点主要是模拟过程中求职者存在的要点与不足。

_____

_____

求职短信

编写两条短信,其中一条为投递简历后,争取面试机会,另一条为跟进面试结果。

1. _____

2. _____

项目七　保障合法权益,防范就业陷阱

项目导读

　　求职就业的过程中,几乎每一步都与我们的权益紧密相关。由于不了解相关的法律常识,不知道如何保护自己的就业权益,在求职过程中走弯路,甚至合法权益受到侵害,给自己的求职就业和职业发展带来麻烦的情况并不少见。

　　本项目重点介绍求职就业过程中与我们关系最为密切的就业权益保护法律知识,包括就业协议书和劳动合同的签订、高校毕业生的就业权益与义务、就业陷阱及应对方法、劳动争议的处理等。了解有关的法律规定,树立依法维权意识,掌握维护自身就业权益的途径和方法,能有效降低求职风险,保护自己的合法权益。

知识目标

　　1. 了解高校毕业生的就业权益,熟悉就业协议书和劳动合同的签订流程、就业陷阱及其应对方法,掌握求职就业相关的基本法律知识;

　　2. 掌握解决劳动纠纷的方式,避免在求职过程中上当受骗;

　　3. 了解就业陷阱,认识就业陷阱的表现形态。

能力目标

　　1. 掌握在求职就业的过程中,高校毕业生依法享有的权利和应履行的义务;

　　2. 掌握在求职就业的过程中,当自身的合法权益被侵害时,高校毕业生依法维权的方法及途径;

　　3. 掌握防范就业陷阱的方法。

价值目标

　　1. 树立法治观念,自觉将其作为自身成长和未来发展的基石,养成就业权利义务观念、自由平等观念、公平正义观念等;

2. 在求职就业过程中增强法律意识,维护自身合法权益。

注意事项

1. 本项目需要结合典型案例进行分析,引导学生收集在学习实践中的问题,开展讨论式、探究式学习任务;

2. 引导学生在实习就业过程中,掌握科学有效的方法,树立科学合理的就业观和择业观。同时,要避免求职陷阱,为走向社会、实现高质量就业做好充足准备。

任务一　就业协议书与劳动合同

任务目标

1. 正确使用就业协议书;
2. 正确对待劳动合同;
3. 掌握就业协议书与劳动合同的约定范畴及注意事项。

案例导入

就业协议书能否代替劳动合同?

某高职院校汽车检测与维修专业的毕业生黄某在学校举办的校园人才招聘会上与一家汽车维修企业达成了意向性协议。由于对该企业的工作待遇和条件都很满意,黄某与该企业签订了就业协议书,约定7月到该企业正式报到入职。但正式上岗后,企业迟迟没有与黄某签订劳动合同,黄某委婉地提出要签劳动合同的意见后,人事部经理告诉他,有了就业协议书,就用不着再签劳动合同了。黄某有点纳闷:难道就业协议书可以代替劳动合同吗?

【启示】 毕业生与用人单位签订的就业协议书及报到后签订的劳动合同是高校毕业生就业过程中最重要的两个法律文件。就业协议书是高校毕业生和用人单位关于将来就业意向的初步约定,劳动合同则是高校毕业生与用人单位明确劳动关系中权利义务关系的协议。因此,掌握有关就业协议书与劳动合同的知识,有助于高校毕业生运用法律武器维护自己的权利,同时也能避免就业过程中的违约现象。

一、就业协议书

就业协议书又称"三方协议",是为明确高校毕业生、用人单位、高校毕业生所在学校三方在毕业生就业工作中的权利和义务,经协商一致签订的协议书。该协议书是毕业生与用人单位建立就业关系的正式凭证,在毕业生就业过程中发挥着重要的作用。在毕业生离校前,学校将根据就业协议书的内容转递档案。就业协议书实行编号管理,每名毕业生都拥有编号唯一的就业协议书(一式三份)。

📢 实践拓展

就业协议书的约束作用

毕业生许某在5月中旬顺利地与北京一家研究院签订了就业协议书。可是没过几天,该研究院突然要求和许某解除就业协议,原因是该研究院没有为许某申请到留京的指标。许某没有灰心,而是在了解就业协议书的相关规定后,与学校和研究院进行了积极的沟通。最终,根据就业协议书的要求,该研究院又帮助他申请到了一个留京指标。7月,许某顺利入职了。

(一)签订程序

【微课】

就业协议书的签订

1. 毕业生与用人单位双向选择、洽谈。毕业生要全面了解用人单位基本情况,以及接收毕业生的基本条件和要求,如实向用人单位介绍自己。

2. 双方经充分协商达成一致意见后,毕业生认真、如实填写就业协议书,并交由单位签字、盖章。如有其他约定,以文字方式在协议"备注"栏注明。用人单位应在协议书上注明可以接收毕业生档案的单位名称和地址、接收人姓名、联系电话。

3. 协议书经用人单位盖章后,如需报用人单位上级主管部门批准,需加盖相应用人单位主管部门或人事代理机构公章,部分地区需另附接收函(批)件。

4. 毕业生将就业协议书原件交回辅导员,二级学院审查后签署意见,加盖学院公章。

5. 学校招生就业办公室汇总就业协议书,审查合格后,加盖学校就业管理部门公章。签订完毕的就业协议书交用人单位一份,毕业生留存一份,学校就业管理部门留存一份。

➤ 问题链接:填写就业协议书时应注意哪些细节?

(1)学校、专业名称为全称,应与正式登记的学校、专业名称完全一致,不得简写、误写。

(2)用人单位名称应与单位公章上一致,不得简写、误写或写别名。档案接收详细信息包括单位名称、详细地址、接收人及联系电话等。某些单位没有人事档案保管权,应填写委托保管档案的单位,如人才服务机构的详细信息。

(3)双方协商达成的条款,如服务期、见习期等内容,必须明确填写;各项福利、违约金等必须注明;双方如就有关事项协商达成附加条款,也需写明。

为优化高校毕业生的求职就业服务流程，方便用人单位与毕业生网上签约，教育部已开通全国高校毕业生毕业去向登记与网上签约平台，有的省（区、市）也开启了就业网签新模式。用人单位可在平台上与开通网上签约功能高校的毕业生实现网上签约，无须重复注册和提交核验信息，减少沟通成本。签约流程全都在线上完成，减少邮寄、盖章等环节，可有效缩短办理时间。电子就业协议书与纸质就业协议书具有相同的法律效力。

（二）注意事项

就业协议书涉及毕业生的切身利益。为了切实维护自己在就业过程中的合法利益，我们在就业签约时应注意以下几个问题。

1. 在签订就业协议书时，毕业生应认真阅读填写说明，注意本人情况应当符合就业政策，并遵守有关的程序规定。否则，将导致就业协议书无效。

2. 毕业生必须如实地向用人单位介绍自己的情况，不得弄虚作假。

3. 毕业生、用人单位和学校都应严格履行协议。若有一方提出变更协议，须征得另两方同意。否则，将由违约方承担违约责任。

4. 如用人单位对毕业生的身体条件有特殊要求，原则上应在签订就业协议书前进行单独体检，否则，以学校体检结果为准。

5. 就业协议书应由学校最后把关。一般情况下，毕业生与用人单位先签订就业协议书，然后再交学校就业工作部门鉴证。

6. 每名毕业生只能签订一份就业协议书，复印的就业协议书无效。

7. 毕业生可与用人单位在就业协议书中约定解除条件，若满足约定条件，可依约解除协议而无须承担违约责任，避免产生经济损失或争议。

拓展阅读

就业协议书不能取代劳动合同

就业协议书的作用仅限于约定高校毕业生就业过程中的事项，毕业生与用人单位双方的关系为平等主体之间的民事合同关系，双方发生纠纷时应直接诉至法院，法院处理的依据是《中华人民共和国民法典》（以下简称《民法典》）及相关法律规定，不适用《中华人民共和国劳动法》（以下简称《劳动法》）的规定。已经签订过就业协议书的毕业生在正式报到时，应与用人单位按有关法律法规的规定及就业协议书的约定条款及时订立劳动合同，并办理录用手续。一旦劳动合同签订并生效，就业协议书的效力也就相应终止。就业协议书中的有关条款，包括合同期、试用期、福利待遇、违约金等符合《劳动法》的内容，应当作为签订劳动合同时的依据。

劳动合同是劳动者和用人单位间确立劳动关系的依据。劳动合同的签订即意味着劳动关系的建立，如发生纠纷，则应先诉至劳动仲裁机构，劳动仲裁机构及法院处理的依据是《劳动法》及《中华人民共和国劳动合同法》（以下简称《劳动合同法》）。

就业协议书具有劳动合同的部分特征，但不等同于劳动合同。就业协议书是简单的格式文本，工作条件等劳动合同的必备条款并未在其中直接体现。因此，单凭就业协议书，毕业生就业后的劳动权利无法得到全面、具体的保障。

从法律角度看,虽然就业协议书与劳动合同两者一经签订都具备法律效力,无论是毕业生还是用人单位都应当履行约定,但毕竟签订就业协议书仅仅是毕业生与用人单位双方确立劳动关系的前提。从内容上看,就业协议书的条款大多是框架性内容,有关劳动权利和义务的具体内容还有待双方在劳动合同中详细约定。因此,如果毕业生在报到后始终未能与用人单位签订劳动合同,双方一旦产生纠纷,由于举证不能等方面的原因,即使毕业生主张权利,法律也很难保护其合法权益不受侵害。

根据《劳动合同法》的有关规定,劳动合同是劳动者与用人单位确立劳动关系、明确双方权利和义务的协议,应当以书面形式订立。在应当订立劳动合同的情况下,如果用人单位以种种借口为由不与毕业生订立劳动合同,毕业生完全可以拿起法律武器维护自身的合法权益。

录取通知书

录取通知书俗称Offer,是用人单位向被录用者发出的工作邀请函,其中说明了毕业生的上班时间、薪水和福利等情况,一般是在毕业生通过用人单位面试、用人单位决定录用毕业生后发出的,要求毕业生在上面签字,毕业生签字即表明接纳对方的录用意向,愿意到用人单位工作。这种文件在外企中比较常见。

Offer体现了毕业生和用人单位达成的录用意向,并不涉及学校。在一些大城市,如果毕业生与用人单位之间只有Offer,而没有签订就业协议书,则会导致用人单位无法帮助毕业生落户或接收其档案。因此,对于毕业生而言,除了与用人单位签署Offer,还应与其签订就业协议书,以更好地维护自己的合法权益。

(三) 就业协议的解除

1. 单方解除

单方解除包括单方擅自解除和单方依法或依协议解除。

单方擅自解除协议属违约行为,违约方应依约承担违约责任。就业协议书一经三方签署即具有法律效力,任何一方不得擅自解除约定,否则会给其他方造成一定的损害。通常,引起就业协议争议的主体是毕业生和用人单位。

(1) 毕业生违约。用人单位往往为招聘毕业生做了大量的工作,花费了一定的人力、物力和财力,有的对毕业生将要从事的具体工作也已有所安排,一旦毕业生因某种原因违反就业协议,在规定的报到时间内不到用人单位上班,会在工作安排等方面给用人单位造成极大的不便。因此,在实际招聘工作中,毕业生一旦违反就业协议就必须承担违约责任,在征得用人单位同意后才可与其他用人单位重新签约。毕业生违约时,必须与原签约单位办理解约手续(收到原签约单位的书面退函),再将原就业协议书交还学校招生就业工作部门,换取新的就业协议书。

拓展阅读

毕业生违约的不良后果

毕业生违约，除本人应承担违约责任外，往往还会造成其他不良后果。

对用人单位而言，一旦毕业生因某种原因违约，势必使用人单位产生岗位空缺。用人单位若重新招聘，不仅会浪费时间，而且会浪费人力、物力和财力，从而给用人单位的工作造成不利影响。

对学校而言，用人单位往往会将毕业生的违约行为归咎于学校，从而影响学校和用人单位的长期合作关系。一旦某学校的毕业生违约给用人单位造成损失，则该单位在几年之内都不愿再到该学校来招聘毕业生，这会影响学校声誉，也会影响今后学校的毕业生就业工作。同时，毕业生的违约也会影响到学校就业计划方案的制订和上报。

对其他毕业生而言，用人单位一旦与某毕业生签订就业协议书，就不能再录用其他毕业生。日后该毕业生违约，当初希望到该用人单位工作的其他毕业生由于录用时间等原因也无法补缺，会造成就业信息的浪费，影响其他毕业生的正常就业。

（2）用人单位违约。对于在就业过程中处于弱势地位的高校毕业生来说，遭遇用人单位违约，擅自解除就业协议时损失更大。高校毕业生往往会因此而错失就业机会，严重影响顺利就业。面对用人单位的违约行为，我们要及时调整心态，在积极寻找别的工作机会的同时，敢于拿起法律武器，维护自己的正当权益，追究用人单位的违约责任。对于协商、调解不成的，我们可以直接向人民法院起诉，由人民法院依法裁决。

单方依法或依协议解除是指一方解除就业协议有法律上或协议上的依据，如毕业生未取得毕业资格，用人单位有权单方解除就业协议；毕业生考取研究生后，用人单位依协议规定可解除就业协议。在此类情况下，解约方无须承担违约责任。

2. 三方解除

三方解除是指毕业生、用人单位、学校三方经协商一致，取消原签订的协议，使就业协议不产生法律效力。三方均不承担违约责任。

课堂活动

了解解除就业协议的相关法律责任

马某是某高职院校电子科学与技术专业的毕业生。2023 年 6 月，马某与某电子科技公司签订了就业协议书，但就在他报到的前一周，又有另外一家公司给马某打来了录用电话，马某觉得这家公司的岗位胜过电子科技公司的岗位，于是向电子科技公司提出了解除就业协议的申请。单位虽然答应了他的要求，却以马某违约为由，要求其根据当初双方在就业协议书中的约定交纳 8 000 元违约金。马某认为自己还未正式上班，没有签订劳动合同，电子科技公司管不着自己，无权要求自己交纳违约金。

（1）全班同学自由分组，每组 4～6 人。每组推选组长一名。

（2）同一小组的同学围坐在一起，以小组为单位，在组长的带领下分析案例，讨论马某的说法是否正确,理由是什么。

（3）各小组分别派出一名代表向全班同学分享讨论结果。

（4）教师对各小组的讨论结果进行总结,并逐一分析其正误。

二、劳动合同

劳动合同是劳动者同用人单位确立劳动关系,明确双方权利和义务的协议。根据协议,劳动者加入用人单位,承担工作任务,遵守单位内部的规章制度,用人单位根据法律法规和双方的协议提供劳动条件,支付劳动报酬,并保证劳动者享受作为本单位成员应享受的各种权利和福利待遇。

（一）劳动合同的特征

劳动合同作为合同的一种,除具有合同的一般特征外,还具有其特有的法律特征。

1. 签订劳动合同是建立劳动关系的法律形式。劳动合同以合同形式确立了劳动者与用人单位的权利、义务。

2. 劳动合同的主体具有特定性,一方是劳动者,另一方是用人单位。劳动者和用人单位都必须具备作为劳动合同主体的法定条件,不具有法定资格、不具有用工权的组织和个人都不能签订劳动合同。

3. 劳动合同主体之间具有行政隶属关系,劳动者必须依法服从用人单位的行政管理。劳动合同订立后,劳动者成为用人单位的一员,用人单位有权指派劳动者完成劳动合同规定的、劳动者责任范围内的任何任务。确立主体之间的行政隶属关系是劳动合同区别于其他合同的重要特点之一。

4. 劳动合同双方当事人的权利和义务是统一的,即双方当事人都既是劳动权利主体,又是劳动义务主体。根据劳动合同,劳动者有义务完成工作任务,遵守本单位内部的劳动规则,用人单位有义务按照劳动者劳动的数量和质量支付劳动报酬;劳动者有权享有法律法规及劳动合同规定的劳动保险和福利待遇,用人单位有权依法对劳动者进行管理,并依法享有劳动者提供的劳动成果。

5. 劳动合同的订立、变更、终止和解除,须按照国家劳动法律法规的规定进行。

（二）劳动合同的种类

按照合同期限的不同,劳动合同可分为三种。

1. 固定期限劳动合同

固定期限劳动合同是指用人单位与劳动者约定了合同终止时间的劳动合同。双方当事人在劳动合同中明确规定了合同效力的起始和终止时间。劳动合同期限届满,劳动关系即告终止。如果双方协商一致,还可以续订劳动合同,延长期限。

劳动合同的期限可以是较短时间,如一年、三年,也可以是较长时间,如五年、十年,甚至更长时间。不管时间长短，劳动合同的起始和终止日期都是固定的，具体期限由双方当事人根据工作需要和实际情况确定。

2. 无固定期限劳动合同

无固定期限劳动合同是指用人单位与劳动者约定无确定终止时间的劳动合同。这种劳动合同没有确切的终止时间，劳动合同的期限不确定。

无确定终止时间并不是没有终止时间。只要没有出现法律规定的情形或者双方约定的条件，双方当事人就要继续履行劳动合同规定的义务。一旦出现了法律规定的情形或者双方约定的条件，无固定期限劳动合同同样能够解除。

由于缺乏对无固定期限劳动合同的正确认识，不少人认为无固定期限劳动合同一经签订就不能解除。因此，很多劳动者把无固定期限劳动合同视为"护身符"，千方百计要与用人单位签订无固定期限劳动合同，用人单位则将无固定期限劳动合同看成"终身包袱"，想方设法避免与劳动者签订无固定期限劳动合同。其实，与固定期限劳动合同相比，无固定期限劳动合同并没有什么特殊之处，只是没有约定确切的终止时间。无固定期限劳动合同是长期合同还是短期合同取决于合同的履行情况，并不能一概而论。《劳动合同法》规定，只要劳动者提前三十日以书面形式通知用人单位，就可以解除劳动合同，且不用负违约责任。

3. 单项劳动合同

单项劳动合同也叫以完成一定工作任务为期限的劳动合同。这种合同以用人单位与劳动者约定的某项工作的完成为合同期限。《劳动合同法》第十五条规定，用人单位与劳动者协商一致，可以订立以完成一定工作任务为期限的劳动合同。

（三）劳动合同内容

劳动合同的内容即劳动合同条款，是指双方当事人在合同中约定的关于各自的权利义务和其他问题的条款。劳动合同条款分为两部分：一部分是劳动合同必备条款，另一部分是劳动合同补充条款。

1. 劳动合同必备条款

劳动合同必备条款是指法律规定劳动合同必须具备的内容。《劳动合同法》规定，劳动合同应当具备以下条款：用人单位的名称、住所和法定代表人或者主要负责人，劳动者的姓名、住址和居民身份证或者其他有效身份证件号码，劳动合同期限，工作内容和工作地点，工作时间和休息休假，劳动报酬，社会保险，劳动保护，劳动条件和职业危害防护，法律、法规规定应当纳入劳动合同的其他事项。

（1）工作内容和工作地点。工作内容即工作岗位职责或工作任务，它体现了用人单位雇用劳动者的目的，也是劳动者通过自己的劳动取得劳动报酬的缘由。工作内容应当明确、具体，便于遵照执行。工作地点是指劳动者从事劳动合同中所规定的工作内容的地点，它关系到劳动者的工作环境、生活环境及就业选择。

（2）劳动报酬。劳动报酬是劳动者从事生产活动后，用人单位以工资、福利及其他各种形式从成本、费用或利润中支付给劳动者个人的工资性的报酬。劳动报酬是满足劳动者及其家庭成员物质文化生活需要的资源的主要来源,也是劳动者付出劳动后得到的回报。因此,劳动报酬条款是劳动合同中必不可少的内容。劳动合同中有关劳动报酬条款的约定,必须符合当地有关最低工资标准的规定。

(3) 劳动保护、劳动条件和职业危害防护。这是指用人单位为了保障劳动者的生命安全和身体健康而采取的各项安全措施,如配发劳动防护用品,保持工作场所通风、隔热等。在劳动生产过程中,如果不采取预防措施,则有可能发生各种工伤事故,危及劳动者的生命安全。

拓展阅读

劳动报酬条款主要包含以下内容:① 工资分配制度、工资标准和工资分配形式;② 工资支付办法;③ 加班、加点工资,津贴、补贴标准和奖金分配办法;④ 工资调整办法;⑤ 试用期及病、事假期间的工资待遇;⑥ 特殊情况下的工资(生活费)支付办法;⑦ 其他劳动报酬分配办法。

2. 劳动合同补充条款

根据《劳动法》的有关规定,除劳动合同必备条款外,用人单位与劳动者还可以约定试用期、培训、保守秘密等其他事项。对于这些事项,法律不做强制性规定,由当事人根据意愿选择是否在合同中约定,劳动合同缺少这种条款不影响其效力。因此,这种条款为补充条款。

(1) 试用期条款。试用期是指用人单位对新招收劳动者的思想品德、劳动态度、实际工作能力、身体情况等进行进一步考察的时间期限。《劳动合同法》规定,在劳动合同中可以约定试用期,但最长不得超过六个月。在劳动合同中约定试用期,一方面可以维护用人单位的利益,为每个工作岗位找到合适的劳动者,在试用期内用人单位可考察劳动者是否适合工作岗位、是否与录用要求相一致,避免用人单位遭受损失;另一方面可以维护新招收劳动者的利益,使劳动者有时间考察、了解用人单位的工作内容、劳动条件、劳动报酬等是否符合劳动合同的规定。在劳动合同中规定试用期是劳动合同双方当事人的权利,也为劳动合同其他条款的履行提供了保障。

(2) 培训条款。这里所说的培训专指用人单位提供专项培训费用,对劳动者进行的专业技术培训,包括专业知识培训和职业技能培训。用人单位与劳动者订立培训条款有严格的条件限制。《劳动合同法》第二十二条规定:用人单位为劳动者提供专项培训费用,对其进行专业技术培训的,可以与该劳动者订立协议,约定服务期;劳动者违反服务期约定的,应当按照约定向用人单位支付违约金,违约金的数额不得超过用人单位提供的培训费用,用人单位要求劳动者支付的违约金不得超过服务期尚未履行部分所应分摊的培训费用;用人单位与劳动者约定服务期的,不影响按照正常的工资调整机制提高劳动者在服务期期间的劳动报酬。

(3) 保密与竞业限制条款。《劳动合同法》规定,当事人可以在劳动合同中约定保守用人单位商业秘密的有关事项,即保密条款。劳动者违反约定的保密条款,给用人单位造成经济损失的，应当依法承担赔偿责任。对负有保密义务的劳动者，用人单位可以在劳动合同中与之约定竞业限制条款，并约定在解除或者终止劳动合同后，在竞业限制期限内按月给予劳动者经济补偿。劳动者违反竞业限制约定的，应当按照约定向用人单位支付违约金。

（4）职业病防护条款。《中华人民共和国职业病防治法》规定：用人单位与劳动者订立劳动合同时，应当将工作过程中可能产生的职业病危害及后果、职业病防护措施和待遇等如实告知劳动者，并在劳动合同中写明，不得隐瞒或者欺骗劳动者。

（四）劳动合同终止的条件

劳动合同终止是指终止劳动合同的法律效力。从狭义上讲，劳动合同的终止是指劳动合同的双方当事人都已经完全履行合同所规定的权利和义务，且双方当事人均未提出继续保持劳动关系的法律行为。广义的劳动合同终止包括劳动合同的解除。

劳动合同终止的情形有以下几种：① 合同期满终止；② 双方约定终止；③ 职工退休、退职或死亡；④ 职工入伍或出国；⑤ 用人单位破产、解散或撤销等。

（五）违反劳动合同的责任

按照法律法规的规定，劳动合同当事人中的一方存在过错而导致劳动合同不能履行的，过错方应承担相应责任。相应责任主要包括两种：用人单位违反劳动合同的责任和劳动者违反劳动合同的责任。

1. 用人单位违反劳动合同的责任

用人单位违反劳动合同的责任即用人单位违反法律法规的规定或劳动合同的约定，并给劳动者造成一定的经济损失时所应承担的履行给付、赔偿损失等的法律责任。

用人单位有下列情形之一，对劳动者造成损害的，应当补偿劳动者的损失：

（1）用人单位故意拖延不订立劳动合同，即招用劳动者后故意不按规定订立劳动合同，以及劳动合同到期后故意不及时续订劳动合同；

（2）由于用人单位的原因，双方订立无效或部分无效劳动合同；

（3）用人单位违反规定或劳动合同的约定，侵害女性劳动者或未成年劳动者的合法权益；

（4）用人单位违反规定或约定解除劳动合同。

2. 劳动者违反劳动合同的责任

劳动者违反劳动合同的责任即劳动者违反劳动法律法规的规定或劳动合同的约定，给用人单位造成损失时所应承担的责任。

劳动者违反规定或劳动合同的约定解除劳动合同，给用人单位造成损失的，劳动者应当赔偿用人单位下列损失：① 用人单位招收录用劳动者所产生的费用；② 用人单位为劳动者支付的培训费，双方另有约定的按约定处理；③ 用人单位在生产经营和工作方面产生的直接经济损失；④ 劳动合同约定的其他费用。

（六）签订劳动合同的注意事项

1. 在签订劳动合同之前，应当检查：用人单位的信息，察看其是否曾在市场监督管理部门登记及注册的有效期限，看其是否依法成立，是否依法支付工资、为员工参加社会保险并提供劳动保护条件，能否独立承担相应的民事责任；劳动合同的内容（权利与义务）是否符合法律法规和劳动政策的规定；劳动合同是否采用书面形式予以确认，是否一式两份，双方各执一份，防止所签订的劳动合同是无效合同。

2. 签订劳动合同前，应仔细阅读岗位的工作说明书，了解岗位责任制度、劳动纪律、工资支付规定、绩效考核制度、劳动合同管理细则和有关规章制度。不管用人单位是否将这些文件作为劳动合同的附件，它们都涉及求职者多方面的权益。

3. 在与用人单位签订劳动合同时，要警惕用人单位强迫投资、入股，收取抵押金、抵押物或者其他财物的情况，更不能同意以抵押毕业证等证件作为签订劳动合同的前提条件。

4. 劳动合同范本多由用人单位提供，因此，毕业生有权利要求用人单位对合同内容进行解释说明，关于权利、义务的叙述要做到准确、完整、明白、易懂，防止在劳动合同执行过程中产生误解或曲解，产生争议，给自己带来损失，也为合同争议的处理带来困难。当劳动合同涉及数字时，应当使用大写汉字。应对合同文本进行仔细推敲，发现存在模糊表述或有异议的词汇时要及时更正。

5. 审查劳动合同的内容是否完备。签订合同时应将合同内容与相关的具体规定对照。对于试用期、培训、保险、福利等内容，可要求在劳动合同中写明。

6.《劳动合同法》规定，劳动合同中可以约定试用期。"可以"二字表明，劳动合同中，试用期不是必备条款，而是协商条款，是否约定试用期由劳动者和用人单位协商确定。如果双方约定试用期，就必须遵守有关规定。

7.《劳动合同法》关于劳动合同的签订有如下规定。① 用人单位自用工之日起超过1个月但不满1年未与劳动者订立书面劳动合同的，应当向劳动者每月支付2倍工资。② 用人单位自用工之日起满1年未与劳动者订立书面劳动合同的，视为用人单位与劳动者已订立无固定期限劳动合同。一旦订立无固定期限的劳动合同，如果没有发生法律规定的可以解除劳动合同的情形，用人单位就无法辞退劳动者，否则，就要支付2倍的经济补偿金。

8. 用人单位未与劳动者签订劳动合同，如劳动者有如下可参照的凭证，仍可认定双方之间存在劳动关系：① 工资支付凭证或记录（工资发放花名册）、缴纳各项社会保险费的记录；② 用人单位向劳动者发放的工作证、服务证等能够证明身份的证件；③ 劳动者填写的用人单位招工招聘登记表、报名表等招用记录；④ 考勤记录；⑤ 其他劳动者的证言；等等。用人单位终止事实劳动关系也需要支付经济补偿金。

9.《劳动合同法》规定，用人单位有权了解劳动者与劳动合同直接相关的基本情况，劳动者应当如实说明。这句话背后的含义是不属于与劳动合同直接相关的基本情况的，用人单位都无权过问，劳动者也有权拒绝回答。

10. 用人单位录用女职工时，不得在劳动合同中规定限制女职工结婚、生育的内容。

11.《劳动合同法》规定，用人单位招用劳动者，不得扣押劳动者的居民身份证和其他证件，不得要求劳动者提供担保或者以其他名义向劳动者收取财物。用人单位违反规定，扣押劳动者居民身份证等证件的，由劳动行政部门责令限期退还劳动者本人，并依照有关法律规定给予处罚。

12.《劳动合同法》明确规定，只有在以下两种情形下可以在劳动合同中约定违约金。① 为培训服务期约定违约金。用人单位为劳动者提供专项培训，对其进行专业技术培训的，可以与该劳动者订立协议，约定服务期。如果劳动者违反服务期约定，应当按照约定向用人单位支付违约金，但违约金数额不得超过用人单位提供的培训费用。② 为竞业限制约定违约金。用人单位与劳动者可以在劳动合同中约定与用人单位的商业秘密和知识产权相关的保密事项。对负有保守商业秘密和知识产权义务的高级管理人员、高级技术人员和其他负有保密义务的人员，可以约定竞业限制，如劳动者违反竞业限制的约定，应当支付违约金。除以上两种情况外，用人单位要求劳动者支付违约金的行为都是不合法行为。

课后拓展

模拟劳动合同签订

（1）全班同学自由分组，每组 4～6 人。

（2）各组分别准备一份纸质空白劳动合同。小组成员一半扮演劳动者，一半扮演用人单位的签约代表，就劳动合同签订的细节问题进行谈判，最终正确签署一份劳动合同。

（3）各组分别派两名代表进行展示，教师从劳动合同中抽取若干份进行点评。

任务二　就业权益与义务

任务目标

1. 掌握在求职就业的过程中，高校毕业生依法享有的权利；

2. 掌握在求职就业的过程中，高校毕业生应依法履行的义务；

3. 掌握在求职就业的过程中，当自身的合法权益被侵害时，高校毕业生依法维权的方法及途径。

案例导入

试用期是否可以随时解聘？

2023 年 9 月，小伟应聘进入一家建筑公司做工程预算工作，并与该建筑公司签订了为期 3 年的劳动合同，约定试用期为 2 个月。但 10 月上旬的一天，小伟突然接到公司人事部的电话,被告知公司决定终止与小伟的劳动合同。"我的工作没有出现过任何差错,而且态度认真努力,为何会被辞退?"小伟立刻找到人事部经理想问个究竟,可对方不给他任何解释,只是说他还在试用期内,公司有权决定他的去留。经理还信誓旦旦地说,试用期就像买东西时试用一样,公司不需要理由,随时可以"退货"。

【启示】 该建筑公司解聘小伟而不向他说明理由,也未提供任何证据证明小伟不符合录用条件,只以他处于试用期为借口将他辞退,这是违法行为。《劳动合同法》第二十一条规定,用人单位在试用期解除劳动合同的,应当向劳动者说明理由。小伟有权要求公司继续履行劳动合同或者支付赔偿金。

由于部分高校毕业生不了解有关就业保护的法律法规,维权意识淡薄,其合法权益受到侵害的现象屡见不鲜。目前,我国在校大学生人数超过 4 000 万,是一个不容忽视的庞大社会群体。维护高校毕业生在求职就业中的合法权益意义深远。

一、相关法律规范

法律手段是高校毕业生就业维权时最强有力的手段。毕业生的就业权益屡遭侵害,大多与他们欠缺法律意识和防范意识有关,许多毕业生忽视对就业相关法律法规的了解,对就业及劳动合同签订中有关自身利益的知识了解得不够全面、深刻。依法维权的前提是了解相关法律常识和纠纷解决程序。我国现行的与我们就业权益相关的法律主要有《中华人民共和国宪法》(以下简称《宪法》)、《民法典》《劳动法》《劳动合同法》《中华人民共和国就业促进法》(以下简称《就业促进法》)、《中华人民共和国社会保险法》(以下简称《社会保险法》)、《中华人民共和国劳动争议调解仲裁法》(以下简称《劳动争议调解仲裁法》)等。

(一)《宪法》

《宪法》是国家的根本大法,拥有最高法律效力。《宪法》第二章规定了我国公民的基本权利和义务,其中第三十三条第二款和第四十二条规定了我国公民享有平等权和劳动权,为毕业生平等就业的权利提供了最高法律依据。

(二)《民法典》

《民法典》被称为"社会生活的百科全书",在法律体系中居于基础性地位。《民法典》调整作为平等主体的公民间、法人间及公民与法人间的财产关系和人身关系,平等自愿、等价有偿与诚实信用是其基本原则。《民法典》的许多内容与劳动、就业有关。其关于民事责任制度等的规定,对维护高校毕业生的就业权益具有重要意义。

(三)《劳动法》

为保护劳动者的合法权益，调整劳动关系，建立和维护适应社会主义市场经济的劳动制度，促进经济发展和社会进步，《劳动法》规定劳动者享有以下权利。

1. 平等就业权

凡具有劳动能力的公民都有平等就业的权利，即劳动者拥有劳动就业权。劳动就业权是有劳动能力的公民参加社会劳动、实现按劳取酬的权利。公民的劳动就业权是公民其他各项权利的基础。如果公民的劳动就业权不能实现，其他一切权利也就失去了基础。

2. 选择职业权

劳动者有权根据自己的意愿、素质、能力、志趣、爱好以及市场信息等选择适合自己才能、爱好的职业，即劳动者拥有自由选择职业的权利。选择职业的权利有利于劳动者充分发挥自己的特长，促进社会生产力的发展。这是劳动者劳动权利的体现，也是社会进步的标志。

3. 劳动薪酬权

劳动者有权依照国家有关法律及劳动合同取得劳动薪酬。获取劳动薪酬的权利是劳动者持续行使劳动权不可缺少的物质保证。

4. 劳动安全卫生保护权

劳动者有获得劳动安全卫生保护的权利。这是对劳动者在劳动中的生命安全和身体健康，以及享受劳动的权利最直接的保护。

5. 休息权

国家实行劳动者每日工作时间不超过八小时，平均每周工作时间不超过四十四小时，用人单位应当保证劳动者每周至少休息一日的工时制度，以及带薪年休假制度。

6. 社会保险和福利权

劳动者享有社会保险和福利的权利，即劳动者享有包括基本养老保险、失业保险、基本医疗保险、工伤保险、生育保险等在内的社会保险和福利。

7. 职业技能培训权

用人单位应当建立职业技能培训制度，按照国家规定提取和使用职业技能培训经费，根据本单位实际，有计划地对劳动者进行职业技能培训。

8. 提请劳动争议处理的权利

用人单位与劳动者产生劳动争议时，劳动者可以依法申请调解、仲裁，提起诉讼，也可以与之协商解决。

9. 其他权利

劳动者享有的其他权利主要包括依法参加和组织工会的权利，依法享有参与民主管理的权利，依法解除劳动合同的权利，对用人单位管理人员违章指挥、强令冒险作业拒绝执行的权利，对危害生命安全和身体健康的行为提出批评、举报和控告的权利，以及对违反《劳动法》的行为进行监督的权利等。

（四）《劳动合同法》

《劳动合同法》是为了完善劳动合同制度，明确劳动合同双方当事人的权利和义务，保护劳动者的合法权益，构建和发展和谐稳定的劳动关系而制定的。它的实施规范了用人单位的用工行为，加强了对劳动者就业权益的保护。《劳动合同法》详细规定了劳动合同的订立、履行、变更、解除和终止等内容。

（五）《就业促进法》

《就业促进法》是为促进就业，促进经济发展与扩大就业相协调，促进社会和谐稳定而制定的，是我国第一部以促进就业为主要内容的专门性法律。其重要内容包括以下方面。

1. 劳动者依法享有平等就业和自主择业的权利。劳动者就业时，不因民族、种族、性别、宗教信仰等而受歧视。

2. 用人单位招用人员、职业中介机构从事职业中介活动时，应当向劳动者提供平等的就业机会和公平的就业条件，不得实施就业歧视。

3. 国家保障妇女享有与男子平等的劳动权利。用人单位招用人员时，除国家规定的不适合妇女的工种或者岗位外，不得以性别为由拒绝录用妇女或者提高对妇女的录用标准。用人单位录用女职工时，不得在劳动合同中规定限制女职工结婚、生育的内容。

4. 各民族劳动者享有平等的劳动权利。用人单位招用人员时，应当依法对少数民族劳动者给予适当照顾。

5. 国家保障残疾人的劳动权利。各级人民政府应当对残疾人就业进行统筹规划，为残疾人创造就业条件。用人单位招用人员时不得歧视残疾人。

6. 用人单位招用人员时，不得以其是传染病病原携带者为由拒绝录用。但是，经医学鉴定的传染病病原携带者在治愈前或者排除传染嫌疑前，不得从事法律法规和国务院卫生行政部门规定禁止从事的易使传染病扩散的工作。

7. 农村劳动者进城就业时享有与城镇劳动者平等的劳动权利，不得对农村劳动者进城就业设置歧视性限制。

（六）《社会保险法》

《社会保险法》是为规范社会保险关系，维护公民参加社会保险和享受社会保险待遇的合法权益，使公民共享发展成果，促进社会和谐稳定而制定的，是一部着力保障和改善民生的法律。

🌐 拓展阅读

社保是否可以"自愿放弃"？

公交司机陈师傅在驾驶过程中突发心肌梗死，忍痛停车后不幸离世，保护了一车乘客的安全。事后，因所在汽运公司曾让员工签署"自愿放弃社保声明书"，公司以"员工自愿放弃社保"为由拒绝认定工伤，并表示陈师傅是自己突然发病的，与公司无关。对此，公司的说法是否符合法律规定？

《工伤保险条例》第十五条规定，在工作时间和工作岗位，突发疾病死亡或者在48小时之内经抢救无效死亡的，视同工伤，并没有将缴纳工伤保险费作为前提条件。认定工伤只取决于法律规定的工作原因、工作时间、工作场所等因素，与用人单位是否为职工参保无关。即使没参保，只要相关情况属实，也可以认定工伤。《工伤保险条例》第六十二条规定，应当参加工伤保险而未参加工伤保险的用人单位职工发生工伤的，由该用人单位按照该条例规定的工伤保险待遇项目和标准支付费用。《社会保险法》则进一步指出，职工所在用人单位未依法缴纳工伤保险费，发生工伤事故的，由用人单位支付工伤保险待遇。用人单位不支付的，由工伤保险基金先行支付。因此，陈师傅这种情况是不影响工伤认定和待遇享受的。

个别用人单位为了省钱或省事，不为职工缴纳社会保险费，而是发放一定的保险补贴作为补偿。一些职工由于担心手续烦琐或不愿承担个人缴费部分，也同意不参加社保。这种行为看似你情我愿，在法律上却站不住脚。《劳动法》第七十二条规定，用人单位和劳动者必须依法参加社会保险，缴纳社会保险费。由此可见，用人单位为职工缴纳社保费用是法定义务，并不以用人单位或职工的个人意愿为转移。用人单位让职工签署的"自愿放弃社保"声明书或协议，同样缺乏法律效力。《民法典》规定，违反法律法规的强制性规定的民事法律行为无效。因此，陈师傅曾经签署"自愿放弃社保声明书"，并不能成为公司逃避责任的挡箭牌。

（七）《劳动争议调解仲裁法》

《劳动争议调解仲裁法》旨在公正、及时地解决劳动争议，保护当事人合法权益，促进劳动关系和谐稳定，其主要内容包括总则、劳动争议调解、仲裁的一般规定、申请和受理、开庭和裁决等，明确规定了劳动仲裁需要提供的材料、办案规则、申请仲裁、争议提出、基本程序、裁决效力等。

二、劳动就业权益

高校毕业生作为就业的重要主体，在就业过程中享有多方面的权益。根据目前就业工作规范的有关规定，毕业生在就业过程中的基本权利主要包括两大方面：一是在择业过程中的权益，二是关涉用人单位的权益。

拓展阅读

张同学的遭遇

某高职院校张同学经熟人介绍，在大三时到一家广告公司实习。由于表现突出，张同学与该公司达成就业意向，并签订了就业协议书。双方约定，服务期为3年，如果张同学提前解约，必须赔偿公司1万元，待遇、福利等条款暂缺，单位人事部门让他先签名，具体条款过几天再补上。张同学觉得自己是经熟人介绍来的，不好意思提待遇的事儿，便在就业协议书上签上了自己的名字。

正式上班后，公司与他签订了劳动合同，合同的有效期仅1年，其中也没有提前解除合同的赔偿条款。由于待遇与其他员工的待遇相差较大，张同学在工作半年后便向公司提出辞职。公司提出张同学必须按就业协议书的规定赔偿1万元。张同学不服，准备通过法律手段维权，又不知是否合理。

和张同学一样在尚未毕业时因急于找工作而与用人单位仓促签下就业协议书的大学生并不少，有些大学生甚至连就业协议书都没有，便给用人单位"打黑工"。由于正在实习的大学生尚未毕业，不是合格的劳动主体，用人单位不能与其签订劳动合同。但是在确定就业意向后，双方可以签订就业协议书。这份协议书并非劳动合同，但充分保障了毕业生和用人单位的权益。签了劳动合同，就业协议书会自动失效。张同学与用人单位签订了劳动合同后，劳动关系就以劳动合同为准，就业协议书自动失效。因此，该公司要求张同学赔偿1万元的说法是没有依据的。毕业生要尽快与用人单位签订劳动合同，以保护自己的权益。

（一）获取信息权

获取就业信息是毕业生择业成功的前提和关键，只有在充分占有信息的基础上，毕业生才能在就业过程中结合自身情况选择适合自己的用人单位。毕业生的获取信息权有三方面含义：① 信息公开，即所有用人信息向全体毕业生公开；② 信息及时，即毕业生获取的信息必须是及时、有效的，而不能将过时的、无利用价值的信息传递给毕业生；③ 信息全面，即毕业生有权获得准确、全面的就业信息，以便全面了解用人单位和岗位，从而做出符合自身需求的选择。

（二）接受就业指导权

大学生在校期间有权接受就业指导。学校应成立专门机构，安排专门人员对其进行求职就业指导，包括向其宣传国家关于毕业生就业的方针、政策，对其进行择业技巧的指导，引导其根据国家、社会需要，结合个人实际情况进行择业，使其通过接受就业指导准确定位自身、实现合理择业。随着就业市场化，大学生也可由在学校接受就业指导转为在市场中接受就业指导，这种市场指导可以是有偿的。

（三）被推荐权

高校在就业工作中的一个重要职责就是向用人单位推荐毕业生。学校的推荐往往会在较大程度上影响到用人单位对毕业生的取舍。

毕业生享有的被推荐权包含以下几方面内容。① 如实推荐。学校在推荐毕业生时应实事求是，根据毕业生本人的实际情况向用人单位进行介绍、推荐。不得随意贬低或拔高毕业生在校的表现。② 公正推荐。学校对毕业生进行推荐时应做到公平、公正，应给每一名毕业生平等的就业推荐机会，不能厚此薄彼。公正推荐是学校的基本责任，也是毕业生享有的最基本的权益。③ 择优推荐。学校根据毕业生的在校表现，在公正、公开的基础上择优推荐，用人单位在录用毕业生时也应坚持择优录用，真正体现学以致用、人尽其才的理念。只有这样，才能激励毕业生不断提高自身综合素质，从而在求职就业过程中取胜。

（四）选择权

只要符合国家的就业方针、政策，毕业生就可以自主地选择用人单位，学校及其他单位和个人均不得干涉。任何将个人意志强加给毕业生、强令毕业生到某单位就业的行为都是侵犯毕业生选择权的行为。毕业生可结合自身情况自主与用人单位协商，要求学校予以推荐，直至签订就业协议书。

（五）择业知情权

《劳动合同法》第八条规定：用人单位招用劳动者时，应当如实告知劳动者工作内容、工作条件、工作地点、职业危害、安全生产状况、劳动报酬以及劳动者要求了解的其他情况。因此，高校毕业生在与用人单位签订就业协议书和劳动合同之前，有权了解用人单位的主体资格、劳动岗位、劳动条件、劳动报酬及规章制度等情况，用人单位应当如实说明，不能回避或故意隐瞒，也不能夸大单位规模和提供给毕业生的待遇。

（六）平等就业权

平等就业权是指在就业的地位、机会、条件及权利保护等方面，毕业生与其他劳动者之间、毕业生与毕业生之间享有平等的权利。平等就业权主要包括四个方面。① 获得平等就业机会的权利，即就业机会平等。获得平等就业机会的权利在平等就业权中居于核心地位，没有就业机会平等，其他各项权利就无从谈起。② 获得平等劳动报酬的权利，这是按劳分配原则和同工同酬原则的具体体现。③ 获得平等社会保障的权利。就业与社会保障之间存在相互依存的关系，就业是社会保障的基础，社会保障制度就是保障每个社会成员基本生活的社会福利制度。④ 获得平等保护的权利。《劳动法》《就业促进法》等法律明确规定劳动者享有平等就业和选择职业的权利，劳动者不因民族、种族、性别、宗教信仰而受到歧视。

拓展阅读

就业歧视

求职者在就业过程中遇到的歧视主要表现在以下几个方面。

（1）户籍歧视。户籍歧视是指根据求职者不同的户籍所在地给予其区别对待，限制、排斥外来务工人员，或者给其增加不合理的负担。如一些企业的招聘信息中公然写着"本地户籍优先"，有些甚至还强调"仅招收当地户籍或附近地区的毕业生"。

（2）性别歧视。在实现就业男女平等、保障妇女权益方面，我国出台了一系列法律法规，包括《劳动法》《妇女权益保障法》等。《劳动法》第十三条规定，妇女享有与男子平等的就业权利。在录用职工时，除国家规定的不适合妇女的工种或者岗位外，不得以性别为由拒绝录用妇女或者提高对妇女的录用标准。目前，就业领域内仍存在性别歧视现象，而这种现象绝大多数发生在女性求职者身上。个别用人单位为了回避《劳动法》不得解雇怀孕及哺乳期妇女的规定,不愿意雇用女性,或者在雇用时对男女求职者采取不平等的标准。也有些用人单位根据自己的意愿只招收女性或者让女性优先,这也构成对男性求职者的歧视。

(3)年龄歧视。年龄歧视是指招录员工时设置年龄上的限制。由于我国人口众多,就业结构出现年轻化的趋势,有的用人单位在招聘时规定了几近苛刻的年龄界限,将年龄较大的求职者排斥在外。有的单位采用强迫的方式使达到一定年龄的受雇者离职或者退休,或者让受雇者的年龄影响其升迁。

(4)身高歧视。有的用人单位对求职者的身高做出硬性规定,身高未达标的求职者无法得到面试机会。

(5)学历、非名校歧视。《劳动法》规定"劳动者享有平等就业和选择职业的权利",《就业促进法》规定"劳动者依法享有平等就业和自主择业的权利"。但是,有的单位只要全日制的毕业生,将成人高考生和自考生排除在外。有的用人单位在选择余地较大的情况下优先选用博士、硕士,甚至要求其本科、硕士和博士毕业院校全部是名校。

(6)健康歧视。几乎所有的招聘简章中都会有关于身体健康的要求,残疾人大多会被用人单位拒绝,病毒携带者求职也异常艰难。

(七)违约求偿权

就业协议书签订后,任何一方都不得擅自毁约。如用人单位无故要求解约,毕业生有权要求用人单位严格履行就业协议,否则用人单位应承担违约责任,向毕业生支付违约金。

(八)法律规定的其他权利

1. 同工同酬的权利

所谓同工同酬,是指在相同或者相近的工作岗位上付出相同的劳动,应当得到相同的劳动报酬。同工同酬是《劳动合同法》确立的原则。《劳动合同法》规定:用人单位与劳动者约定的劳动报酬不明确或者对劳动报酬约定有争议的,按照集体合同规定的标准执行;没有集体合同或者集体合同未规定的,实行同工同酬。被派遣劳动者享有与用工单位的劳动者同工同酬的权利;用工单位无同类岗位劳动者的,参照用工单位所在地相同或者相近岗位劳动者的劳动报酬确定。

2. 及时获得足额劳动报酬的权利

及时获得足额劳动报酬是劳动者的一项基本权利。《劳动合同法》将劳动报酬作为劳动合同的必备条款之一,并规定:劳动合同中缺少劳动报酬条款的,由劳动行政部门责令改正;给劳动者造成损害的,由用人单位承担赔偿责任。用人单位拖欠或者未足额支付劳动报酬的,劳动者可以依法向当地人民法院申请发出支付令,人民法院应当依法发出支付令。用人单位未按照劳动合同的约定或者国家规定及时足额支付劳动者劳动报酬的,由劳动行政部门责令其限期支付劳动报酬;劳动报酬低于当地最低工资标准的,应当支付差额部分;逾期不支付的,用人单位应按应付金额百分之五十以上、百分之百以下的标准向劳动者加付赔偿金。

3. 获得社会保障的权利

《社会保险法》和《住房公积金管理条例》规定，用人单位必须给职工缴足"五险一金"。"五险一金"是国家给予劳动者的几种保障性待遇的合称，包括基本养老保险、基本医疗保险、失业保险、工伤保险、生育保险和住房公积金。其中基本养老保险、基本医疗保险和失业保险由企业和职工个人共同缴纳保费；工伤保险费和生育保险费完全由企业承担，个人不需要缴纳。"五险一金"是政府强制要求用人单位为员工缴纳的，如果单位没有缴纳，可以向社保部门举报。

4. 拒绝强迫劳动、违章指挥、强令冒险作业的权利

对强迫劳动、违章指挥、强令冒险作业等严重侵害劳动者权益的行为，我国法律一直是明确禁止的。为了保障劳动者拒绝强迫劳动、违章指挥、强令冒险作业的权利，《劳动合同法》规定：劳动者拒绝用人单位管理人员违章指挥、强令冒险作业的，不视为违反劳动合同；用人单位以暴力、威胁或者非法限制人身自由的手段强迫劳动者劳动，或者用人单位违章指挥、强令冒险作业危及劳动者人身安全的，劳动者可以立即解除劳动合同，无须事先告知用人单位。用人单位有强迫劳动、违章指挥或者强令冒险作业等危及劳动者人身安全行为的，依法给予行政处罚；构成犯罪的，依法追究刑事责任；给劳动者造成损害的，应当承担赔偿责任。

5. 要求依法支付经济补偿的权利

经济补偿是用人单位承担的一种社会责任。经济补偿可以有效缓解失业者的实际生活压力，维护社会稳定，形成社会互助的良好氛围。同时，经济补偿也是国家调节劳动关系的一种经济手段，可以引导用人单位进行利益权衡，谨慎行使辞退劳动者的权利。《劳动合同法》延续了《劳动法》的有关规定，赋予了劳动者要求用人单位依法支付经济补偿的权利，并对应当给予经济补偿的情形和补偿标准进一步做出了具体规定。

6. 保存档案和户口关系的权利

高校毕业生在自毕业之日起两年的择业期内，如果没有联系到合适的工作单位，没有和单位签订就业协议书，也没有因回生源地自主择业、出国等情况而办理人事代理手续，而将档案和户口关系保存在学校，学校应当对毕业生的档案和户口关系进行妥善保存，不得向毕业生收取费用。择业期满后，学校不再承担此义务。

三、求职择业义务

权利和义务是对立统一的。劳动者在行使法律法规和有关政策规定享有的权利的同时，也应当履行相应的义务，主要包括以下几个方面。

(一) 回报国家、服务社会的义务

《宪法》规定，劳动对于公民来说既是权利，又是义务。对于毕业生而言，国家和社会为其成才和发展提供了优厚的条件和待遇，按照"得之于社会，还之于社会，报之于社会"

的原则,毕业生理应积极地、有责任地依托自己的职业行为,回报国家和社会,承担起自己应尽的义务。毕业生肩负着民族和历史的重任,应当志存高远、不畏艰辛,到边远地区去、到艰苦行业去、到祖国最需要人才的地方去。

(二) 如实介绍自己情况的义务

毕业生在求职择业的过程中应如实向用人单位介绍自己的情况,这是基本的择业道德要求,也是毕业生应尽的义务。毕业生在撰写求职材料,与用人单位洽谈、介绍、推荐自己时,必须实事求是,不得弄虚作假,讲优点不要夸张,谈缺点不能回避,有过失不可隐瞒,说成绩不能虚假,做到以诚相待。只有如实介绍自己的情况,才能让人觉得可信、可靠,才能获得用人单位的信任。以假的学历证书、职业资格证书、获奖荣誉证书或其他伪造材料应聘,有违诚实信用原则。一经发现,用人单位有权解除劳动合同,且无须支付经济补偿金。

拓展阅读

虚假材料要不得

2023 年 6 月,某高职院校毕业生李某应聘到某化工公司工作,双方签订了劳动合同。工作期间,李某因多次严重违反单位规章制度,收到公司发出的 3 份书面警告通知书,综合素质因此受到质疑。后经核实,李某入职时提供的学历证书是假的。化工公司做出了解除劳动合同的决定。李某请求法院确认该决定违法,并要求公司支付赔偿金。

法院经审理认为,原告入职时提供的学历证书为假,被告是在被欺诈的前提下与原告建立并保持劳动关系的。《劳动合同法》规定,采取欺诈、威胁等手段订立的劳动合同系无效合同,因此,法院判决化工公司做出解除劳动合同的决定合法、有效,无须向原告支付赔偿金,驳回了原告的诉讼请求。

(三) 遵守就业协议的义务

毕业生大多通过与用人单位双向选择、签订就业协议书而实现就业。遵守就业协议是就业工作顺利进行的保证。"一言既出,驷马难追",慎待诺言是做人的基本准则,讲信誉、守承诺是毕业生应尽的义务。我们就业时不能朝三暮四,这山望着那山高,就业协议书一经签订,就不能随便违约。

(四) 按时到工作单位报到的义务

毕业生自离校之日起,无正当理由超过 3 个月不去用人单位报到的,由学校报毕业生就业主管部门批准,不再负责其就业。由学校将其档案转至家庭所在地,按社会待业人员处理。

拓展阅读

取消就业报到证，毕业生就业不再"多此一举"

2022年，一名高校毕业生在人民网留言板讲述了自己的经历。他于2012年7月大学毕业，但是由于工作地点和毕业院校距离较远，他没有及时回校办理相关手续，2013年6月才办理报到证等材料，报到证上的时间比毕业时间推迟了将近一年。后来，他考入公务员系统，组织部门因简历内容与报到时间不符怀疑他弄虚作假。虽然后来解释清楚了，但通过这一经历，他希望国家相关部门尽快规范相关政策，呼吁废除就业报到证。

随着时代的发展，就业报到证逐渐被毕业证、就业协议、聘用合同替代，无论是考取公务员、被各类企事业单位聘用，还是灵活就业，都可以凭毕业证及公务员录用通知、企事业单位聘用合同（或就业协议书）等，到相关部门办理相关手续。自主创业者也可凭所创办的企业的资质证明和毕业证，办理人事代理、社会保险户档转移等手续。

2023年5月，中组部、人社部、教育部、公安部、国资委联合印发《关于做好取消普通高等学校毕业生就业报到证有关衔接工作的通知》，明确自2023年起，不再发放《全国普通高等学校本专科毕业生就业报到证》和《全国毕业研究生就业报到证》，取消就业报到证补办、改派手续，不再将就业报到证作为办理高校毕业生招聘录用、落户、档案接收转递等手续的必需材料。

通知提出了一系列衔接措施。

一是建立去向登记制度。教育部门建立高校毕业生毕业去向登记制度，作为高校为毕业生办理离校手续的必要环节。

二是明确户口迁移要求。高校毕业生户籍可以迁往就业创业地（超大城市按现有规定执行），也可以迁往入学前户籍所在地。

三是明确档案转递衔接。2023年起，组织人事部门和档案管理服务机构在审核和管理人事档案时，就业报到证不再作为必需的存档材料，之前档案材料中的就业报到证应继续保存，缺失的无需补办。

四是明确报到入职流程。用人单位可凭劳动（聘用）合同或就业协议书（含网签协议）或普通高等教育学历证书或其他双方约定的证明材料，为高校毕业生办理报到入职手续。

五是明确信息查询渠道。用人单位、户籍和档案接收管理部门、公共就业人才服务机构在办理招聘录用、落户、档案接收转递等业务时，可通过查看学历证书、劳动（聘用）合同（就业协议、录用接收函）等，或通过全国高校毕业生毕业去向登记系统，查询离校时相应毕业去向信息。高校毕业生和有关单位可通过中国高等教育学生信息网查询和验证高校毕业生学历、学位信息。

（五）诚信义务

在签订劳动合同时，劳动者有义务就与劳动合同直接相关的基本情况，向用人单位如实说明。

（六）守法义务

劳动合同签订之后，劳动者有依法履行劳动合同的义务。如有违法行为或者违约行为，应依法承担法律责任。《劳动合同法》对劳动者违法或者违约行为所应承担的法律责任做了明确规定。劳动合同约定的违约金，指的是劳动合同中约定的在用人单位或者劳动者违反了劳动合同中其他有关约定时，应当向对方支付的赔偿金。但部分用人单位滥用违约金条款，侵害了劳动者自主择业权。为防止此类侵权行为的发生，《劳动合同法》规定，只有在两种情形下，用人单位可以约定由劳动者承担违约金。

——在培训服务期约定中可以约定违约金。用人单位为劳动者提供专项培训费用，对其进行专业技术培训的，可以与劳动者订立协议，约定服务期。违约金的数额不得超过用人单位提供的培训费用。用人单位要求劳动者支付的违约金不得超过服务期尚未履行部分所应分摊的培训费用。

——在竞业限制约定中可以约定违约金。用人单位与劳动者可以在劳动合同中约定保守用人单位的商业秘密和与知识产权相关的保密事项。对负有保密义务的劳动者，用人单位可以在劳动合同或者保密协议中与劳动者约定竞业限制条款，并约定在解除或者终止劳动合同后，在竞业限制期限内按月给予劳动者经济补偿。

《劳动合同法》明确，除以上两种情形外，用人单位不得与劳动者约定由劳动者承担的违约金，或者以赔偿金、违约赔偿金、违约责任金等其他名义约定由劳动者承担违约责任。

任务三　就业陷阱及其防范

任务目标

1. 了解就业陷阱；
2. 认识就业陷阱的表现形态；
3. 掌握防范就业陷阱的方法。

案例导入

求职受骗的施某

施某毕业于某高职院校，不久前到某投资咨询公司应聘期货交易员岗位。在面试后，公司即表示同意录用施某。随后，公司对包括施某在内的新学员进行了为期10天的简单培训，并要求所有参加培训的学员分别自筹10万元开户进行实盘操作。在培训期间，公司未和施某签订劳动合同。然而，在施某培训结束并交付10万元开户费后，公司便开始对他不闻不问。当施某再次前往公司咨询时，公司表示，施某可以操作自己所开的账户，自负盈亏。施某方知自己受骗，原来所谓的期货交易员，实际上是该公司的客户。由于没有与该公司签订劳动合同，施某无法保障自身权益。

　　【启示】　高校毕业生因为迫切希望找到合适的工作，或者因为思想单纯、社会经验不足、法律意识淡薄，在就业过程中时常遭遇求职陷阱。对于广大毕业生来说，擦亮双眼，明辨是非，学会甄别各种就业陷阱，增强防范意识，避免上当受骗，掌握遭到侵害时可以采取的救济途径显得尤为重要。

一、就业陷阱概述

　　就业陷阱是指某些招聘单位、机构或个人，利用高校毕业生在就业市场中的弱势地位，以提供就业机会为诱饵、采用违法悖德的手段，与高校毕业生达成权利与义务不对等的就业意向或协议，侵害高校毕业生合法权益的行为。高校毕业生在求职时需要谨防各种就业陷阱。

二、常见的就业陷阱

　　求职季，高校毕业生即将走向职场，开启人生新篇章。但一些不法分子专挑涉世未深的毕业生求职者进行欺诈，让人不得不防。求职不易，还需警惕，大家努力收获 Offer 的同时，也要小心"求职陷阱"，避开套路和骗局。求职过程中常见的"坑"主要有哪些呢？

1. 黑中介陷阱

　　一些非法职业介绍机构以介绍工作为名，向求职者变相收取各种名目费用。他们的典型特征是没有人力资源服务许可等相关资质，以冒充或伪造相关资质骗取求职毕业生信息。这些非法职介机构即便提供了岗位信息，往往也是与高校毕业生需求不匹配甚至虚假的就业岗位。

　　防范提示：高校毕业生求职时，应当优先选择公共就业人才服务机构和正规市场中介机构，对市场中介机构应了解其经营范围是否包含职业介绍业务，是否具备《人力资源服务许可证》。与市场中介机构签订协议时，不要轻信其口头承诺，一定要看清签约的内容，不要盲目签字。

2. 兼职陷阱

　　一些诈骗分子打着高薪兼职、点击鼠标就赚钱、刷单返现等幌子进行诈骗。其特点是门槛较低，号称轻松兼职、薪酬丰厚。

　　防范提示：高校毕业生不要轻信既轻松又赚钱的好差事，应当了解当前岗位的市场薪资水平，明白天上不会掉馅饼，掉下的往往是陷阱。同时注意个人信息安全，不要轻易泄露银行卡、网银、支付宝等密码信息，不要随意打开陌生网址链接。

3. 收费陷阱

用人单位或者中介机构以招聘为名,收取高校毕业生报名费、服装费、体检费、培训费、押金、岗位稳定金、资料审核费等费用。有些中介机构与不法用人单位合作,先由中介机构以推荐工作为名收取费用,毕业生到该用人单位入职时,不法用人单位编造各种理由拒绝毕业生上岗或中途辞退。还有些机构向毕业生承诺提供高薪行业实习岗位,但毕业生必须缴纳相关服务费用。

防范提示:毕业生要谨记,应聘工作本身并不需要任何费用,对于将先交费作为条件的招聘面试实习等都需要谨慎对待,核实有无收费的法律依据。如交费一定要求出具正规发票并加盖单位公章,为可能发生的纠纷维权保留证据。

4. 借贷陷阱

个别中介机构或用人单位以高薪就业作为诱饵,向高校毕业生承诺培训后包就业,但须向指定借贷机构贷款支付培训费用。培训结束后,培训机构往往难以兑现承诺,或推荐的工作与原先承诺相差甚远,毕业生可能会面临身负高额借贷又没有实现就业的不利局面。

防范提示:高校毕业生要增强辨别意识,看机构或企业经营范围是否包含培训内容,看承诺薪资是否与社会同等岗位大体一致,慎重签署贷款协议或含有贷款内容的培训协议,注意保留相关材料。一旦发现被骗,立即向有关部门报案。确有需求参加职业培训的,请到当地人力资源社会保障部门官方网站查询公布的正规培训机构。

5. 传销陷阱

传销是指组织者或经营者通过发展人员,要求其缴纳费用或者以购买商品等方式,取得加入或发展他人的资格,牟取非法利益的行为。传销一般以亲友极力推荐的途径传播,基本都以轻松赚大钱、无需面试直接上岗为噱头。传销面试或工作地点都比较偏僻且转换频繁,公司业务不能清晰说明。

防范提示:高校毕业生务必清楚传销属于违法行为,在求职中要了解传销的基本特征,对发展下线的宣传,要保持头脑高度清醒,防止陷入传销设计的圈套中。如果不慎进入传销,在确保人身安全的前提下,第一时间脱身报警。

6. 合同陷阱

在合同签订过程中,个别用人单位为降低用人成本、规避用工责任而侵犯高校毕业生合法权益。有的仅签订就业协议书,或以谈话、电话等口头形式约定工作相关事项,没有签订书面劳动合同。有的合同内容简单,缺少工作岗位、工作地点、工资、劳动条件、合同期限等具体内容。有的以少缴税款为由,同时准备两份不同薪资的"阴阳合同"。有的包含"霸王条款",要求几年内不得结婚、无条件服从加班、试用期离职不结算工资等。

防范提示:法律规定,建立劳动关系双方应当订立书面劳动合同。高校毕业生在签订劳动合同前,应与用人单位认真协商、慎重对待,不可草率签订。要注意劳动合同是否具备《劳动合同法》规定的必备条款(用人单位基本情况、合同期限、工作内容和地点、工作时间和休息休假、劳动报酬、社会保险、劳动条件等),特别要高度警惕其中于法无据、明显不合理的条款,防止掉入陷阱,难以维权。

7. 试用期陷阱

有的用人单位超过法定上限约定长时间试用期，或者重复约定试用期。有的用人单位以试用期为由，支付工资低于当地政府规定的最低工资标准，或者不缴纳社会保险。还有的用人单位为了降低用人成本，大量招聘应届高校毕业生，试用期约定较低的工资，等试用期结束后，便以各种理由解聘，"假试用，真使用"。

防范提示：任何违反法律规定的试用期约定无效，根据劳动合同期限的不同，试用期有不同的时限限制，最长不超过 6 个月，同一用人单位与同一劳动者只能约定一次试用期；以完成一定工作任务为期限的劳动合同或者劳动合同期限不满 3 个月的，不得约定试用期；劳动合同仅约定试用期的，试用期不成立，该期限为劳动合同期限。试用期期间，应正常缴纳社保，工资水平不低于单位相同岗位最低档工资或者不低于劳动合同约定工资的 80%，并不低于当地最低工资标准。

8. 信息陷阱

有的用人单位为了增加对高校毕业生的吸引力，往往故意夸大单位规模、业绩、发展前景、工资和福利等。有的用人单位玩弄文字游戏，对招聘职位的工作内容做模糊化处理，将销售员、业务员等职位美化成"市场部经理""事业部总监"等有诱惑力的名称。

防范提示：高校毕业生可通过企业官网、媒体报道、工商登记注册信息等查询用人单位基本情况，仔细甄别各类招聘信息，不要盲目轻信。求职时要详细询问岗位信息、工作内容，不能只看表面，避免入职后发现实际工作与预期有出入，浪费求职时间和精力。同时，可以多种途径了解公司背景，对长时间大量招聘、离职率高的，要提高警惕。

综合上述案例，提醒广大高校毕业生，要通过合法的、正当的、信誉好的信息渠道来掌握和了解招聘信息，可以到各地公共就业人才服务机构、公共招聘网站，以及人力资源社会保障部门推荐认定的诚信人力资源服务机构网站求职。多种途径了解用人单位背景，不盲目轻信，接到招聘邀约后，尽量多和有一定社会阅历的亲朋好友沟通情况，冷静听取他们的意见建议。一旦遭遇上述情况，请立即拨打 12333 电话或前往人力资源社会保障部门投诉举报。如果人身安全受到威胁或伤害，请立即向公安部门报警。

(一) 招聘陷阱

1. 有些招聘会的主办单位把关不严，也未经有关主管部门批准，以安排毕业生就业的名义，给一些违法之徒可乘之机。有些参加招聘会的用人单位出工不出力，只为凑数，以便主办单位收取高价门票。

2. 有些用人单位的招聘岗位名称模糊、名不副实。如招聘电梯服务员，却冠以"垂直交通管理员"的称呼，一般职员则被冠以"经理助理""技术协理"等称号。

🌐 拓展阅读

名不副实的岗位

凯翔在大学中所学的专业是大数据与会计。毕业前，他到某房地产公司应聘会计职位，经过面试后被录取了。签订了为期五年的劳动合同后，他却被告知，按照公司规定，所有员工都必须在一线锻炼一段时间,在熟悉整个公司的运作流程后方可回到本职岗位。于是,凯翔被分派做起了业务员。这不是他的强项,但为了"先苦后甜",他一直忍受着。三个月过去了,公司还是不告诉他何时让他回到会计的工作岗位上,他只好提出了辞职。公司却以他违反合同为由,要求他支付违约金。

3. 有些招聘单位将获取的毕业生个人信息出卖牟利,毕业生的简历也成为牟利的工具,给一些不法之徒大开方便之门。

4. 用招聘掩盖违法行为。有些用人单位打着招聘的幌子,逼迫毕业生做传销等违法行为。

(二)中介陷阱

1. 少数职业中介机构通过发布招聘信息,大量收集高校毕业生的个人信息,然后倒卖营利。

2. 有些职业中介机构在收取高额的中介费后,寻找各种借口,拒绝为毕业生寻找工作机会,想要回中介费却非常困难。非法职业中介机构通常采取拖延时间、与用人单位共同欺骗等手段,骗取毕业生的信息费、介绍费等。碰到那种"一间门面、一张桌子、一部电话"的中介时要格外当心。

拓展阅读

非法中介的骗局

张某在一家职业中介的信息栏上看见某公司正招聘文员,便前去咨询。该中介告诉张某有职位空缺,她可以去试一试,但要交纳800元中介费,并承诺如果这家公司不合适,可另外推荐其他用人单位,直至张某找到工作。面试后,公司让张某回去等消息。等了两个多星期,张某被告知未被录取。张某只好找到那家中介要求重新介绍一家公司。经过面试和长达半个月的等待,张某仍然没有被录取。当张某第三次来到中介时,中介告诉她没有新的职位空缺,让她再等等。

3. 非法中介机构与不法用人单位相勾结,收取不菲的费用后,以种种理由推脱责任。有的虽然介绍了工作机会,但用人单位的状况与毕业生的求职要求相去甚远。有的毕业生虽然上岗工作了,但很快就会被用人单位以各种借口辞退。

4. 非法中介机构之间相互串通,以高薪、大城市就业、落户等诱饵骗取高额中介费后,将毕业生介绍给其他中介机构,然后让毕业生去不法用人单位或私人小企业打零工,其户口、档案等材料却被长期违法扣留,甚至被弄丢。

5. 一些"黑中介"利用毕业生急于找工作的心理,假装按照正常的招聘程序,先对毕业生进行笔试,之后再要求毕业生到指定的机构体检。体检完成后,"黑中介"再以体检不合格或者面试不合格为由堂而皇之地拒绝毕业生。毕业生交的体检费则被"黑中介"和指定的体检机构瓜分。

求职应聘时,最好面对面地与用人单位人员直接交流。要警惕无正式营业执照、小规模的劳务介绍所。不要轻易将自己的有效证件交给它们,或在它们提供的文件上签字。

小心"热心"牵线搭桥、帮忙找工作的陌生人，对方很可能别有用心。

➤**问题链接：正规的职业中介机构通常具备哪些特征呢？**

① 有营业执照和招工许可证原件；② 明码标价；③ 公示劳动监察机关举报受理电话；④ 收费时出具由税务部门监制的发票。

（三）抵押陷阱

虽然国家早就明文规定，任何单位在招聘员工时，都不得以任何理由、任何形式收取押金或者以其身份证、毕业证等作抵押，但目前仍有一部分用人单位以便于管理为由向求职者收取押金、证件作抵押。在收取押金或证件之后，用人单位便可以为所欲为。高校毕业生在求职时一定要小心此类陷阱。

（四）骗费陷阱

法律规定用人单位不得向求职者收取任何费用，包括报名费或保证金，但仍有一些单位巧立名目，向求职者索要报名费、办证费、培训费、保证金、资料费、劳保费、保险费等名目繁多的费用。向求职者要报名费或保证金的单位很可能是想骗取求职者的金钱，这种"机会"最好还是不要。

拓展阅读

样品费的骗局

唐某看到一家公司在报纸上发布招聘广告，声称要招聘业务员，同时许诺提供比较优厚的待遇。当唐某上门应聘时，公司提出先要进行考察，合格后再予以录用。考察方式是与他订立一份产品推广协议，并提供一套产品给唐某去推销，公司收取样品费 8 500 元。协议约定，求职者必须以公司规定的价格卖掉该产品。如果完成了销售任务，则予以录用并退还样品费；不能完成销售任务，则不予录用也不退样品费。当唐某去推销公司提供的产品时，才发现公司规定的产品销售价格远远高于其实际价值，产品根本就卖不掉。唐某所交的 8 500 元样品费就这样被这家公司"黑"掉了。

（五）合同陷阱

1. 口头承诺。口头承诺的过高待遇有可能是陷阱。口头承诺如果没有在劳动合同中以白纸黑字的形式体现，就没有法律约束力。一旦双方产生矛盾，吃亏的一般都是毕业生。

2. 见习协议。一些用人单位发布工作性质为合同制的招聘信息，却不与求职者签订劳动合同，而是签订见习协议，并将招聘信息中承诺的薪资改为见习补贴，以见习的名义使用免费或廉价劳动力。

拓展阅读

不能以见习协议替代劳动合同

某公司招聘合同制网络管理员，岗位月薪 2 500 元。毕业于计算机网络技术专业的程刚前往应聘。被录用后，公司与程刚签订了一份见习协议，在之后两个月的时间内，该公司每个月仅支付给他 680 元的见习补贴。程刚察觉到其中有问题，立即到公司进行核实。原来该公司以招合同制职工为名招收见习学员，仅仅是想以见习名义使用廉价劳动力。

3. 不平等协议。部分毕业生缺乏维权意识，不知道或不敢对不平等条款提出异议，使就业协议书、劳动合同在某种程度上成为"霸王合同"。我们在签订就业协议书、劳动合同时，一定要慎防无保障协议、"卖身协议"等不平等协议。

4. 以就业协议书代替劳动合同。有些用人单位以就业协议书替代劳动合同，其原因是用人单位与毕业生在就业协议书中的许多约定不符合《劳动合同法》的规定，如果签订劳动合同，这些不合法约定将不存在，不能达到其违法用工的目的。

(六) 薪酬陷阱

有些招聘单位的面试人员在毕业生的询问下，给出一个含糊的月薪数字，在支付薪酬时却以其没完成工作或工作失误为由扣除部分薪酬。这类薪酬陷阱在求职时不易识别，毕业生要提高警惕。

(七) 试用期陷阱

1. 试用期过长。在毕业生就业的过程中，试用期陷阱主要表现为试用期时间过长，超出合法范围；某些单位以试用期的名义不签合同，且借故延长试用期。

2. 虚假试用。某些单位通过不断延长试用期，招用新员工替代即将转正的员工，达到降低用人成本的目的。

拓展阅读

虚假试用的陷阱

张某应聘到某汽车销售服务公司任汽车驾驶员，单位承诺试用期为 6 个月，试用期月薪为 2 800 元，转正后为 3 800 元。张某被单位录用后，发现单位仍在不断招聘汽车驾驶员。当张某即将工作满 6 个月，欣喜地以为可以转正时，却接到了单位的辞退通知，理由是招到了更合适的人。失业的张某在查找新的招聘信息时，发现该单位仍然在招聘汽车驾驶员。

(八) 培训陷阱

1. 部分不法培训机构为了招揽培训生源，和用人单位勾结，由用人单位发布虚假的招聘信息，要求求职者参加其指定培训机构的培训，考核合格才能录用。当求职者支付培训费用并参加完培训后，考核合格者却寥寥无几，即使过关，在试用期也会因各种理由被辞退。

2.一些培训机构混迹于招聘会上，名义上是招工，实际上是招生。有些培训机构以"保证就业"引诱毕业生交纳培训费，培训结束后，却以种种理由不安排其就业，或推荐毕业生到一些位置偏僻、层次较低、无人问津的低薪岗位上就业。

3.有的用人单位出资让应聘的毕业生参加培训，以此限制毕业生的自由，一旦不从，毕业生就必须交纳数目不菲的违约金；有的用人单位甚至扣押应聘毕业生的各种证件，以达到控制毕业生的目的。

（九）安全陷阱

1.一些别有用心的招聘单位索要毕业生的各种证件、签名。毕业生如果在应聘中留下重要信息，就可能成为各种形式的债务人或被敲诈勒索的对象。

2.有些招聘单位以招聘、面试作为掩护，提供非法工作，让毕业生从事偷盗、抢劫、涉毒、偷运、销赃、窝赃等违法活动，使毕业生沦为不法之徒的帮凶。一旦事情败露，违法者踪影全无，而毕业生成为替罪羊。

（十）传销陷阱

传销是指组织者或者经营者发展人员，并要求被发展人员以交纳一定费用为条件取得加入资格等方式牟取利益的行为。作为国家法律明令禁止的非法经营活动，传销不仅严重扰乱市场经济秩序，影响社会稳定，而且直接侵害广大人民群众的人身及财产安全，社会危害极大。不法之徒利用毕业生就业心切的心理，骗其加入非法传销组织的案例屡见不鲜。一部分高校毕业生因为找工作而被传销组织以"高薪""好工作"等幌子欺骗，结果深陷泥潭，难以自拔，即使逃离，也难免遭受经济上和精神上的双重损失，并承受巨大的心理压力。

拓展阅读

高校毕业生如何避免陷入"传销陷阱"

高校毕业生牢记以下几条，可以有效地避免陷入传销陷阱。

（1）天下没有免费的午餐，好的工作不可能伸手就来，也不可能打个电话就获得。

（2）多问几个"为什么"。对于各类招聘信息，要用理性的思维去分析与辨别。如果你提的问题对方没有或者很少正面回答，比如回答"别问那么多了，你来了就知道了""我的手机没电了，不跟你多说了""我现在很忙，你尽快来就是了"等，就要提高警惕。

（3）能抵制诱惑。对方往往会"投其所好"，以各种诱惑作为邀约手段，引诱毕业生上当。

（4）有自知之明。成功需要很多条件和因素，社会经验、专业技能、阅历、学识、谋略等，都是不可或缺的。如果遇到不需要任何条件的"好工作"，务必当心。

（5）杜绝投机。如果有人告诉你只要投资一次，就会有大回报，请小心为妙。传销组织往往利用人们的投机企图和不劳而获的心理来达到目的。

（6）明辨是非，区别直销与传销。直销是直销企业招募直销员，由直销员在固定营业场所之外直接向消费者推销产品的经销方式。直销员是通过销售产品获得报酬的。传销者则鼓吹快速致富或者一夜暴富，以一定的直接或者间接发展的人员数量或者销售业绩作为加入资格，产品以假充真，甚至根本无产品运作。

（十一）成果陷阱

有些公司以招聘为名，在收集求职者资料和组织面试的过程中，要求求职者提供成果展示，并以此窃取求职者的劳动成果。还有一些公司在招聘时要求求职者交一篇策划案或是设计稿，而且不厌其烦地与求职者讨论细节。求职者不要在此类公司上浪费心思与精力，公司只是免费利用求职者而已。

拓展阅读

窃取成果的笔试

某软件公司招聘程序员、美工等岗位的工作人员，公司经营状况良好，工作环境整洁，招聘流程正常，提供的薪酬符合市场行情，看似一切都符合常理。应届毕业生张某初试合格后进入笔试阶段。笔试内容为上机编写一段程序，使用规定的编程语言，时间不限。一间考场里，八个求职者的试题都不同。但是几个年轻人无意中发现，看似八段不相关的程序，其实恰好能被整合成一个项目。笔试后，八人无一被该公司录用。

（十二）广告陷阱

有的用人单位以"大型绩优厂商""上市公司"等为名发布广告，不说明单位性质、规模，也不公布名称、地址，只提供电子邮箱和电话号码。有的用人单位广告用词夸张、内容难辨真伪。对这种虚假广告切勿轻信。

拓展阅读

"网络销售"的广告骗局

某商贸公司发布了一条招聘"网络销售员"的广告："网络销售的成本相当低，开展所需的费用又相当少，可以说几乎没有费用，只要有一台电脑即可创业。很多通过网络致富的人起初都是白手起家，慢慢地成了大老板。网络销售利润非常丰厚。只要您能坚持沿着正确的发展道路走下去，必定成功！"广告开头通过分析网络销售的好处，吸引求职者对"网络销售员"这一工作的兴趣，随后的话语便显现出其真实目的："如果您对自己有信心，网络绝对是您施展才华之地！我们将为您提供最专业、最完善的培训，让您在网络销售过程中快人一步，解决您在网络销售中遇到的麻烦。公司还将为您提供大量产品，无须自己进货。"

许多求职者会被这样一条极具诱惑力的招聘广告吸引，对网络销售心动，然而细细想来，便很容易识破这样的骗局。该公司为商贸公司，对外培训远远超出了其经营范围。如果是专业的培训机构，其大可通过广告媒体直接发布培训信息，而不会以招聘作为幌子。求职者涉足其中后，其培训收费可能相当高，而且无凭无据，一旦发生问题，求职者将无从求助。"公司还将为您提供大量产品"还有向求职者推销商品之嫌。

可以看出,此类企业并不以招聘为真实目的,同样也不会真心实意地向求职者传授技能,只是通过招聘渠道进行广告宣传,吸引求职者前去参加所谓的培训,以达到收费和推销产品的目的。求职者在应聘的过程中,要注意分析、辨别,切勿盲目相信,以免上当受骗。

三、就业陷阱的防范

【微课】
就业陷阱的防范

我们要强化自我保护意识,知法、懂法、守法,并能利用法律武器维护自身的合法权利。在求职时,要注意以下几点。

(一)加强法规学习,强化自我保护意识

在求职择业前,高校毕业生要加强对劳动就业法律法规的学习,熟悉劳动合同等相关的法律法规的内容,懂得运用法律武器维护自身的合法权益。毕业生应加强自我保护和求职风险意识,防止在求职过程中随意泄露个人信息。毕业生在求职过程中,尤其是网上求职时往往要填写一些表格,要注意填写的信息是否有必要,不要粗心大意、随意填写,让骗子有可乘之机。个人银行账户、身份证号、家庭住址、家人电话等并非求职所必需的信息,不要随意透露。

(二)通过正规渠道获取求职信息,加强信息验证

一定要选择正规的求职渠道,即便是对亲朋好友介绍的用人单位,也需要事先进行充分的核实。谨慎对待小广告,对在街道上散发和张贴的招聘启事或在非主流媒体上刊登的招聘广告,更要谨慎对待,避免上当受骗。尽可能参加本校和兄弟院校举办的专场招聘会,校招单位相对比较可靠,值得信赖。

在应聘之前,一可事先上网搜集招聘单位资料,查看所要应聘的单位是否已在工商部门登记注册;二可致电招聘单位人事部门咨询招聘计划,注意招聘单位的信息是否详尽、可靠;三可通过向亲朋好友、老师、学长等打听和实地走访等方式进行验证,事先通过多种渠道对面试的单位和岗位进行了解,也可在面试时观察单位的工作环境,判断面试是否正规。

(三)增强防范意识,做好面试准备

1. 在接到用人单位的面试通知时,务必到网上再核实一下应聘单位的基本情况。对方用手机联系时,可索要单位的固定电话号码,尽量通过对方的固定电话预约面试时间。

2. 认真确认面试地点。正规单位招聘时一般会将面试地点设在单位的办公室、会议室。对租用房间作为应聘地点的单位要警惕。

3. 在决定去面试之前,最好将面试的单位名称、时间、地点和联系方式等信息事先告诉亲朋好友或同学,做好防范。

4. 绝大多数招聘单位都不会主动派车去接应聘者。应聘时勿与陌生人一同前往偏

僻地点。勿将手机等财物交给陌生人。发现被骗应及时报警。

5. 面试时要详细了解用人单位、应聘岗位、工作内容的详细信息，不要被岗位名称所迷惑。对外地企业或外地分公司、分厂、办事处的高薪招聘，要保持清醒的头脑，高度警惕。招聘者夸夸其谈，反复强调能轻松拿高薪的工作，很有可能就是陷阱。

（四）拒交各种费用，慎签劳动合同

招聘单位以任何名义向求职者收取抵押金、服装费、产品押金、风险金、报名费、培训费等都属非法行为。求职者遇到此类情况，要坚决拒交，并向招聘单位所在地区的劳动监察大队举报，以确保自己的合法权益不受侵害。如遇到单位要求必须体检才能上岗的，请求职者注意，通常单位不会指定私立医院或者诊所作为体检机构。

在签订劳动合同前，应审核企业是否经过市场监督管理部门登记，以及企业注册的有效期限；仔细阅读内容，看合同的字句是否清楚、准确、完整，不能用缩写、替代或含糊的文字表达；看劳动合同是否具备必备条款，是否一式两份、内容完全一致，试用期内也要签订合同。

（五）发现被骗，及时报警

毕业生一旦发觉上当受骗，要及时寻求法律保护。如被欺诈或误入非法行业，应立即向公安机关报案；如遭遇无证照或证照不全的非法中介，应及时向市场监督管理部门反映；如遇到用人单位发布虚假招聘信息，所列的待遇、薪酬与实际情况严重不符，或以招聘为名与毕业生订立合同，规定不可能完成的任务，致使毕业生不能获得劳动报酬的情况，应向当地的劳动就业管理中心等机构反映，请求查处。

项目八　打开心智枷锁，开启创新活动

📖 项目导读

　　创新是民族进步的灵魂，是国家兴旺发达的不竭动力，是推动整个人类社会向前发展的重要力量。人工取火的发明让人类脱离了茹毛饮血的野蛮时代；文字的发明将人类的智慧永久传承；计算机的出现给人类的智慧插上了翅膀；因特网的应用使得"地球村"的村名在网上遨游。可以这样说，人类社会从低级到高级、从简单到复杂、从原始到现代的进化历程，就是一个不断创新的过程，人类社会的发展史就是一部不断创新的历史。

　　创新是指以现有的思维模式提出有别于常规或常人思路的见解为导向，利用现有的知识和物质，在特定的环境中，本着理想化需要或为满足社会需求，而改进或创造新的事物、方法、元素、路径、环境，并能获得一定有益效果的行为。创新常常会突破常规和原有的思维定式，它是一种新的变革，能够产生新的发明，带来新的改变。

💻 知识目标

1. 了解创新的定义和知识经济时代的特征；
2. 理解由创新到创业的转化关系；
3. 了解不同类型分析列举法的主要内容。

🎓 能力目标

1. 能在知识阅读、活动体验中认识到创新的价值，自觉培养创新意识；
2. 能有意识地排除思维定式，具备多维度思考问题的能力；
3. 能用课程介绍的创新技法尝试对生活中的需求进行创新描述。

价值目标

1. 从激发创新思维到创新性的思维转化是一个长期积累的过程,引导学生要勇于攻坚克难,培养批判性、创造性精神;

2. 从创新思维激发到创业是一个实践过程,此过程的转化需要投入大量的时间和精力,引导学生既要脚踏实地,又要仰望星空,把创业梦、青春梦和实现中华民族伟大复兴的中国梦联系在一起;

3. 创新技法训练需要跳出原有的思维模式,要引导学生敢于挑战自己,敢于突破自己,认识到创造成果可以是产品和服务,也可以是工作思路、制度、商业模式等,学生在学习工作生活中应有意识地加以借鉴,培养一种探求革新的精神。

注意事项

1. 在执行本项目的过程中,需要让学生清晰地认识到:思维创新是最基础的创新,没有思维的变革就不能产生行为上的变化。那么,思维如何创新? 首先要认识思维的类型,集中思维和发散思维的特征,掌握排除权威定式、从众定式、经验定式、书本定式和非理性定式的方法;

2. 引导学生认识创新技法是创造性思维与创造经验、成果相结合而总结出来的带有普遍规律的创造技术与方法。创新技法应用非常广泛,能提高我们的创造能力。

任务一　唤醒创新意识

任务目标

1. 了解创新的定义和知识经济时代的特征;
2. 理解岗位创新对个人职业发展的意义;
3. 理解由创新到创业的转化关系。

案例导入

只借 1 美元

美国华尔街某大银行,一位提着豪华公文包的老人来到贷款部前,大模大样地坐了下来。"请问先生,您有什么事情需要我们效劳吗?"贷款部经理一边小心地询问,一边打量着来人的穿着:名贵的西服,高档的皮鞋,昂贵的手表,还有镶着宝石的领带夹子……

"我想借点钱。""完全可以，您想借多少呢？"

"1美元。""只借1美元？"贷款部的经理惊愕了。

"我只需要1美元。可以吗？""当然，只要有担保，借多少我们都可以照办。"

"好吧。"老人从豪华公文包里取出一大堆股票、国债、债券等放在桌上："这些做担保可以吗？"贷款部经理清点了一下，"先生，总共50万美元，做担保足够了，不过先生，您真的只借1美元吗？"

"是的。"老人面无表情地说。"好吧，到那边办手续吧，年息为6％，只要您付6％的利息，一年后归还，我们就把这些作保的股票和证券还给您……"

"谢谢……"老人办完手续，准备离去。

一直在一边冷眼旁观的银行行长怎么也弄不明白，一个拥有50万美元的老人，怎么会跑到银行来借1美元呢？他从后面追了上去，有些窘迫地说："对不起，先生，可以问您一个问题吗？"

"你想问什么？""我是这家银行的行长，我实在弄不懂，您拥有50万美元的家当，为什么只借1美元呢？要是您想借40万美元的话，我们也会很乐意为您服务的……"

"好吧，既然你如此热情，我不妨把实情告诉你。我到这儿来，是想办一件事情，可是随身携带的这些票券很碍事，我问过几家金库，要租他们的保险箱，租金都很昂贵。我知道银行的安保很好，所以就将这些东西以担保的形式寄存在贵行了，由你们替我保管，我还有什么不放心呢！况且利息很便宜，存一年才不过6美分……"

【启示】　老人的本意是寄存票证，却采用抵押贷款的方式，让银行用近似免费的方式帮其保管，节省了保险箱租借费用。我们不由赞叹其智慧，其实这种多维度思考问题的方法，可以应用于日常工作生活之中。

➤问题链接：老人采用了什么思维方式？这种思维方式与我们习惯的思维方式有什么不同？

上述案例中老人用智慧创造了财富，他依靠的是什么呢？他依靠的就是创新精神。何为创新？创新是以新思维、新发明和新描述为特征的一种概念化过程，它原意有三层含义：第一，更新；第二，创造新的东西；第三，改变。创新是人类主观能动性的高级表现形式，是推动民族进步和社会发展的不竭动力。通俗地讲，创新指从事的活动和思维是新颖的、独特的、具有突破性的。根据不同的需要和不同的目的，对创新的理解和定义有很多种，在创业者眼中做史无前例的事情就是创新。

大多数人认为创新高不可攀，创新离自己的工作生活非常遥远，而被称为"管理学之父"的彼得·德鲁克认为"创新可以作为一门学科展示给大众，可供人学习，也可以实地运作"。事实上每个人在工作学习生活中都可以创新，创新实际上表现为持续的改进，一个人创新的能力决定了其职业发展的高度。

一、创新是时代发展的需要

人类社会进步的历史就是不断创新的历史。从农牧经济时代到机器大工业时代再到知识经济时代，每个时代的更替都蕴含着丰富的机会，大到国家可以利用时代的转折实现民族的复兴和经济的腾飞，小到个人可以凭借社会转型实现创业的梦想。每个时代都有不同的特点：农牧经济时代的基本特征是刀耕火种，经济发展主要取决于自然资源与生产资料占有的多少；工业时代的基本特征是大机器生产，经济发展主要依靠科学技术和矿产资源；知识经济时代的基本特征是网络互联和通信便捷，经济的发展取决于信息技术，知识经济时代不再以体力和自然资源为基础，而以知识的生产、分配和使用为核心要素。每个时代的更替都表现为核心要素的变换，而内在的动因却是创新。

二、创新是个人职业发展的需要

有"智"者事竟成，知识经济时代只有创新才能成就自身的事业。个人的创新通常被理解为发明创造，其实这是很狭义的理解，对个人来说，创新就是做别人没有做过的事情。每项工作都存在立足岗位创新的要求，这对大学生个人职业发展具有十分重要的意义。詹天佑设计"人"字形线路，解决了火车上坡问题，靠的是创新；包起帆作为一名普通的码头工人，设计了"原木抓斗"，解决了原木装卸问题，靠的是创新。

创新是个人职岗升迁的重要因素。随着高等教育的普及化，广大高校毕业生更多地面向基层，面向生产一线就业。立足岗位一线解决生产中的实际问题，改进生产工艺，或者满足日常的学习及生活需求是大学生的使命。

三、从创新走向创业

创业可以源于一时的冲动，创新也可以被一时的灵感所激发，这些偶然因素导致的创新创业行为如果不加以合理、科学的引导，很容易成为昙花一现的辉煌。所以，如果想在创业之路上走得更远，则必须学习作为一门科学的相关创新知识，把创新的理论知识和自己的创业实践有机结合起来，创新才能成为有源之水，创业也就有了源源不竭的动力。

创新的前提是创意，创新的延续是创业。但创意和创新不能够从根本上解决问题，唯有以创业为途径才能使创意和创新落到实处。创新可以产生在创业之前，形成了新的创意甚至是发明创造，找到创业的切入点，也可以渗透在创业活动之中，实现产品、管理、制度等的创新。在创新中创业，在创业中创新，应是创新创业的鲜明特点。

创业者可以不是发明家，但必须是能够发现潜在利润、敢冒风险并具备组织能力的企业家。如果发明者不能将创新转化为创业，创新就成了发明，是技术领域的研究活动，而不是创业。创新必须与管理结合，付诸生产实际，才能实现产业化。

在创业环境良好、创业资源具备的条件下，创新最终转化为创业的过程就是创新到创业的过程。这个过程往往由设计创新构思、研究开发、技术管理与组织、工艺设计与制造、用户参与以及市场营销等一系列创业实践活动构成。

　　总之，创新与创业两者相辅相成、缺一不可，创业离开了创新，将不再有生命力；创新离开了创业，就不能成为现实的生产力。不论是已经创业还是即将创业者，如果没有了创新思维，照搬他人模式，本来就竞争激烈的领域你再进入，没有自己的核心竞争力，那又如何能成就自己的创业梦想呢？不论你是已在创业还是即将走上创业路，都必须不断地对产品、服务、模式、营销等进行创新设计，并将之变为现实生产力，创业之路才会越走越宽广。

🔍 案例分析

电力职工许杏桃

　　一个最初只有中专学历的职工，自主开发的一套控制系统，可让全国电网每年节电136亿千瓦时。这套控制系统，目前已在全国19个省市部分电网推广应用。这个系统的发明者，就是泰州供电公司职工许杏桃，该技术成果荣获2009年度国家科技进步二等奖。

　　作为一名电力企业一线职工，许杏桃先后获得2项中国电力科技进步奖、3项省级科技进步奖，有的成果甚至超过国家一些专业研发机构的水平。他本人先后获得"中央企业劳动模范"、全国五一劳动奖章、全国职工十大科技创新成果奖等殊荣。

　　许杏桃出生在兴化市林湖乡一个农民家庭。那时，农村电网电压不稳，在昏黄的灯光下，他发奋苦读，考取了南京电力学校，毕业后许杏桃回到兴化供电局从事线损管理工作。"当时配电线路的电损几乎达到用户电量的一半，加上电压偏低，经常造成工厂电动机烧毁，农村灌溉机也开不起来。"从此，他与电网降耗"较上了劲"。晚上，他在宿舍反复查阅资料，并用数学公式计算数据。当他潜心研究时发现，现实中的电网比教科书上写的要复杂得多，靠简单的手工计算无法解决实际问题。工作中，他初步学会了计算机编程，而正是在这期间，许杏桃有了意想不到的收获，他找到了自己的主攻方向：将计算机软件技术运用于电网实时控制，从而解决电网节能与稳压的分析控制问题。

　　1997年冬天是许杏桃从事"地区电网无功电压优化运行集控系统"研发的关键时期。他吃住几乎都在工作室，和同事们将几万条、几十万个信息代码逐一输入电脑。经过两年努力，这个系统终于完成了。1999年11月，泰州电网调度正式运用该系统。许杏桃连续3夜没合眼，一直盯着监控中心的大屏幕。他在日记中写道："我的心，因每一次指令的发出而狂跳着……"

　　经国内权威专家鉴定，这套系统彻底变革了我国传统的供电网无功电压控制方式，开创了中国电网节能稳压的新时代。

　　此后，他更加执着于研发创新，相继在"电能质量监测与治理""安全生产智能化管理"等领域推出十几项成果。多项创新成果颠覆了传统，也颠覆了教科书。与许杏桃一起研发的杨君中认为："他做的多是常人认为不可能的事！"对此，东南大学教授唐国庆评价说，许杏桃的最大贡献是在应用和推广上，形成了适用性很强的科技产品，在这方面，国内没几个人可以与他相比。

　　【启示】　创新是满足生产生活中新的需求，高职院校毕业生应能立足岗位创新，改进生产工艺,提高产品质量或者服务水平。一方面有利于自己的职业发展,在工作中实现自我价值;另一方面有利于推动创新型国家建设,实现"中国制造"向"中国创造"转型。

四、打造创新驱动新引擎,需要大量创新型人才

习近平总书记在中国共产党第二十次全国代表大会上的报告中指出,到二〇三五年,我国发展的总体目标之一是实现高水平科技自立自强,进入创新型国家前列。

近十年来,我国科技实力正在从量的积累迈向质的飞跃、从点的突破迈向系统能力提升,科技创新取得新的历史性成就。

——基础研究和原始创新取得重要进展。如,"嫦娥五号"实现地外天体采样返回,"天问一号"开启火星探测,"怀柔一号"引力波暴高能电磁对应体全天监测器卫星成功发射,"慧眼号"直接测量到迄今宇宙最强磁场,500 米口径球面射电望远镜首次发现毫秒脉冲星,新一代"人造太阳"首次放电,"雪龙 2 号"首航南极,76 个光子的量子计算原型机"九章"、62 比特可编程超导量子计算原型机"祖冲之号"成功问世。散裂中子源等一批具有国际一流水平的重大科技基础设施通过验收。

——战略高技术领域取得新跨越。如北斗卫星导航系统全面开通,中国空间站天和核心舱成功发射,"神威·太湖之光"超级计算机首次实现千万核并行第一性原理计算模拟,"天鲲号"首次试航成功,"国和一号"和"华龙一号"三代核电技术取得新突破。

——高端产业取得新突破。C919 大飞机运营,时速 600 km/h 高速磁浮试验样车成功试跑,最大直径盾构机顺利始发。北京大兴国际机场正式投运,港珠澳大桥开通营运。

培养创新型人才是国家、民族长远发展的大计。创新是科技自立自强的根本,教育和人才是创新的源泉,而教育是培养创新型人才的基础。随着国家创新体系的建设,国家实验室、综合创新平台的建成,需要一大批世界级高水平人才。但要把我国建设成为创新型国家,不仅仅是需要世界级高水平人才,而是各行各业、方方面面都需要创新型人才。大到火星探测,小到一个垃圾桶的化工原料创新,均需要创新型人才。我们既需要顶尖的科学家,也需要能解决产业问题的大量卓越工程师、大国工匠、高技能人才。

实践拓展

创新的风险

创新是个九死一生的过程,创新者要有不怕失败、不怕困难、不怕挫折、不怕牺牲的精神,才能最后获得创新成功。

创新成功靠什么? 爱因斯坦的回答是:"天才是百分之一的灵感加上百分之九十九的血汗。"马克思说得更好:"在科学上没有平坦的大道,只有不畏劳苦沿着陡峭山路攀登的人,才有希望达到光辉的顶点。"可见,失败孕育着成功,失败的次数越多,就离成功越近,所以说失败是成功之母;血汗意味着成功,流的汗水越多,离成功越近,汗水流尽,成功将至。需要指出的是,创新解决问题也需要一定的权变性,要具体情况具体分析,因地制宜、因时制宜、因人制宜,不能撞了南墙不回头。要做明智的创新者,追求创新的方式是迂回

曲折、多种多样的，有时适当放弃眼前短暂的利益，可获得有效的长远发展空间。

当今，我国自主创新能力还较低，关键技术占有率还较小。无论对创建创新型国家，还是建设创新型企业来说，都需要有不畏艰险的创新精神、百折不挠的创新意志，以及把风险、挫折、困难、失败和辛劳作为接近成功过程的认知论和方法论。

【思考】

1. 既要创新有所建树，又要勇于承担风险挫折，你怎样解决这一对矛盾？

2. 请拟订一份"我创新的风险计划"（每人先准备 5 分钟，然后以小组为单位演讲，30 分钟后，各组推选优秀者竞讲，评奖前三名）。

任务二　认识创新思维

任务目标

1. 充分认识创新思维的特征；
2. 了解发散思维与集中思维的联系与区别；
3. 能有意识地排除思维定式，具备多维度思考问题的能力。

案例导入

杨振宁发挥长处才竞争成功

杨振宁在发表获得诺贝尔物理学奖的感言时说道：首先是感激恩师泰勒"发挥长处"选择研究专业的无私建议。杨振宁喜爱物理，想成为实验物理学家。赴美国留学时，立志写篇实验物理论文。费米教授安排他先跟被誉为美国氢弹之父的泰勒做些理论研究，实验到艾里逊实验室去做。可物理研究实验中常发生爆炸，以至于流传着"哪里有爆炸，哪里就有杨振宁"的笑话。

泰勒博士十分关注杨振宁的成长："我认为你不必坚持一定要写篇实验论文，你已经写了一篇理论论文，把它充实一下作为博士论文，我可以做你的导师。"杨振宁一时很矛盾：他主要想通过写篇实验论文来弥补自己实验能力的不足。泰勒强调说："如果不能发挥自己的长处，就找不准方向，弥补不了不足。"

杨振宁终于接受了泰勒的建议，把主攻方向集中到了理论物理研究。最终与李政道一同摘取了该年的诺贝尔物理学奖。

【启示】　杨振宁接受了泰勒博士"善于发挥长处"的建议，才在竞争中获得成功。同时可见，一个人只有善于变通思维，和他人产生关联，才会得以跨越解决矛盾。"穷则思变，变则通""举一反三"等都包含着变通思维方法和变通竞争能力。在创新实践中，只有具备这些思维方法和竞争能力，才能百战不殆。

一、创新的要素

创新的本质不是技术，不是工具，也不是操作，创新对创业者来说是一种观念，是一种意识，更是一个习惯。创新的核心是创新思维，对个人来说思维的创新是基础，任何事情首先是"想"，没有思维上的"想"，就没有行为上的"变"，也可以说人类历史上创造的任何东西都是从思维创新开始的，探求思维创新是我们实现创新的根本思路。

创新的主体是人类。创新的客体是客观世界，包括自然科学、社会科学以及人类自身思维规律，具体讲可以是技术、产品、组织、流程、管理、观念和方法等。创新的种类分为两类：一是原创型的发明创造；二是对某一"存在"的发现和再认识，这种"存在"可能是某种资源，也可能是某种心理需要。科技创新属于发明创造，而市场创新和需要创新属于发现性的创新。

二、创新思维的特征

拓展阅读

人人可创、处处能创

创新思维，是指以新颖独创的方法解决问题的思维过程，通过这种思维，能突破常规思维的界限，以超常规甚至反常规的方法、视角去思考问题、看待问题，提出与众不同的解决方案，从而产生新颖的、独到的、有社会意义的思维成果。

许多人觉得自己不会创新，一方面是因为习惯了思维定式，缺乏批判性思考的训练；另一方面是并未从创新中尝到甜头，缺乏创新意识和创新方法。我们每个人都带着一种习惯模式或思维定式来看世界，有时候这个模式与外界事物的本质和规律正好近似，那么我们可以很快对这个事物做出正确判断，但是当我们的心智模式与事物本质或规律不相吻合的时候，就会妨碍我们产生新的思维，成了心智枷锁。

创新思维可以通过后天训练来开发，每个人都可以具有创新思维。

事实上，许多地方都需要创新，即使以后我们步入职场，在工作岗位上亦可以对工作方法、流程、技术等各个方面进行创新的尝试，完成创新活动的全过程。当一个人不断训练自己打开心智枷锁，开启创新思维，再遵循创新方法论的过程去执行整个创新活动，他一定会得到有意义的创新产出。

我们坚信，在恰当的方法论指导之下，人人都可以创新。

创造性思维是思维的一种，它既具有思维的一般特征，又讲究思维的效率性、效果性和对习惯性思维的否定性。与习惯性思维比较，创造性思维具有如下一些特征。

一是创造性思维的突出标志是新颖性、首创性和独特性。创造性思维也有高低之分，在一定程度上，这种层次或水平的高低，取决于社会性价值或社会意义的大小。科学家的发明创造是创造性思维过程，而学龄前儿童能续编故事结尾也是创造过程。只是创造程度不同，所产生的社会价值不同而已。

二是创造性思维与创造性想象密不可分。如建筑师以创造性的构思设计新大楼时将首创性、新颖性和独特性等思维活动和创造性想象糅合在一起。

三是创造性思维中既含有发散性思维，又含有集中性思维的成分，其中发散性思维更为重要，能让人联想到更多的解决问题的途径和通道。如学生在做数学习题时的一题多解就是发散思维的一种表现。

四是直觉思维是创造性思维的一个重要形式，表现为在科学创造活动中做出预见和假设。虽然直觉思维成果还只是未经检验和证明的猜想、假设，但它促使一个人继续深入思考，从而创造性地提出新观念、新理论、新思想。当然，单凭直觉思维是有局限性的，由直觉得出的假设，还需要经过实践以及逻辑推理来加以检验。

因此，根据创造性思维的上述特点，要培养和发展创造性思维，就要重视培养学习兴趣和求知欲，激发创造欲望，重视直觉思维，培养良好的创造性个性品质。

三、创新的思维方法

创新思维是多种思维形式协调活动的综合性思维，它存在于多种思维形式中，没有固定的格式，但它们又有共同的一般机制，这就是发散思维和集中思维的辩证统一。

发散思维是指在思维过程中充分发挥人的想象力，突破原有的知识结构，从一点向四面八方想开去，通过知识的重新组合，找出更多更新的可能答案、设想或解决问题的办法。

集中思维又称为收敛思维，它是从众多的信息中引出一个正确的答案或大家认为满意的答案，也就是说是以某一思考对象为中心，从不同的方向和角度，将思维指向这个中心，以达到解决问题的目的。

发散思维与集中思维两者相辅相成，创新思维是发散思维和集中思维的统一。在创新思维过程中，只有把二者结合起来，才能获得创造性成果。也就是说只有借助发散思维，广泛思考，自由联想，才能提出多种有价值的设想或者方案，为创新提供备选方案；同时必须借助集中思维，对各种设想进行筛选和整合，才能确定解决问题的最佳方案，完成创造活动。因此任何一个创造活动的全过程，都是经过从发散思维到集中思维，再由集中思维到发散思维，多次反复循环的过程。

四、排除思维定式的方法

创造性思维是一种复杂的多种思维协调的动态过程，影响创造性思维的主要因素是习惯性思维，又称为思维定式。已有的经验往往形成人们的定式思维，特别是经验丰富的人更容易产生思维路径的依赖。思维定式是长期形成的，它具有强大的惯性。因此，克服思维定式不是一朝一夕的事情，而是需要不断地进行强化训练。对创新思维影响较大的思维定式主要有权威定式、从众定式、经验定式、书本定式和非理性定式等。

1. 排除权威定式

在有人群的地方总会有权威。权威可以指导人们的思维活动，帮助人们认识世界。

但如果把对权威的尊崇演变为神化和迷信，并形成权威定式，凡事习惯于引证权威的观点，不假思索地以权威的是非为是非，那么将严重阻碍创新思维。任何权威总有时间、空间的局限，权威往往随着时间、空间变化而失去光辉，在某一领域的权威不一定是其他领域的权威。

2. 排除从众定式

从众定式是思维定式的一种重要表现，"从众"就是服从众人，随大流。在从众定式指导下，别人怎样想、怎样做，自己也这样想、这样做。从众定式在长期的社会生活中形成，是一种普遍的社会心理现象。它常常可以避免生活中的许多矛盾，因此在传统社会中不断被强化，具有强烈的稳固性。创新思维就是要突破传统的观念，敢于提出崭新的观念。新观念总是由少数人首先提出来，少数人坚持真理，同多数人的传统观念展开争辩，才使真理越辩越明，逐渐为多数人所承认。

3. 排除经验定式

经验产生于长期的实践，一般情况下，人们凭借经验可以得心应手地处理问题，特别是一些技术和管理方面的难题，常常靠丰富的经验才能解决。但经验有其局限性，它具有时空狭隘性和主体狭隘性，光凭经验难以处理各种复杂多变的实际问题。在实践中我们既不排除经验，但又不能唯经验，而是要坚持以科学理论为指导，不断增长见识，这样就会不断提高自己的创新能力。

4. 排除书本定式

书本知识是一种系统化、理论化的知识体系，是人类经验和体悟的结晶。我们可以通过书本掌握前人的经验，并在此基础上超过前人。但书本知识也会给人们带来麻烦，死读书本知识，企图用书本知识剪裁现实，其结果不言而喻，好比背熟游泳书，就想跳下水池也能游泳，这不可能成功，弄不好还会淹死。有的"饱学之士"，虽然天文地理无所不知，但是他们不能动手，不会处世，想不出点子，解决不了问题，这就是理论与实际相脱节。

5. 排除非理性定式

人是理性和非理性相结合的动物，这是人和一般动物的本质区别之一。人常常使用理性思维来思考问题和解决问题。同时，人在日常生活中又常常受到感情、欲望、情绪、潜意识等非理性因素的影响，非理性因素同理性因素相结合常常能产生创新。但我们还应看到非理性因素也会蒙蔽人们的理性眼光，使之失去正常的思维判断力，不利于人们创新。为了提高创新能力，必须学一些逻辑知识，锻炼提高自己的理性思维能力，遇事要按一定的规范有序地办理，不要受主观情感、欲望、情绪的左右，这样能够理智地控制自己的情绪，减弱非理性定式，提高思维质量，促进创新思维。

创新的最大阻碍是人们的传统思维方式根深蒂固，很多人安于现状，不愿创新；人们的习惯性思维总用固定的思路去考虑问题、分析问题，造成思维僵化、呆板，使创造性思维无法开放性、灵活性发展。只有跳出思维定式的束缚，创新才能成功。

五、改变定式思维的方法

定式思维总想找些理由来捍卫已形成的思维定式。思维惰性、因循守旧,很难产生创新和开展创新活动。改变定式思维不是一朝一夕的事情,为有效弱化定式思维,需要长期进行以下项目训练:

(1) 假设一些以前不敢想的疯狂念头。

(2) 多练习比喻,比来比去,就能找到奇妙之处。

(3) 做白日梦,让心思自由游走。

(4) 多参与一些围棋、象棋等需要动脑筋的业余活动。

(5) 学一两门外国语言。

(6) 多用笨拙的左(右)手做各种事情。

(7) 只读半本书,结尾留给自己来假设结局。

(8) 还可多做各种创新思维和创新技法训练方面的作业,比如:

① 你过去有何创造愿望? 在创造之路上有何经验教训?

② 自己的创造内因是什么? 自己的特长是什么? 有何优势与劣势? 如何转劣为优? 自己若想成为创造强者,关键问题何在?

③ 怎样提高自己的实际动手操作能力和学习能力?

④ 制订你的"一日一设想"计划并付诸实施。

⑤ 你认为在你所学专业领域之外,有哪些活动有助于你的创造?

⑥ 在培养成为创造型人才的过程中,应该注意克服哪些不利因素?

⑦ 结合成才目标,谈谈自己今后的打算。

⑧ 新概念算术。在下列各条中,＋代表乘;－代表除;÷代表加;×代表减。在一分钟内,看谁计算完成的题最多。

7＋2＝	8÷4＝	6＋11＝	20－10＝	7＋7＝	9＋3＝	5×2＝
8－4＝	9×3＝	2＋2＝	8÷4＝	6＋6＝	9＋2＝	12×2＝
15－5＝	4×3＝	20＋2＝	20－106×5＝	15－3＝	16÷8＝	15÷5＝
5÷5＝	10＋2＝	7×5＝	9×2＝	10－5＝	5÷1＝	10＋10＝
8÷2＝	4×2＝	8＋3＝	10－2＝	4－2＝	15－3＝	9÷3＝
16×6＝	8×8＝					

第一次练习中,新规则信息很难在大脑中确立:若做得快,必然错题多;若始终坚持新规则,速度就很慢,最多只能完成 50%。但经过几次练习后,速度、成绩都会提高,因为你接受了新观念,并努力运用了它。

(9) 参加"动物聚会"表演。团体训练方法:把全体学员按照自己的属相"鼠、牛、虎、兔、龙、蛇、马、羊、猴、鸡、狗、猪"分成组。每两个学员面对面站立,学自己属相的动物叫声。不要怕"丑",学叫的声音越大越准确越好。

说明:在公共场所大声模仿某种动物的叫声,主要是体会别人嘲笑的目光,提高自己承受周围环境压力的能力。

（10）提出与众不同的观念。开动脑筋想出一种与众不同的观念。这种观念也许并不高明，很难有推广运用的价值，但只要与人们的日常习惯相冲突就行了。然后，你把自己的新观念告诉你的朋友或在公园里刚认识的其他人，听听大家会有什么反应。从大家的反应中，一方面认识到社会的从众势力有多么强大，另一方面锻炼你"反潮流"的胆量。面对大家的嘲笑、指责和不屑一顾，你应心平气和地辩解，尽力说服他们，让多数人承认你的新观念中至少也有若干可取之处。

你还可以发明或改进一种新物品，只要这种新物品与人们认为"理所当然"的那种不同就行了。然后，你在各种场合大力宣传你的新物品，仔细观察不同的人所表现出的不同反应。不要惧怕大家的批评、嘲笑和蔑视，要恰到好处地为自己的小发明辩护。

说明：通过这类练习体会到众人评论、嘲笑没什么了不起，逐渐削弱自己思维中的从众定式。

（11）逆经验反应训练。大量的日常经验使每个人对外界的刺激都形成了一套固定的反应模式，就像听到电话铃响就去接，在马路上总是靠右走，习惯已成自然，想都不用想。打破这种固定的经验反应模式，对于增强创新意识大有帮助。

训练方法：早上不刷牙就吃饭；看着家里一团糟而无动于衷；让电话铃响着，不去接；下暴雨的时候不打伞走出去，等等。

（12）感受转换训练。转换思考角色是一种脑力激荡方法，能突破平时的思维定式，帮助激发创造性思维和更广阔的想象力。

请先写下10个以上的角色，如农夫、工人、司机、打工仔、老板、教师、市长、父亲、小孩等，或者你熟悉的名人，如政治家、企业家、教育家等。把自己扮演成这些角色，闭上眼睛，想象一下这个角色的生活、思想和环境，然后以这个角色的身份，回答你所遇到的问题。

然后想象你坐在书桌前，桌上空无一物，平坦的桌面慢慢扩展、慢慢扩展，一直扩展到有飞机场那么大……一架喷气式飞机飞过来，降落在你的书桌上。你听到了飞机发动机的隆隆声，并且闻到了呛人的油烟味……那种刺耳的隆隆声，很快变为悦耳的交响乐，是一首你熟悉的《欢乐颂》。那种油烟味也变成了田野里的青草气息……你走上前去，摸了摸飞机的机身，滚烫滚烫的，你的手指有灼烧感。很快，机身冷却下来，冰冷冰冷，把你的手指冻得有些麻木……最后，书桌和飞机都迅速缩小，书桌恢复原来的大小，而飞机则成了纸做的模型。

六、增强创新意识的方法

1. 树立独立自主意识

创新讲究的是独一无二，而不是模仿、雷同。因此培养创新意识，就要注意培养独立（独立的人格、独立获取知识、独立钻研问题和独立思考问题）、自主（自我激励、自我控制和自主发展）意识，实际上就是自我激励、控制，不依赖他人、不盲从权威。始终把注意力集中在选择的创新事物上，克服困难、百折不挠进行研究。

2. 养成问题质疑意识

问题意识就是说遇事要善于提出问题。创新始于提出问题，终于解决问题；使问题得以解决才是创新。怀疑意识强调对权威的挑战，不敢怀疑质疑，就会阻碍思维创新。只有敢于怀疑质疑，才能有效扩大自己的创新思维空间。

3. 承受风险挫折意识

创新是走一条前人没有走过的路，在这一过程中难免会遇到困难，遭受挫折。要想有所创新，就要有一定的风险意识和冒险精神，有克服困难的勇气和百折不挠的意志。

4. 强化社会实践意识

创新要坚持既来源于实践，又应用于实践。只有通过实践才可开阔大学生的知识视野，接触到各种新鲜信息，刺激产生更多兴趣，增加兴趣广度；才可将所学知识应用于社会实践，使知识技能掌握得更牢，稳定学生兴趣，增加兴趣深度；才可结合社会工作实际，选择课题或者方向进行研究，体验科学研究的乐趣，增加创新兴趣浓度。

拓展阅读

从"神六"航天想到太空飞机

我国神舟六号飞船载人航天飞行，绕地球数圈，安全返回。这为进一步发展航天事业奠定了坚实的基础。

"神六"带给科学家众多遐想，其中有一项就是如何把运载火箭技术运用到普通民航飞行事业上。从事长征运载火箭弹道设计研究的余梦伦院士指出："拿'神六'运行速度做比较，它绕地球一圈（4 万千米）要 2 个小时，而中国到美国一万千米左右，如果按这个速度，只需半个小时就可能从中国到美国。随着科学的不断发展，这种愿望绝不是'空想'，可以把航空、航天两项技术紧密结合在一起，制造一种太空飞机。既可以在大气层外飞，又可以在大气层内飞；跟普通客机一样水平起降、超音快速。21 世纪中叶有可能突破难关问世。"

在人类资源比较紧缺的情况下，用前瞻性眼光看、超越性思维来构想，对当今航天事业发展越来越重要。在已知太空资源中，氦是无毒、无辐射的最好核反应原料。在空间获得太阳能的效率比在地面上要高得多，可建造空间太阳能电站，成为人类的电能"聚宝盆"。从这一系列科研追求中，我们不难领悟创新意识和创新思维的强大活力与宝贵所在。

可见，航天能力和水平是国家核心竞争力的重要体现之一，能增强国家综合国力、民族凝聚力和自信心，极大地提升一个国家在国际舞台上的发言权和地位。要赶超世界最先进技术必须拥有创新思维，要想改变生活、改造世界必须依赖创新能力！国家航天科技集团提供的数据表明，近年来有多项空间技术成果移植到国民经济各个部门。

案例分析

穷女巧梳妆

我国电影《红高粱》在德国柏林荣获"金熊奖"，既靠影片的艺术水平，也与参展代表团在宣传上大动一番脑筋分不开。

国外发行新影片要花费很大人力财力,在报刊上登广告;在广播、电视上做宣传;在通衢要道竖立巨幅广告牌;到处张贴海报、招贴画等,扩大影响,引起注意。怎样以很少的代价,引起观众的普遍注意呢?《红高粱》参展代表团工作人员想出了一个巧妙办法:赶制一批具有鲜明中国传统特色的红色粗布对襟小褂,小褂的背面还印了"红高粱"三个中国字。在影片首映式上,每一个观众都免费赠送一件,使外国观众大感兴趣,把这种小褂视为难得的富有中国乡土气息的艺术品。

电影散场后,观众们纷纷穿起"红高粱"小褂,在柏林大街上随处可见,《红高粱》上座率直线上升。制作这种红色粗布的对襟小褂,成本只花人民币一元五角。

➤问题链接:《红高粱》参展代表团是在什么情况下想出制作红色粗布对襟小褂的办法的? 他们运用了什么创新思维方法?

📢 **实践拓展**

寻找创新能力的提升路径

一、生活日常:创新思维的起步训练

用创新的思维解决生活中的痛点,需要有创新思维,但对技术要求较低。

例如:某学校学生在上创新创业启蒙课时,想出来的种种解决生活痛点的产品,例如可以解决头发出油的梳子、能搜集女生宿舍地板上散落长发的拖鞋,溺水时能报警并迅速解救溺水者的手环,能快速把西瓜切成小方块的工具等。

二、创新项目的进一步拓展

依然聚焦生活所需,集成多种创新技术和想法,完成一个较复杂的创新产品开发。例如,自动泡茶机器人、糖画 DIY 机器人、蛋糕制作机器人、助老助残机器人,需要集成机器视觉、语音识别等多种技术来完成一项工作。而上述作品,都是出自高职院校学生之手。

三、集成多种创新,解决产业难题

集成多种技术创新,甚至包括流程、制度、商业模式的创新,共同解决产业难题。例如,第五届"互联网+"创新创业大赛国赛金奖项目"智能点胶机器人",集成了机械结构创新、算法创新和工艺创新,可帮助 LED 透镜贴装厂商,把定位编程单次作业面积提升 484 倍,总体提升 50% 的生产效率,并降低 40% 的成本。

四、专创融合的创新训练

以"专业技术+创新思维"的结合,创新性地解决专业领域内的技术问题。例如,持续在 3D 打印这个领域学习与研究,对 3D 打印头进行持续研发改进,能让 3D 打印设备更稳定、精度更高、速度更快等。又如:研发出更环保的装修材料、更高效的半导体材料、更结实的布料等。

请结合上述建议,尝试做一下练习:

1. 在 3 分钟以内,用发散思维尽可能多地写出玻璃杯的新用途(20 个以上)。

2. 设计一系列让年轻人爱上做饭的厨具(写出思路即可)。

任务三　创新技法训练

任务目标

1. 重点掌握逆向思维的内涵与特征;
2. 重点了解检核表法、和田十二法创新的基本方法;
3. 了解不同类型分析列举法的主要内容。

案例导入

结合技术的发展去畅想最理想的产品状态

案例 1. 敢于打破常规

当无线通信刚被发明出来的时候,几乎所有人都认定了这个技术演变的最终目标是每个人拥有一台无线通信装置,能够成为"无线"的电话。但在当时的技术条件下,无线通信设备有无线发射器和无线接收器两个部分。无线发射器体积庞大,价格昂贵;无线接收器体积小,价格便宜。这时,一位"打破常规"的创新者想到,是不是可以把发射器和接收器分开,让每个人都有一部非常便宜的接收器,来接收某个中心发射器的信号。就这样,广播这种依赖无线电技术的大众传播方式诞生了。

试想一下,如果不敢打破常规,第一个发明汽车的人,考虑用缰绳或自行车把的方式来控制汽车的行驶方向,汽车会是什么样呢?乔布斯在设计第一款苹果手机的时候就提出,手机上面按钮众多非常不简约,他一定要生产一款足够简约的手机,如只有一个按钮甚至没有按钮。尽管很多人认为这是天方夜谭,但通过乔布斯团队的努力,最终他们实现了一个大胆极端的设计方案:抛弃几乎所有的物理按键,只保留一个 Home 键。这样的设计让用户操作起来更简单,更有控制感。

案例 2. 努力洞悉未来

在互联网发展的初期,当时的用户没有准确地提出针对搜索引擎的需求,因为使用者习惯于使用分类目录来查找自己需要的网页。那时,用户可能并不知道搜索引擎是什么,不清楚自己是否真正需要这样的功能,也不清楚技术上是否具有可行性。但是,能够洞悉未来的创新者可以推测:随着网页数量的不断增长,总有一天,分类目录将无法更好地容纳更多的新网页。这时,创新者便先于用户想到,未来的用户需求一定会转向比分类目录浏览更加便捷的方式。例如,是不是可以允许使用者使用任何关键字进行查询并获取网页结果呢?在技术上,是不是可以自动为海量网页创建索引并获得更好的排序呢?谷歌公司的创始人正是洞悉了这个用户的潜在需求,而投身于搜索技术的研发。当使用者对于网络搜索的需求越来越明显时,以谷歌为代表的搜索引擎就自然而然地走向前台,取得了巨大的成功,并直接带动了网络广告产业的兴起。

我们说创新思维具有新颖性、首创性和独特性等特点，但这并不是说创新思维无法把握或仅是少数人的专利。其实，创新思维也是有规律可循的，创新思维的方法很多，最常见的主要有五种。

一、逆向思维方法

逆向思维与正向思维是相对而言，即突破思维定式，从相反的方向思维，这样可以避免单一正向思维的机械性，从相向视角（如上下、左右、前后、正反）来看待和认识客体。这样的思维方式往往能别开生面、独具一格，导致独创性的思维发挥，取得突破性的成果。历史上的司马光"砸缸救人"，军事上的"声东击西""空城计"，数学上的所谓"反证法"等都是逆向思维的经典。

逆向思维运用途径主要有三个：一是结构性反转，就是从已有事物的相反结构形式去思考，设想新的技术创造。例如："用火烧东西，火在东西的什么方位？""当然在下边！"这是人的思维定式。但火能不能在东西的其他方位？日本夏普公司开发一种烤鱼器，把电热铬镍合金丝装在鱼的上方，这样的结构不仅同样可达到烧烤鱼的目的，而且使烤鱼滴下来的油不会燃烧冒烟。二是功能性反转，就是从已有事物的相反功能去思考，设想技术创造或寻求解决问题的新途径。三是因果反转，就是指从已有事物的因果关系、先后顺序的相反方面来思考，设想新的技术创造。

二、检核表法

检核表法又称"分项检查法"，它以技法的发明者奥斯本命名，根据需要解决的问题或者需要创新设计的对象，从多个方面列出一系列的有关问题，然后逐个加以分析、讨论，从而确定最好的设计方案。检核表法原有九个方面、七十五个问题，是引导人进行思考，启迪思路，开拓思维想象的空间，促进人们产生新设想、新方案的方法。

（1）用途。现有的事物或者发明成果有无新用途？保持原样不变能否扩大用途？自从玻璃纤维生产出来后，由于其多种多样的"新用途"，使纤细的玻璃丝的生产和应用成为一项大工业。至今，玻璃纤维不仅能够用于制造船舶车辆，而且将它和塑料合为一体，生产出了既轻又富有弹性的鱼竿、撑竿跳高竿，甚至可以制作具有动态的光导纤维画。

（2）引申。这个东西和什么东西相类似？是否可以由这个东西想出其他东西？过去有何类似的东西？可不可以模仿？

（3）改变。可否改变一下形状、颜色、气味等？例如，如果给面包等食品包裹上一层充满芳香的包装，一定能对消费者提高诱惑力。总之，许多产品只要稍加改进，不仅能提高质量，而且可以刺激消费者的感官，从而提高销售量。

（4）取代。可否代替？有没有东西取代这个东西，或代替这个东西的一部分、某种成分、某种过程呢？在产品生产中，为了提高质量或降低成本，常常用一种东西代替另一种东西，用廉价物代替昂贵物，用国产品代替进口品。

（5）放大。在这个产品上可否增加些什么？加强一些，高一些，长一些，厚一些，大一些行吗？这是用加法方式提出创造性设想，可以从体积、强度、装置等多方面来设想。例如，将一层透明的薄片或其他薄片挤压在两层玻璃中间，可以制成一种防震、防碎或防弹的安全玻璃。

（6）缩小。现有事物可否缩小？如原先生产的收音机、计算机等是庞大的机器，后来不断创新，逐步缩小化、袖珍化。将一个整体分解成若干部分也能获得创造，最显著的是把家禽分割为胸脯、大腿和翅膀卖给顾客，方便了顾客，增加了销售量。

（7）变换。可否重新安排，变换一下顺序、位置、因果关系、速率、时间，等等？例如，把汽车的发动机由安装在车头改为安装在车尾，提高舒适程度，这对旅游客车非常有必要。

（8）颠倒。可否颠倒，把位置、作用、正反、上下颠倒一下行吗？在重新安排中还可以把传统的安排颠倒过来，可能会获得意想不到的好效果。传统的缝衣针的针孔是在针的尾部，而缝纫机的缝纫针孔开在头部，才能起到缝纫的作用。

（9）组合。可否把物体混合、合成、配合、配套？组合是实现创造发明的一种重要方法。如果把现有科学技术原理、现象、产品或方法进行各种组合，就可能获得不少解决问题的新方法和新产品。

检核表法思维是一种强制性发散思维，它能突破不愿意提问或不善于提问的心理障碍，在思考问题的过程中提问，尤其是提出有创意的新问题，本身就是一种思维创新。检核思维是一种多向性的思维，广思以后再进行深思和精思，这是创新思维的发展规律。由于思维惯性和惰性的关系使然，人们很难对同一问题从不同方向和角度去进行思考，运用检核表法可以在一定程度上帮助人们进行有效的多向思考，使人们的思维角度更加开阔。

三、和田十二法

在奥斯本检核表法的基础上，我国创造学者许立言、张福奎等通过研究，并在上海和田路小学试验，提出创造发明的"和田十二法"，具体内容包括"加一加、减一减、扩一扩、缩一缩、变一变、改一改、联一联、学一学、代一代、搬一搬、反一反、定一定"。这是奥斯本检核表法在我国发展的具体表达形式，引导人们能有效运用联想、类比、组合、分割、移花接木、异质同构、颠倒顺序、大小转化、改型换代等多种思维技巧，以突破各种心理定式和传统观念的束缚，进而获得解决问题的新设想和新方案。

四、信息交合思维方法

信息交合法是建立在信息交合理论基础上的一种组合分析创新法。信息交合法从多角度和多层面探讨思维方法问题，可以改变人们的思维习惯、提高人们的思维能力、拓展人们的思维层次，从而最大限度地发挥人们的思维活力。该方法分为四个步骤：第一步确定中心，即确定所要研究的对象，以此作为信息标图中的零坐标。第二步画出标线，即用矢量标串起信息序列，根据"中心"的需要画出几条坐标线。第三步注出标点，通过分析，在各坐标线上注明一系列信息点。第四步相交合，即以一条标线上的某信息为母本，以另一标线上的某信息为父本,互相交合后便可产生新信息。通过上述四步,信息相交就产生出无数新信息,然后根据市场需要和生产条件,可以连续不断地开发、设计、制造出一系列新产品。

在企业经营中开发畅通的新产品很不容易,这就是因为旧的思维模式牢牢地钳箍着人们的头脑,限制了人们的思路。信息交合法不仅能帮助开拓思路,而且实用价值很高,应用范围十分广泛。

五、分析列举法

分析列举法是针对某一具体事物的特定对象从逻辑上进行分析并将其本质内容全面地逐一列出,用以启发创造设想,找到发明创造主题的创造技法。分析列举法包括缺点列举法、希望点列举法、特性列举法等方法。

1. 缺点列举法

敢于质疑、提出与众不同的创意,是创新人才必须具备的品质。世界上没有尽善尽美的东西。缺点列举法通过发散思维,发现和挖掘事物的缺点,并把它的缺点一一列举出来,然后找出其主要缺点,据此提出克服缺点的方案。缺点列举法是一种简单有效的创造发明方法,只要时时留意自己日常使用和接触的物品的不足之处,多听听别人对某种物品的反映,那么发明将会无穷无尽。

2. 希望点列举法

人们总是怀着美好的希望面对生活,古往今来,有许多创新往往寓于希望之中。从人们的需要和愿望出发提出构想,从而促使产生发明创造,这叫希望点列举法。比如刚开始只有无声电影,后来有了有声电影。但去电影院看总没有家里舒服,而且在家看不用花钱,根据自己的爱好想看什么就看什么,于是黑白电视应运而生,后来又有了彩色电视,现在又产生了高清的数字电视等,不断满足需求的过程也是产品不断更新换代的过程。

3. 特性列举法

特性列举法由美国人克劳福德创立,主要手段是逐一列举创意对象的特征,进行联想,尽可能多地提出解决问题的方案。比如水壶,鸣笛水壶将蒸汽口设在壶口,水烧开后自动鸣笛,盖上无孔,提壶时不烫手。

➢问题链接:回想自己日常学习工作中是否有创新的实践,思考自己日常生活中有哪些创新的机会? 自己在哪些方面有创新优势?

🔍 案例分析

孙膑智胜魏惠王

孙膑是战国时著名兵家,至魏国求职,魏惠王心胸狭窄,忌其才华,故意习难,对孙膑说:"听说你挺有才能,如你能使我从座位上走下来,就任用你为将军。"魏惠王心想:我就是不起来,你又奈我何! 孙膑想:魏惠王赖在座位上,我不能强行把他拉下来,把君王拉下座是死罪。怎么办呢？只有用逆向思维法，让他自动走下来。于是，孙膑对魏惠王说："我确实没有办法使大王从宝座上走下来，但是我却有办法使您坐到宝座上。"魏惠王心想：这还不是一回事，我就是不坐下，你又奈我何！便乐呵呵地从座位上走下来，孙膑马上说："我现在虽然没有办法使您坐回去，但我已经使您从座位上走下来了。"魏惠王方知上当，只好任用他为将军。

【启示】　哲学研究表明，任何事物都包括对立的两个方面，这两个方面又相互依存于一个统一体中。人们在认识事物的过程中，实际上是同时与其正反两个方面打交道，只不过由于日常生活中人们往往养成一种习惯性思维方式，即只看其中的一方面，而忽视另一方面。如果逆转一下正常的思路，从反面想问题，便能得出一些创新性的设想。

🔊 实践拓展 1

请寻找妨碍自己创新的因素

思维是一种习惯：双手交叉，十指相扣。观察十指交叉的位序，有意识错位，体会不同的感觉。你最近一次创新是 3 天前，30 天前，还是 300 天以前？

请寻找妨碍自己创新的因素：

1. 哪些是外在的因素？

_____

_____

2. 哪些是内在的因素？

_____

_____

🔊 实践拓展 2

体会一下什么是创新思维

如下图，两条平行线为一条河流的两岸，中间是河水，河宽 100 米，现在要修一座桥，要求桥垂直于河岸，使人们从 A 点走到 B 点的距离最近，并画出最短距离。

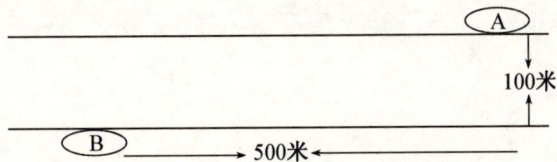

实践拓展 3

以台灯为原型，运用检核表法，进行创新产品开发

序号	核检问题	创新思路	创新产品
1	能否他用		
2	能否借用		
3	能否改变		
4	能否扩大		
5	能否缩小		
6	能否替代		
7	能否调整		
8	能否颠倒		
9	能否组合		

实践拓展 4

运用信息交合法开发窗帘新产品

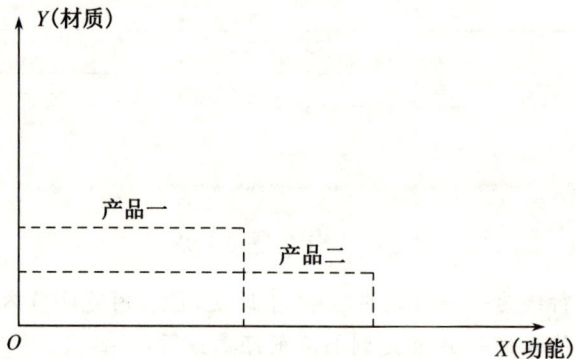

项目九　探索创业时代,创新赢得未来

📖 项目导读

　　习近平总书记指出:"创新是社会进步的灵魂,创业是推动经济社会发展、改善民生的重要途径。青年学生富有想象力和创造力,是创新创业的有生力量,希望广大青年学生在创新创业中展示才华、服务社会。"纵深推进大众创业、万众创新是深入实施创新驱动发展战略的重要支撑,大学生是大众创业、万众创新的生力军,支持大学生创新创业具有重要意义。通过加强全社会以创新为核心的创业教育,弘扬"敢为人先、追求创新、百折不挠"的创业精神,厚植创新文化,不断增强创业创新意识,使创业创新成为全社会共同的价值追求和行为习惯。

💻 知识目标

1. 了解创业与就业的关系;
2. 理解创业资本的概念及包含的内容;
3. 对"互联网+"创业有一定的认识。

🎓 能力目标

1. 认识到创业的个人及社会价值,激发创业意识;
2. 能客观地分析当代大学生创业现状,对大学生创业资本有一定的认识;
3. 能运用"互联网+"思维分析一般创业行为。

🏆 价值目标

　　1. 从创业与就业的关系中,深刻认识到:创业也是就业的一种形式,无论选择哪一种人生规划都要脚踏实地,勇于面对生活中的艰难险阻,激发干事创业的信心;

　　2. 创业资本的积累需要长期的实践锻炼过程,是一个从量的累积到质的飞跃的过程,要正确认识付出与回报之间的关系,培养健康、良好的心态;

3. 互联网思维是一种思考方式，并不局限于互联网产品、企业，学生要敢于挑战自己，敢于突破自己，在万物互联的时代，我们需要从实际出发，联系客观事例，综合各方面因素，全面系统地分析出其中存在的问题；要认识到事物之间复杂微妙的联系，懂得借助互联网手段，实现人生目标或价值。

注意事项

1. 在执行本项目的过程中，应让学生清晰地知道：创业是一种积极的就业形式，选择创业将改变你的命运，或许会改善，亦或许会更糟，而无论成功与否，你必须为创业付出一番脚踏实地的努力。

2. 要引导学生脚踏实地地参与社会实践，培养吃苦耐劳的精神，面对严峻的就业形势，大学生一方面要刻苦学习，掌握从业的专门知识和技能，不断提高综合素质，提高职业竞争能力。另一方面，更重要的是积极转变就业观念，树立自主创业意识，学习掌握创业的基本知识和能力，做好创业准备，增强走向社会自我发展的信心。

3. 引导学生深刻认识互联网实质上是一种思维方式、一种生活方式、一种哲学论。"互联网＋"创业是互联网思维的进一步实践成果，推动了经济形态不断地发生演变，从而带动社会经济实体的生命力，为改革、创新和发展提供广阔平台。

任务一　初识创业

任务目标

1. 理解创业对社会发展的意义；
2. 了解创业与就业的区别；
3. 能客观分析大学生创业行为。

案例导入

大学生创业第一家——视美乐

在 21 世纪到来之际，中国孕育人才的环境也在发生变化，人们的社会观念在改变，社会逐渐开始认同冒险和创新。此时，中国大学校园里的莘莘学子终于冲破传统的历史习俗，开始了学生创业的道路。清华学子们创办的北京视美乐科技发展有限公司成为学生创业的先行者。

视美乐公司的诞生似乎有点戏剧性。最初使王科、邱虹云、慕岩和杨锦方产生创办视美乐公司的想法源于清华大学每年一度的创业计划大赛。清华创业计划大赛是一些除了"头脑和双手"以外，其他一无所有的创业者就某一项具有一些市场前景的新产品或者服务，通过创业计划书向风险投资家进行游说，以取得投资为目的的竞赛。在创业计划大赛上，当王科看到邱虹云的集光学、机械和电子于一体的成果后，认定如果将这一研究成果转化为生产力推向市场，前景一定十分乐观。于是便找到慕、杨二人商议，共同创办公司直接将产品推向市场。

风险投资的最大的风险在于创业产品的技术风险、市场风险和财务风险。创业者用以吸引风险投资的手段不仅在于自己的想法或者产品具有创意及创新，而且要求产品能够最大限度地降低技术风险和市场风险。视美乐的主要产品——多媒体超大屏幕投影，是一种集光学、电子学、机械等多领域专利合成技术的创新型高技术产品。其投影的清晰度比目前数字电视机要高出 1 倍，其 50～150 英寸的可调屏幕更有独到之处，但价格却是目前市场价 12 万元的 1/6。该产品本身的技术关键在于它的光路部分，传统的影音设备提供商都有高档大屏幕显示设备，其光路采用的是任何光学工程师都可以想到的解决办法。而邱虹云却运用自己独特的思路解决光路问题，不仅使具有同等性能的产品价格下降很多，而且产品设计中使用了破坏性结构，使模仿和解构都较为困难，因而大大增强了产品的市场壁垒作用，使产品的技术风险和市场风险降低到最低限度。

【启示】　视美乐是大学生创业的典范，开创了学生创办公司的先河，它起源于清华大学创业协会举办的创业计划大赛。共青团中央、中国科协、教育部和全国学联共同主办的全国性的大学生创业计划比赛，推进了各高等学校的创业教育，营造了高校学生的创业氛围。

请思考以下问题：

1. 从视美乐公司的创办分析创业成功的首要条件是什么？
2. 分析创业意识对创业行动的能动作用。
3. 你如何认识"临渊羡鱼，不如退而结网"这句格言？

一、"创业"大家谈

在汉语词源里，"创"有"始造"之意，"业"有"事业、功业"之意。而现代意义的"创业"（entrepreneurship）一词，是由"创业者"（entrepreneur）一词衍生而来，最早可追溯至 1755 年，法国经济学家理查德·坎蒂隆在其著作《商业性质概论》中首次提出"创业者"的概念，即"在担当风险的情况下，开启或运行一定业务来获取经济利益的人"。

"entrepreneurship"在英语中另一种被广泛应用的解释是"企业家精神"或"企业家能力"，即"企业家在所处社会、经济体制下，从事工商业经营管理的过程中，在激烈的市场竞争中和优胜劣汰的无情压力下形成的心理状态"。

由此可见，"创业"这个行为本身是由创业者完成的，所以"创业"与"创业者"这两个概念是密不可分的，二者互相渗透、互相包含。时至今日，"创业"依然没有一个准确的统一定义，不同的人有着不同的解读，其含义有着多元化的特征。被誉为现代管理学之父的彼得·德鲁克在著作《创新与企业家精神》中写道："创业是一种行为，而不是个人性格特征。只有那些能够创造出一些新的、与众不同的事情并能创造价值的活动才是创业，它与管理是一体两面。"

百森商学院教授杰弗里·蒂蒙斯在其著作《创业创造》中给出的定义是：创业是一种思考、推理结合运气的行为方式，它为运气带来的机会所驱动，需要在方法上全盘考虑并拥有和谐的领导能力。国内创业管理研究的领军人物、南开大学张玉利教授认为：创业是在资源高度约束、不确定性强情境下的假设验证性、试错性、创新性的快速行动机制。这个机制支撑的是改变、挑战和超越，创建企业只是创业的一种载体或手段。

百度百科上对创业的定义是：创业是创业者及创业搭档对他们拥有的资源或通过努力对能够拥有的资源进行优化整合，从而创造出更大经济或社会价值的过程。创业是一种需要创业者及其创业搭档组织经营管理，运用服务、技术、器物作业的思考、推理和判断的行为。

➤**课堂讨论**：简单回顾一下近二三十年间社会经济发展和创业者所做出的贡献，诸如个人电脑、生物技术、闭路电视、办公自动化、手机服务、光碟、网上出版和购物、虚拟成像等，我们就不难想象，创业者是如何巨大地改变了世界发展的进程，改变了人们的生活、工作和学习方式。

创业创造了光辉灿烂的人类文明，创造了光明美好的未来。在 21 世纪以至未来更长的时期，创业将深远地影响社会发展，并将不断改变人们生活、工作、学习和发展的方式。

二、创业时代的召唤

（一）就业岗位的扩容器

管理学大师彼得·德鲁克曾对 1965—1984 年间的美国经济进行过研究，他发现创业型就业是美国经济发展的主要动力之一，是美国就业政策成功的核心。中小企业创造了大量的就业机会，尤其在大企业进行大裁员时，中小企业在稳定就业方面起着越发重要的作用。

我国有 14 亿人口，就业压力在世界首屈一指。目前，我国各项改革深入推进，产业结构正进行优化和调整，在这个重大社会转型期就业矛盾更加突出。没有全社会广泛的创业活动，社会就业问题将直接影响我国社会经济的发展进程与和谐社会的建立，因而创业创新对我国的意义就越发重大。

（二）社会进步的推动器

创业繁荣了市场，丰富了人们的生活，提高了生活质量。大量的新创企业机制灵活，参与垄断行业和新兴产业领域的竞争，激发了市场活力。创业促进了社会稳定和谐，通过扩大社会就业，降低社会失业率，稳定了社会秩序。创业还有利于社会文化、观念的转变，使得无数个人进入了经济和社会的主流，对于形成创新、宽容、民主、公正、诚信等观念和文化具有积极作用。

拓展阅读

"返乡创业新农人"——方勇

方勇在城市工作多年后，放弃了城市里的稳定工作，选择回到故乡进行农业创业，成为了典型的"新农人"。

他利用现代农业技术，结合当地的自然环境，尝试多种农业模式。他创办了生态农场，专注于无公害、绿色食品的生产，建立茶叶生产加工厂，有效解决了当地茶叶销售的问题。

方勇善于借助互联网，通过线上微信、线下配送相结合的方式，进一步拓宽了农产品的销售渠道，为消费者提供了更加便捷的服务。除了自身创业，方勇还积极推动周边农民参与产业发展，通过技术培训、合作社等方式，提高群众的经济收益。

方勇的农场不仅为他自己带来了可观的收益，也为当地创造了许多就业机会，推动了乡村经济的增长。作为返乡创业的典型代表，他的成功案例激励了越来越多的年轻人回乡创业，推动了地方农业的转型升级。

【启示】　方勇推行的生态农业模式，有助于保护地方的生态环境，促进可持续发展。这不仅促进了现代农业的创新与发展，也为乡村振兴提供了宝贵的经验和借鉴。

(三) 理想人生的实现

就大学生就业来说，随着高等教育大众化的不断推进，大学毕业生越来越多，就业难已成为社会关注的焦点之一。根据教育部近年来公布的数据，2023 年，高校毕业生已达 1 158 万人，面对如此严峻的就业形势，大学生一方面要刻苦学习，掌握从业的专门知识和技能，不断提高综合素质，提高职业竞争能力。另一方面，更重要的是积极转变就业观念，树立自主创业意识，学习掌握创业的基本知识和能力，做好创业准备，增强走向社会自我发展的信心。

三、创业与就业的区别

(1) 角色差异。两者在企业中的地位、所肩负的责任和使命均有较大差异。创业者通常处于企业的高层，在企业实体的创建过程中，创业者始终是负责人；而就业者通常处于中低层，到达高层需要一个过程，也不需要对企业的成长负责，只需要做好本职工作就可以了。

(2) 技能差异。创业者通常身兼多职，既要有战略眼光，也要有具体的经营技能，从而要求其具备相当全面的知识和技能；就业者通常具备一项专业技能即可开展自己的工作。

(3) 收益与风险差异。就业主要投入的是数年的教育成本，而创业除了教育成本，还包括前期准备中投入的人力、物力和财力。一旦失败，就业者并不会丧失教育成本，但创业者会损失在创业前期投入的一切成本；而一旦成功，就业者只能获得约定的工资、奖金及少量的利润，创业者则会获得大多数经营利润。

（4）成功的关键因素。就业可以完全依靠企业实体，但创业更多地依靠自身的经验学识与财力，取决于各种需求和资源占有情况等条件。

四、创业并不神秘

创业是件激动人心的事情，也是一件伟大的事情。但许多人总是认为创业很难：自己学历不高、智商一般，没经验、没基础、没资金、没时间……一连串的问题，往往让大家对创业望而却步。事实上，这些问题都可以解决。

（1）创意。创业不一定要创造全新的生意，也不是学历"高"、知识"深"、智商"高"者的专利。

（2）资金。创业是需要资金，但创业成功与否并不完全在于资金的投入，而在于创业者的能力和能量，《民富论》作者赵延忱先生称其为"灵魂资本"。例如，北京大碗茶商贸集团，最初的家当只有一把铁壶、几个茶碗，再加上几把旧凳子，全算在内不过10元钱。

（3）经验。经验是可以学来的，可以向他人请教，更重要的是边干边学，自己摸索到的经验更可贵。许多成功的创业者都是通过为别人打工，积累经验后再去创办自己的事业。

（4）学历。教育对创业成功是非常重要的，但受教育的程度与是否独立创业和能否创业成功并非成正比关系。田千里在《老板论》中描述："从正常情况看，老板受教育的曲线是两头大、中间小，即高中以下文化程度，创业比重较高，但因缺乏基础教育，失败的可能性较大，特别是公司进入较大规模以后，失败的可能性更大。而硕士以上，特别是到了博士，创业的激励因素大大降低，冒险性与实干能力下降，加上已有的社会地位，所以这些人创业的机会很小，但这些人一旦创业，成功的比例则相对较高。"

拓展阅读
从送快餐开始的创业之路

何咏仪从西安交通大学通信专业毕业，意气风发，踌躇满志。放弃了爸妈给找好的工作，她想独自闯荡。何咏仪把西安某著名电信单位作为首选，然而遭到对方当面拒绝，嫌她没有工作经历，薪水要求又高。这个开头不太好，之后的半个月，何咏仪一直没有找到合适的工作，互相不满意。最终她放下身段，找了一份送快餐的工作。

终于工作了，心情却很尴尬。第一天好不容易挨过去了，何咏仪告诫自己：就业没有大学生小学生之分，在哪行就得钻哪行，架子面子，都免谈！何咏仪聪明肯干，很快赢得老板的信任。

不久，何咏仪开始给西安高新区一些写字楼的白领送餐。才去第一家公司，她就受到抱怨，白领们纷纷发牢骚："你们店做的饭太没特色，总是老三样，再不改观，我们就另外订餐。"在第二家，何咏仪一边搁下饭盒，一边听着同样的埋怨，都闷极了。

　　回想受到的抱怨，何咏仪眼前一亮，这不是一绝好的商机吗？有的快餐店认为白领们难伺候，要求高，主动放弃了送餐业务。我为什么不把这笔业务接过来，按着白领们的要求走呢？从此，何咏仪每次送快餐，都会详细地记下对方的电话、用餐口味和个人禁忌。自己收集的信息还不够，她又在写字楼门口等待其他的同行，上前搭讪，询问各种细节，一一记在心里。几天考察下来，每天天黑才能回家，何咏仪瘦了，但是心里更有谱了，酝酿着新的快餐运作模式："我完全可以做一个快餐中转站，收集各种风味快餐，提供给各家公司的白领，从中赚取差价。既帮快餐店拓宽了业务，又让白领选择更多，何乐而不为？"说干就干，而且春节期间的业务需求旺盛，很多快餐店放假，白领们只能放弃订餐，自己买饭。就抓住这个机会！

　　何咏仪很快就在东桃园村找到了一间20平方米的门面房，月租400元，但老板坚持要一次交清三个月的房租。何咏仪手上只有1000元，捉襟见肘啊。她三番五次地恳求，房东终于同意月付。一出门，何咏仪马上去人才市场，找了两个口齿伶俐的打工仔，提出包吃包住工资500元，任务就是送餐。

　　因为事先有过调查，何咏仪很快根据订单的要求，找到了需要的快餐店。老板一听何咏仪要50份，答应给个优惠价格。何咏仪当即交了定金。随后，她又去另外一家饭馆，预订了50份特色菜。饭菜送到，何咏仪自己也穿上工作服，和两名员工一起外送。当天，除去各种费用，何咏仪净赚150元钱。初战告捷，使何咏仪信心十足。第二天，她多预订了50份，很快又送完了。

　　春节过后，快餐店的竞争日益激烈，何咏仪的订单不如以往多了。她干脆亲自上门，到公司推销。面对质疑的目光，她从容地拿出自己记录的快餐店手册，说："你们想吃任何口味，我都可以满足。送餐及时，保证营养，还能经常变换花样！"

　　何咏仪渐渐被写字楼的白领们熟悉。一年后，何咏仪外送的快餐盒饭每天上千，到年底，年利润已经突破100万元，并从小店面升级为"西安柒彩虹餐饮有限公司"。成功打造西安第一快餐中介，何咏仪的梦想更大："将来时机成熟，我想把快餐中介做成中国连锁！没有不可能，就看你敢不敢想。"

　　【启示】　求职处处碰壁的时候，就该及时调整就业方向。在了解自己的能力和兴趣的情况下，做个有心人，善于无中生有，渐渐就柳暗花明。大学生找工作越来越难，都是从零开始，但总有人脱颖而出。因为他们在挫折里学会思考，即使沮丧也从不放弃希望，放低心态，踏实做事，实干加巧干，最终成就自己的事业。

拓展阅读

预售当年的果树产权

　　广州郊区农民与市内超级市场联营，举办了"果树当年产权预售"活动。如一棵苹果树叫价2500元，该树当年产量的所有权即归买主。买主可随时去果园采摘苹果。如果买主不愿下乡，果农也可将苹果摘下来包装好，送货上门，但买主要另付劳务费和运输费。当然，果农要保证水果的产量和质量。

鲜花做成工艺品

品种繁多而又款式新奇的"工艺鲜花"已成为深圳流行的花卉品种，其市场需求量正大幅度上升。

所谓"工艺鲜花"，就是一改以往的鲜花销售方式，根据各种特殊需求，将花卉梳妆打扮一番，使之更富有个性美。其工艺有增香换味、变色添彩，也可饰以各种丝绸、缎带等，再以特制的花篮、礼品盒包装。广东人颇重视花卉的质量与个性，只要中意，即使价格高也有很多人购买，这使花农及鲜花专营户、加工者收获不小。

购买鸡鸭所有权

顾客可在鸡鸭幼龄期购买下它们的所有权，然后让禽农替其饲养，待家禽生长成熟育肥后，由禽农宰杀、洗净，并送至顾客家中。这样既方便了顾客，禽农又为自己饲养的鸡鸭从小就找到了买主，当然不愁销不出去了。

能长出瓜果的"书"

在日本各地商场和书店均有"瓜果书"出售，诸如"番茄书""黄瓜书""茄子书"等，应有尽有。这些貌似书本的产品表面包装着防水纸，其内塞有石绒、人造肥和种子等。人们购回后按照附赠的种植说明书，只要每天浇水，便能长出手指粗细的黄瓜、弹丸似的番茄、拳头大的茄子等。一般情况下，一本"番茄书"经培育可长出150～200个"迷你果"，一本"黄瓜书"可结出50～70条"袖珍瓜"……因为集观赏性和食用性于一体，菜农们竞相出售，以增加收入。

【启示】 在商机无限的今天，有许多发现财富和拥有财富的机会。抓住离自己最近的创业机会，成功就在眼前。

实践拓展

杂货店的困惑

刘某大学毕业后一直想自己做老板，看到邻居在小区里开了一个食品杂货店收益一直不错，颇为心动。于是，刘某租了小区内一个库房做店面，筹集了一万多元钱做启动资金，进了一些货品，开了一家食品杂货店。但是经营了两个月后，刘某的食品杂货店就撑不住了，不得已关门。为什么同样是食品杂货店，邻居可以干得红红火火，刘某的店就经营惨淡呢？原来，刘某为了突出自己食品杂货店的特色，没有像邻居一样进茶、米、油、盐等大众用品，而是将经营范围锁定在沙司、奶酪、芝士等一些西餐调味食品上。但是小区里的居民对她的货品需求少，加之她店面的位置在小区边缘，而且营业时间不固定，由着自己的性子开，很多邻居都不愿意绕道过去，所以生意不红火。两个月杂货店就被迫关门。

求新求异并非处处适用，刘某创业之初求新求异的心理，很多大学生都有，这是优点但也是致命的缺点。经营需要有自己的特色，但是经营要符合市场环境的需要。像刘某的食品店之所以会关门，是因为她没有搞好市场调研，这个食品店如果在一个涉外社区内也许经营得不错，但是她选择的是一个普通居民区。普通社区里的食品杂货店对茶、米、油、盐的需求要远远大于沙司、奶酪、芝士等西式调味品，再加之铺面的选址不合适，营业时间不固定，这也是刘某创业失败的原因。

那么，在大学校园内有利于创业实践活动的资源有哪些呢？身边想创业的同学很多，但真正实施的人很少，创业起步怎么走合适？

任务二　大学生创业资本

✅ 任务目标

1. 了解资本及创业资本的概念；
2. 了解大学生创业现状；
3. 了解大学生创业资本包含的内容。

🔍 案例导入

创业是一场关于人的胆识、智慧、情商加上执行力的综合考验，对创业者的要求不只是简单地做好一份工作，一个优秀的创业者心里要装着整个项目，熟悉里面每一个构成元素，并且能够自由驾驭，统筹调配，均衡内部关系，使之达到一个最具战斗力的状态。创业是一门艺术，就像画画一样，每个人都能画，但是不是每个人都能画得好，能够称得上大师的只有那么几个。

对许多人来说，迈向创业的第一步就是观念的转变。几十年来，延续和固守传统就业观的状态，已经被高速发展的社会现实所动摇。改革开放四十多年来，我国的政治、经济环境发生了巨大的变化，人们的生活方式也日新月异，创业是一个从无到有的过程，与其说它是一门学科，不如说它是一个实践过程。

一、资本的概念

自从人们有了对商品经济的认识和研究，便有了资本的概念。由于经济发展的不同时期、研究者的不同角度、学科的不同对象等原因，产生了对资本的多种说法。资本概念发展的基本阶段起源于家畜养殖的原始社会，发展于货币本金放贷生息的古代社会，成熟于生产要素论的近代社会，延伸于范围扩展的现代社会。把资本当作生产要素是经济学中资本概念的正宗和经典，创业投资中的资本就是这种意义上的资本。多种资本概念的一个共同点是，凡是与财富创造和财富增加有关的要素都是资本。人们通俗地把资本分为"硬资本"和"软资本"。硬资本是与财富创造及财富增加相关的一切物质要素，一切物质的、有形的、实在的、构成投资的物质基础的要素都是"硬"资本。比如：土地、劳动力、能源、材料、机器、设备、工具，以及用价值代表和支配它们的货币。与之相应，软资本是与财富创造及财富增加相关的一切非物质要素,一切非物质的、虚的、无形的、构成资本内在属性的要素。比如:知识、技术、信息等。任何事物必然包含"硬"和"软"两个方面,可以相互区别,也可以相互融合。

二、"F"创业资本说

"F"资本是中国创业学创始人赵延忱在著作《民富论》中提到的"灵魂资本"概念。对于创业过程中的资本理论,定义为最具资本性质的真实存在,是创业者创造性整合资源的资格,是创业者通透和把握项目的能力,是理解和运用规律的本领,赵延忱把它称为"F"资本,是真正对创业投资的成败起决定作用的资本,是渗透于软硬资本之中,对全部要素资本具有"灵魂"性质的资本。也可以理解为创业的资格,创造资本生命活力的能量。

"F"资本的构成,分解为三个部分:一是创业者把握创业项目的能力。即能通过对一个具体项目中包含的各个要素详尽了解,并能实现各要素间的创新,完成创业项目的平衡运转。二是清晰知道创业的根本目的所在。它关系到创业过程中各个行为的发生,影响整个创业过程。三是创业者的素质。它对创业项目实施的成败起着基础和决定作用。三者由表及里,相互联系,构成了"F"资本的内容。

把创业投资简单地理解为就是投入货币资本,组合了一堆物质资本,能够运转起来吗? 即便能运转,能够持续吗? 即便能持续,能够盈利吗? 真正能够把企业做成功的人,他们的成功靠的是什么,这就是"F"资本所要回答的。

拓展阅读

女大学生创业:失败于 4 000 万元的项目

19 岁的大二女生陈某主动休学经营起了一个总投入 4 000 万元的商业地产项目,她也因此成为广州大学城里的创业明星。大半年过去了,这位创业明星累计亏损已经达到20 万元,承租的地产依然没有整体开业,陷入了越来越尴尬的境地。

陈某租下大学城附近一家商场二、三两层楼面,共计 5 600 平方米的毛坯物业,准备打造中国第一个校园文化会所。按照她的设想,物业的三楼将成为大学生兼职和创业园区;二楼将成为一个各小众圈子聚集地,有茶馆、清吧和咖啡厅。经营一段时间后,陈某将其中 2 600 平方米物业转给了别人做旅馆,又多租了一楼 500 平方米物业做超市。

项目运行开始以来,陈某每天忙着招租和装修,仅半年时间她和进驻商家已总共投入了 160 多万元。她当时设想在她生日那天就能整体开张,但是现实根本没她想的那么简单。如果资金不是几百万元、上千万元一下子砸下去,日夜搞装修,而是靠现在这样一点一点招商的话,肯定不可能。

陈某陷入困境有一个重要的原因,就是她一直想着要打造一个理想中的青年公馆,所有承租她物业的商家必须符合她设计好的经营项目和装修布局,如果达不到这个要求她宁愿不租。她认为坚持自己的想法并不是浪漫主义,而是为了从市场角度考虑。现在同类商业项目的竞争太激烈了,一定要形成差异化竞争。也许她是对的,但现实是如果她等不到有人租的那一天的话,会失败得很惨。

根据陈某的整体规划，二楼的茶座等主题区域仍然是空置状态，没有租出去，但是陈某说："前期的投资属于正常现象，目前还在可控范围内。我们相信自己的判断，一定会有符合我们定位的客户，我们相信自己的判断，也相信未来的合作伙伴。"

三楼已经按照她的设想招商完毕，并实现了收支平衡，但是二楼除了招到了一个咖啡厅外，许多人都不愿在这里投资建茶馆等。"一些人属于暴发户的观念，类似于进一个鸡蛋五角，然后卖出去一块，赚五角这种观念，只是一种做贸易的观念。你给他讲品牌增值，做好会员数据库，他都不感兴趣。"陈某说。

学生的身份对陈某的生意始终会有一些影响。"他们会说我年轻，你可以理解为他们是夸我年轻，还有我显得年轻。应该说年龄也有一点影响，关键是看年龄上有一些代沟，有时40多岁、50多岁的人过来，他根本不明白后现代的清吧是什么样子，他也不明白为什么一个冷冰冰的清吧会有生意。"

为了让二楼的空地能尽快转变为有收入回报的经营场所，陈某最近想到了一个较为现实的办法："我愿意以28元/平方米的价格租出去，这是我的成本价。我也不只是出租，而是要参与经营项目的利润分成，帮助做项目的策划和市场推广。我可以给投资者设定一个经营目标，如果达到了这个目标就占利润的两成，如果达不到这个经营目标我就不分成。如果你的生意真能比以前好，为什么不同意分成给我呢？我相信广州一定会有认同我这个思路的投资人。"

但如果这样也不行的话，陈某还想了最后一条路，把已进驻公司的租约转给房东，自己退出整个项目。大半年以后，陈某的创业团队发生一些变化，一些兼职的创业人员离开了，现有的10名成员都是全职工作的。

尽管陈某做起了如此大的生意，但她打算重返校园读书的想法并没有变。"目前我回校读书的想法还没有变。这个项目招商完成后，实际上会更辛苦，我还要考虑项目的运作。在学习上我会做一个衡量，如果确实需要继续休学的话，我也会做，要看实际情况吧。"

三、大学生创业失败的原因

大学生创业失败有着多方面的因素，分析和探讨大学生创业失败的原因，一般都是从国家体制、国家政策、社会环境、学校教育、个人素质等方面进行剖析。但创业资本积累过程是有目标、路径和条件的，即需要从这个角度对创业项目的运行机制及其影响因素进行深入分析。创业资本的积累过程就是创业体验和实践的过程，而大学生创业失败，正是因为缺乏创业资本的积累过程即创业过程的体验、创业的学习和训练。

（一）缺乏智力资本的整合能力

智力资本是大学生在成长过程中所学的各种知识文化内化成自己的操作技能、生活技能和适应社会各种角色的能力。整合智力资本不是简单地将各种智力因素相加，而是系统地有机运行，是构成灵魂资本的核心。其最重要的就是对个体创新、创造性能力的培养。对于创业来说，是对创业项目和行业规范的整体把握和对项目运行机制的掌握。大学生到学校学习,按国家安排的教学计划进行学习和考核,完成规定的课程,考核合格就顺利毕业。尽管近年来高校进行改革,对教学计划和考核评价机制方面作出了调整,设置的专业尽可能结合社会所需专业,也安排一定的社会实习,但教育目的还是职业教育,让学生成为一个合格的职业人选或适应岗位的需要。因此从大学生目前的知识结构和实践来看,大学生确实缺乏整合智力资本的能力。

(二)缺乏创业投资的根本观念

由《中国青年报·创业周刊》与新浪网共同推出的问卷调查提出:要想创业成功,哪些因素最重要?结果显示:排在第一位的是资金。清华创业园的一份调查也表明:80％的大学生认为"阻碍自己创业的最大原因是资金"。创业投资中的"资"是资金吗?如果把决定创业成败的因素作一个排列,第一不是资金,第二不是资金,第三也不是资金。创业路线的前几步不需要资金:项目的发生与选择、寻找培育资本之根的过程,都不需要资金;获得启动资金的办法很多,唯有"引资"不是好办法。普遍的事实证明:决定创业项目死活、创业成败的不是资金。

项目是创业投资的根本观念,项目的根,就是这个项目赖以生存的关键因素,是别人愿意用金钱交换的资源——稀有资源。大学生缺乏创业投资的根本观念,就是缺乏发现项目的眼界,这是我国的长期学校教育忽视个体素质的差别的结果。大学生也不例外,喜欢从众,很难具有选择那种具备独有的战略资源和难以复制的综合优势的项目的眼界。即使有,也因为自己的积累不足或急功近利,让项目在培育中就夭折了。

(三)追求快、大,急于求成

当把一个项目推向市场的时候,必须经过一个实验阶段。这也是创业资本积累不可缺少的步骤。实验就是把项目放在实验室进行测试、分析,得出是否投放到市场的结论的实践过程。大学生往往选择新奇、有创意并且希望马上能做大的项目,有时候还未酝酿成熟,就急于投入市场,往往把市场当作实验场,造成不可弥补的损失,耗掉自己的热情,大伤自己的元气,追求快和大是违背创业内在规律的。

(四)大学生缺乏创业项目的运转能力

创业项目的运转就是项目存活,"活下来"是大学生创业的首选目标。如何让项目存活下来,这是大学生们创业的目标。在大学生创业过程中,大学生对项目推广的销售模式无法掌握,缺乏迅速、彻底地进行信息沟通和处理的能力,缺乏应对市场瞬息万变的能力,缺乏信誉等,归根结底是因为大学生没有经过创业资本的积累过程。

四、大学生创业所必需的创业资本

(一)坚定的创业信念

英国哲学家、经济学家约翰·斯图亚特·米尔(John Stuart Mill)曾说:"一个怀有坚定信念的人,与九十九个徒有兴趣的人力量相等。"有兴趣的人与有信念的人的区别之一就在于,有信念的人会设定目标并坚定不移地去实现它。

大学生走上创业之路,首先要有强烈的创业欲望。"欲",实际就是一种生活目标,一种人生理想。创业者的欲望与普通人欲望的不同之处在于,他们的欲望往往超出他们的现实,往往需要打破他们现有的立足点,打破眼前的藩篱,才能够实现。创业者的欲望伴随着创业过程中的行动力和牺牲精神。凭自己现有的身份、地位、财富得不到,所以要去创业,要靠创业改变身份,提高地位,积累财富,这构成了许多创业者的人生"三部曲"。因为理想坚定,而不甘心,而创业,而行动,而成功,这是大多数白手起家的创业者走过的共同道路。其次,要有目标设定。目标是创造力产生的动力。目标项目是你想干什么,实现什么,完成什么。目标是你理想中的结果,它与现实状况存在着距离,两者间距离的缩短就是向目标前进。创业目标的设定有其阶段性,在向目标前进的过程中,可以分解若干的小目标或阶段目标,分解后的小目标应该更加具体,更加清晰,离现实状况更接近。

拓展阅读

创业路上,信念第一——"幕墙西施"郁彩萍

熟悉她的人都说她是"幕墙西施"。这是对她事业的肯定,对她容貌的嘉奖。她是一家拥有100多名员工的企业老板,业内人称她"幕墙西施"。之所以这样叫她,除了她长得比较像古代的"西施"之外,更多的还与她所从事的行业——"用幕墙装点城市"有关。她所创办的装潢工程有限公司,不仅在当地,就是在杭州、上海这样的大城市都小有名气。

可十年前的她,还跟中国大多数清贫家庭的普通妇女一样,洗衣、做饭、烧菜……是她生活的全部。唯一不同的是,她有一个信念,那就是:她要改变她的生活。就是这个信念,陪她度过了贫困的童年,孤独的成年。也是这个信念,使她放弃了原本可以安逸的生活,走上了艰辛的创业之路,并在"为男性一统天下"的建筑装饰行业闯出了自己的一片天空。

她出生在浙江嘉善一个清贫的农村家庭。或许是应了"穷人的孩子早当家"那句古话,打懂事以来,她就特别乖巧。一放学,她就去割草、养鱼、喂猪、洗衣、烧饭……十岁的时候,她就成了妈妈的好帮手。但是繁重的家务,并不影响她的学习成绩。每学年,她都是"三好学生"。

都说"嫁出去的女儿泼出去的水",她的父母也这样认为。就这样,还没读完小学三年级,她就被迫辍学了。自此,她也明白了,通过学习来改变个人命运的方式,对于一个像她这样的女孩子来说是行不通的。可这并没有让她放弃她最初的信念,即便是成了人妻,身为人母。

1996年的春天,刚生下小孩的她,怀着创业的憧憬,冲破家人的重重反对,独自一人来到海宁,租了间店铺,开了一家家具店,开始了她的创业之旅。那时,2 000块是她全部的资本,当时她还有刚出生不久的小孩和病重的公公婆婆需要照顾。进货、销售、盘账、摸索经营之道,照料小孩、探望病重的公公婆婆……里里外外一个人,每天总是从早忙到晚。朋友们都说她瘦了,有的还劝她:"何苦这么拼命呢?"但她仍感到兴奋,认为这样很值。因为,她终于在为改变自己的生活而努力了。

由于缺乏经营管理经验,又遭遇同行的低价恶性竞争,她的家具店最终以失败告终。

这次失败，让她饱尝了市场的残酷和无情，也看到了自己的缺陷和不足。

哲学家说："苦难，有时候也是一种财富。"那时候，她经常想起这句话，算是对业已失败的家具店的一点心理慰藉。就这样，1997年她从公公婆婆手中接手了嘉善钱桥银河玻璃厂，开始了她的第二次创业。

当时这个厂在很多人眼里只是一片空旷的土地。只不过在这片土地上，用简易的木材盖了几个简易的房子，并放了几台简易的机器而已。就是这么一个简单得不能再简单的厂房，她则看到了希望，看到了未来。

俗话说，"吃一堑，长一智"。有了第一次的惨痛教训，在对厂的管理中，她坚持"人无她有，人有她优，人优她新"的经营理念。当时，人们装饰新房时用的还是白片玻璃加贴窗花的模式。她预感到，这是一个机会。于是进行技术改革，转做磨砂乳化玻璃、凹蒙玻璃。现实永远要比想象的来得严峻，来得残酷。技术改革，对于她这样一个一没文化，二没技术、经验的人来说，谈何容易！但是如果不推出新的产品，那无疑将会重蹈家具店的覆辙。为了攻克技术难关，她没日没夜地扑在厂里。累了，就睡；醒了，又继续一天的忙碌。遇到难题走不下去的时候，她会独自一人饮上几杯酒，望着天上的星星。偶尔还对怀里还不会说话的孩子说上几句，算是向她倾诉自己所面临的困境，缓解内心的压力。

功夫不负有心人，经过近一月的努力。磨砂乳化玻璃、凹蒙玻璃的技术难题终于攻克了。但是，新的问题又来了：产品销给谁？不是对公司的产品没有信心，而是公司当时的营销网络一穷二白，且销售队伍也没有基础。前次的失败使她明白，在这"酒香也怕巷子深"的年代，再好的产品放在仓库里，是不会有人主动跑上门来取的。没办法，只好赶鸭子上架，自个半路当起推销员来。她不停地奔波于杭州、上海、安吉等地，见哪有工程在造、房子在装修，她就往哪钻。提着样品冒昧上门，主动向他们介绍磨砂乳化玻璃、凹蒙玻璃的优点。在当时的中国，人们对新事物总抱有怀疑心理，这也是她总是成少败多的原因。可她并不气馁，因为她坚信总有一天总有一次她会撬开成功的大门。

或许，是她的真诚和勤奋感动了他们，她的第一笔单子来了，接着来了第二笔、第三笔……销路也就慢慢地打开了。对于公司，她不知道什么叫管理，也不懂得怎样去做客户维护。她只知道，做人要诚实，待人要诚恳，她想做生意也是这样，她用最真诚的服务态度和最优质的产品对待每一位客户。慢慢地，顾客就多了起来。

经过四年的摸爬滚打，公司已有了一定的规模。为了扩大服务领域，她在县城开了一家玻璃商店。2001年，她又成立嘉善银羽玻璃装饰材料厂。在经营范围上，也从生产加工型的企业转向了建筑和房地产领域。似乎，公司已踏上了健康、快速的发展之路。也就在那时，让她真正明白了"创业难，女人创业更难"这话的真正含义。

快速发展的中国地产业，汇集了行业精英，集结了三教九流，也引来了激烈的市场竞争。为了争取工程项目，她不仅要跟各色人等打交道，还得出入各种场合。凡此种种，举不胜举。记忆犹新的几次是在应酬驱车回来的路上发生了车祸。有很多人当面羡慕她今日的成功，而她唯有苦笑。因为，对她而言，经营路上布满了曲折和艰辛，很多次几乎是用人生最宝贵的生命和健康去作铺垫的。因此，身边的很多人劝她远离商海。她也知道，金钱当达到一定高度的时候，只是一个数字符号而已。与很多企业家相比，她只是大海里的浪花一朵，既激不起风浪，也引不起潮流。就是那股最初的信念——改变她的生活，改变她的人生,让她冲破了家人的重重反对,坚持到现在,并走向未来。

【启示】　纵观人类社会,人生鲜有一帆风顺的。而商场,则布满了荆棘与坎坷。在郁彩萍的身上,我们看到了浙商的艰辛,也看到了他们的坚强与执着。对郁彩萍而言,创业是一份信念,走过去是一种态度。

(二) 通透的项目知识

中国科学院大学管理学院院长成思危提出:创业者必须是一个通才,应当具有四维的知识结构——专业的深度,没有深度就不会有创新;学科的广度,光是懂得一个专业,没有相关学科的知识,就难以实现产品的商业化,因为产品的商业化不仅仅是一个技术问题,还牵涉周边有关的一些知识;哲学的高度,还要有长远的眼光,不能鼠目寸光,也不能斤斤计较于一时一事的成败。四维知识结构就是三个空间维再加上一个时间维。

一个创业项目,不论大小,都是由若干部分、若干相关因素构成,你要介入这个项目,就必须对构成这个项目的每个相关因素都有深入详尽的了解。不论是直接的还是间接的,表面的还是潜在的。比如搞产品,技术和市场最重要。对技术,则要弄清先进与否,核心技术匹配的是什么,这个技术的工艺、材料、设备及工具是什么。要想弄清各部分的要素,就必须学习专业知识、经营管理知识和综合性知识。专业知识是从事某一专业或职业所必须具备的知识,一般是与专业、职业能力结合在一起发挥作用的。经营、管理知识是从事经营管理工作所必须具备的知识。综合性知识是发挥社会关系运筹作用的多种专门知识,其中包括政策、法规、工商、税务、金融、保险、人际交往、公共关系等。在创业知识的构成中,经营管理知识、综合性知识与经营管理能力和综合性能力一样,具有内部资源配置和社会关系运筹的特征,并与经营管理能力和综合性能力结合在一起,共同发挥作用。

(三) 项目运转的能力

任何行为的成功、失败与人的基础素质都有着密切联系的关系。创业就像马拉松,能否跑在前面并能坚持到最后,最终取决于创业者的体能和素质。创业项目能够"生存",是大学生创业的第一步,在迈进创业门槛时,创业者就应该具有基础素质。基础素质是一个正常人应该具有的、立足于社会的原始资源。首先是良好的个人人格形象。在对一些成功创业者人格特质的研究中,对创业者的共性大致可以归结为个人性格、懂得欣赏他人和知人善用等特质,创业者的个人影响力、感召力和带动力都源于此。其次是实力,这里指干事的能力,如坚强的意志、坚韧的秉性、坚定的自信、吃苦的习性、务实的作风等。再次是心计,即个人的思维能力,包括认识、处理、创造性地解决问题的能力。最后是梦想。梦想是什么? 有时它是追求自主、自立、自强、自尊的渴望;有时它是与命运抗争的铁一般的决心;有时它是欲成就一番事业的烈火;有时又是一个非常具体而又明确的目标。以上前三个方面是许多人都具备的,但通常处于隐藏状态,不具备充分发挥的条件,只有梦想才能激起它们迸发的能量。

🌐 *拓展阅读*

　　陈嘉庚，生于 1874 年，是中国著名的爱国华侨企业家。他的创业故事始于 20 世纪初，当时他从福建前往新加坡谋生。初到新加坡，陈嘉庚凭借聪明才智和勤奋努力，很快在橡胶和地产行业崭露头角。通过与当地华侨的紧密合作，他建立了嘉庚建筑公司，专注于房地产开发。

　　在创业过程中，陈嘉庚面临着资金短缺和激烈的市场竞争，他不畏艰难，积极寻求资金支持。他通过演讲和沟通，赢得了众多华侨的信任，许多人愿意投资他的事业。在他的坚持和努力下，公司逐步发展壮大，项目遍布马来西亚和印尼，成为当时最成功的地产商之一。

（四）整合资源的能力

　　创业是做什么？每个人都有不同的答案。创造财富、搭建平台、生产产品、收集信息、提供服务等太多的答案。创业可大可小，创业既可以简单也可以复杂。你有钱可以创业，没有钱照样可以创业；你有产品可以创业，没产品也可以创业；你有平台可以创业，没平台也可以创业。因为创业不在于你规模有多大、人数有多少、资金有多雄厚，关键在于你能为客户创造价值、提供服务。其实创业就是对接资源。因为世上没有废品，只是放错地方。不管你是在校学生、家庭主妇、企业职员，还是社会青年，只要你能善于收集资源、转化资源，让有价值的资源找到真正需要的客户，你就可以创业。所以一个真正想创业的人，只要你有资源，随时都可以找到创业项目。有智慧的创业者不会把人当"人"看，而会把人当客户看。把人当客户看，才能让人脉变成钱脉。比如，现在的大学环境就是一个人员非常集中的场所。如果你把同学当人看，那么你只是多了一群同学。如果你能把人当客户看，那么你会发现大学的市场太大了，到处都是财富。有想学习的、有想就业的、有想就餐的、有想学车的、有想恋爱的、有想旅游的、有想购物的等，这些都是创业项目。如今信息化时代，社会不缺少资源、不缺少信息、不缺少客户，只缺少信息对接，资源转化。因为对于今天这个产品严重供过于求的市场经济时代，只要你能为企业或商家提供可靠的客户信息，相信再大的企业也愿意跟你合作，给你支付销售提成。所以现代的创业者也可以不需要创造产品，而是整理现有资源提供给需要的人。资源本身产生价值，只要找到它的需求者才能发挥价值，所以创业就是进行资源整合。

🌐 *拓展阅读*

诸葛亮借的为什么都不用还

　　诸葛亮被大家喻为智慧的化身，他一生中的很多传奇故事都跟"借"字有关：借天时、借地利、借人和、借荆州、借东风、草船借箭、借火、借雨等。

　　诸葛亮在古时条件有限的环境下，充分利用了自然环境与人文环境的便利，成就了大业。这也是资源整合的智慧。他借的都不用还，所以他是借又不是借，事实上他是在整合，因为整合是不用还的。反观现代企业的管理，最缺乏的恰恰就是这种"借"的智慧，假如用一个字来替代资源整合，那就是"借"。

学业与创业能否"兼得"

教育部发文允许在校学生休学创业。据调查，各地相关政策出台后，很多有创业想法的学生跃跃欲试。休学创业是为缓解学业与创业两者矛盾而提出的，但学业与创业真的不能和谐共处？大学生在校期间真的不适宜创业吗？

有的人把读书与创业对立起来，他们仍按照传统观念来理解"读书"，以他们的标准，大学生只能是"两耳不闻窗外事，一心只读圣贤书"，搞创业属不务正业。

上大学是"读书"，这没错。但"读书"的含义和方式早已发生了变化并仍在继续发生变化。大学生不仅需要博览群书，还需要从事实验、实习、实训和社会调查等实践活动。对大学生而言，上图书馆看书、在实验室做实验、在教室里听讲、到车间实习、深入社会做调研等都是"读书"。创业是创办和经营企业的"实战"，是真刀真枪的实践。从能力训练、经验积累、社会资本获得、理论实践结合的角度和层面去理解，创业是一种更高层次的实习实训，是一种新的并且同样是有效的"读书"的方式。

在培养应用型人才的高校，"理论学习"和"实践训练"的时间安排原本就是五五开，也就是说，在校大学生至少有一半时间要用于动手操作、实践训练。谁都知道职业技能与素养的培养不是读几本书就可以的，而要有大量的动手操作和实践训练。实践是学习，甚至是更好的学习。

实践表明，创业学生遇到的问题更多，困难更大，其更渴望得到书本知识，更渴望得到理论指导，因而真正创业的学生总是更需要学，更想学，而且也往往学得更好。创业和读书不是"鱼与熊掌不可得兼"的关系，而应是"相得益彰"的关系。同样，创业是学习，甚至是一种更好的学习。

当然，鼓励在校大学生创业，并不是要求每个大学生都去创业。不能要求玫瑰和紫罗兰散发出同样的芳香，也不应要求每个大学生走同样的路。如果创业有需求，休学创业不失为一种好的选择；如果可一边创业一边完成学业，也应受到鼓励与支持。如此，高校创业教育才能百花齐放，培养更多的创业人才。

➤问题链接：对于大学生创业你是如何考虑的？你认为该如何处理创业与学业之间的关系？

现代奥运会中的"1＋1＝11"

现代奥运会就是一种高级阶段的整合，它将奥运精神和体育竞技以"1＋1＝11"的共赢模式来实现。奥林匹克运动包含四场公平竞争的比赛，即运动员、媒体、举办城市和赞助商，任何一场比赛的参与者都能享受另外三场比赛为其带来的巨大收益。所以，在奥林匹克模式中几乎没有输家，所有坚持完成比赛的参与者都是赢家。

奥运会的所有参与者的定位虽然不同，但是方向是一致的。只要彼此将手中拥有的资源共享出来，就可以获得别人手中你想要的资源。因此，方向相同，定位不同的两个"1"相加，可以获得更佳的结果，即"11"，最终实现合作伙伴各自利益的满足，并获得共同成长的机会。

实践拓展

创业测试

请根据自己的真实情况回答以下问题,最终的测试结果可以提示你是否已经准备好步入创业的道路。选择"是"计 1 分,选择"否"计 0 分,最后统计得分。

1. 如果没有一份固定收入,你会感觉舒服吗?
2. 你是否愿意接受一份充满挑战、变化、多样性,甚至冒险的工作?
3. 你是否具有足够的灵活性,能满足不断变化的市场需求?
4. 你愿意将你自己的钱投资到公司里,并邀请你的朋友一起?
5. 你能否承诺花尽可能多的时间和精力让你的事业成功?
6. 进行战略规划和经营企业的日常事务对你来说,是否同样重要?
7. 你的商业计划是基于你的专业、兴趣和扎实的市场调查之上的吗?
8. 你是否能从失败或暂时的挫折中快速恢复与得到经验?
9. 你是否乐观、执着、热情地对待你的工作?
10. 你是否对成为一名成功的企业家充满信心?

测试结果

8~10 分:你已经准备好创业了。如果你的回答中有 8~10 个"是",那表明你已经准备好认真地启动你的创业计划。你希望自己能够承担可承担的风险,这一切基于你过去的经验,同时也有翔实的数据进行支撑。你肯定工作起来精力充沛,因为你发现它刺激、新奇,而且让你有机会去驾驭新的挑战。你是一个独立的思考者,你愿意听取别人的意见,却更倾向于自己作决定。然而,不要太快地启动你的新企业。确认写下一份好的商业计划书,其中包括一个市场计划以及一些最好和最坏的财务预测。一份很烂的商业计划书是失败的常见原因。

5~7 分:放慢企业速度。如果你的回答中有 5~7 个"是",那表面你已经拥有了一些创业者的关键特质,但是你需要放缓进度。仔细评估你的优劣势,并且明确你在启动计划之前还需要加强哪些方面的技能。你可以考虑加盟别人或购买已有的生意,而不是从头开始创业。你还可以考虑利用业余时间做生意去测试你的勇气,同时全职或兼职打工。慢慢发展你的生意,等它发展得足够壮大的时候才辞掉你的工作,是可行的方法。

0~4 分:考虑为别人打工。如果你的回答中有 0~4 个"是",那么为别人工作可能会让你感觉更舒服一些,因为你对自己成为老板和运作一个企业的信心不足,你对创业的兴趣也许只是因为你喜欢提供特定的服务或产品。如果是这样的话,你也许可以考虑加入一个看重和培养创业精神的公司,或者加入大公司里一个刚刚启动的项目团队。当然,如果你真的很想经营自己的公司,你的决心可以弥补一切你缺乏的创业特质。如果你有信任的商业伙伴、一个具体的商业想法、握有大量的资金,并仔细评估过财务前景,那你就大胆地去干吧。

【教师点评】

1. 测试是自我认知的很好方式。自我认知有助于个人对自己的想法、期望、行为及人格特征做出判断和评估,尤其在创业领域,个人的自我认知对发掘创业潜力、提高创业能力，以及克服创业困难有着重要的作用。

2. 评测的用意不在区分"创业潜力"的高低，而是鼓励学生理性地、深入地认识自己。

任务三 认识"互联网+"创业

任务目标

1. 了解"互联网+"概念及特征；
2. 理解"互联网+"思维；
3. 理解"互联网+"重点行动的范畴。

案例导入

"互联网+"是互联网思维的进一步实践成果，推动经济形态不断地发生演变，从而带动社会经济实体的生命力，为改革、创新和发展提供广阔的网络平台。

比如以下几个互联网创业案例：

① 饿了么：互联网+餐饮，撬动千亿外卖市场；

② 共享单车：互联网+骑行，改变数亿人城市出行方式；

③ 滴滴：互联网+出租，让外出打车变得更加便捷；

④ 支付宝：互联网+支付，移动支付让生活变得更加美好。

通过以上几个案例，我们发现这些新兴的创新项目都有一个共同点，就是利用互联网科技将人与网络链接起来，使得普通人的日常生活变得更加方便，真正实现了科技改变生活。所以"互联网+创业"，重点在"人+网"，利用好网络的便捷性来改善人们的生活，满足人们的日常需求，并且为生活中的衣食住行提供具有创意且新颖的解决方案，不仅能够促进社会的进步，同时也能使得自己的创业项目得到飞速的发展。

一、"互联网+"的定义

"互联网+"的定义："互联网+"是创新2.0下的互联网发展的新业态，是知识社会创新2.0推动下的互联网形态演进及其催生的经济社会发展新形态。

"互联网+"概念的中心词是互联网，符号"+"意为加号，即代表着添加与联合。简单来讲，"互联网+"就是"互联网+各个传统行业"，但这并不是简单的两者相加。"互联网+"就是通过信息通信技术（Information and Communication Technology，ICT）以及互联网平台，让互联网与传统行业进行深度融合，创造新的发展生态。

"互联网＋"代表一种新的社会形态,依托互联网信息技术实现互联网与传统产业的联合,以优化生产要素、更新业务体系、重构商业模式等途径来完成经济转型和升级。因此,"互联网＋"能够充分发挥互联网在社会资源配置中的优化和集成作用,将互联网的创新成果深度融合于经济、社会各个领域之中,提升全社会的创新力和生产力,形成更广泛的以互联网为基础设施和实现工具的经济发展新形态。

二、"互联网＋"的特征

近年来,为了发展现代产业体系,我国大力推进信息化与工业化融合,信息化与工业化主要在技术、产品、业务和产业四个方面进行融合。"两化融合"是信息化和工业化高层次的深度结合,是指以信息化带动工业化、以工业化促进信息化,走新型工业化道路。两化融合的核心就是信息化支撑,追求可持续发展模式。

"两化融合"包括技术融合、产品融合、业务融合和产业衍生四个方面。

(一)技术融合是指工业技术与信息技术的融合,产生新的技术、推动技术创新。例如,汽车制造技术和电子技术融合产生的汽车电子技术,工业和计算机控制技术融合产生的工业控制技术。

(二)产品融合是指电子信息技术渗透到产品中,增加产品的技术含量。例如,普通机床加上数控系统之后就变成了数控机床;传统家电采用了智能化技术之后就变成了智能家电;普通飞机模型增加控制芯片之后就成了遥控飞机等;信息技术含量的提高使产品的附加值大大提高。

(三)业务融合是指信息技术应用到企业研发设计、生产制造、经营管理及市场营销等各个环节,推动企业业务创新和管理升级。例如计算机管理方式改变了传统手工管理台账,极大地提高了管理效率;信息技术应用提高了生产自动化、智能化程度,生产效率大大提高;网络营销成为一种新的市场营销方式,获益群众数量大增,营销成本大大降低。

(四)产业衍生是指两化融合可以催生出的新产业,形成一些新兴业态如工业电子、工业软件、工业信息服务业。工业电子包括机械电子、汽车电子、船舶电子、航空电子等;工业软件包括工业设计软件、工业控制软件等;工业信息服务业包括工业企业电子商务、工业原材料或产品大宗交易、工业企业信息化咨询等。

"互联网＋"是工业 4.0 时代的象征,是两化融合的升级版,是将互联网作为当前信息化发展的核心特征并提取出来,实现与工业、商业、金融业等服务业的全面融合,其关键是创新,只有创新才能让这个"＋"真正有价值、有意义。

1. 跨界融合。"互联网＋"重在与传统行业的融合,但这些传统行业和互联网之间的跨度很大,两者能够融合到一起是一种创新。行业之间融合也是客户消费转化为投资的一个过程,大家共同参与创新。"互联网＋"中的"＋"就是跨行跨界、变革开放,意在重塑融合。通过跨行跨界坚实创新基础;通过融合协同实现群体智能,实现从研发到产业化的路径更垂直。融合本身也指代身份融合。例如客户消费转化为投资,伙伴参与创新等。

2. 创新驱动。国内最早的资源驱动型是粗放型的,但是目前这种资源驱动型增长方式已经不能够继续,需要转变到创新驱动方式才能发展。这正是互联网的特质,通过互联网思维来改变目前的境况，实现自我革命以达到创新的目的。

3. 重塑结构。重塑结构从互联网时代就已经开始了。当前，信息革命、全球化、互联网业已打破原有的社会结构、经济结构、地缘结构及文化结构。社会治理开始向互联网和虚拟技术的方向靠近，互联网＋社会治理、虚拟社会治理已经成为发展趋势。

4. 尊重人性。人性的光辉是推动科技进步、经济增长、社会进步和文化繁荣最根本的力量。互联网改变了人们的生产方式、生活方式、消费方式和社会治理方式。互联网的强大力量来源于对人性的最大限度的尊重、对人体验的敬畏和对人的创造性发挥的重视。

5. 开放生态。"互联网＋"是一种开放式的生态，"互联网＋"的推进可以把制约创新的环节更优化，让研发由消费者个性化市场驱动，让创业者有更多的机会去创新、去创造。"互联网＋"将更多的信息孤岛连接到各自的生态体系，让更多传统行业在这个体系中共生、发展，让各自的生态体系里的用户获得更高的生活品质。"互联网＋"是一种良性竞争，看谁做得更好，生态体系就会越黏性，用户量就会越多。

6. 连接一切。"互联网＋"将连接实体、个人、设备等一切基本要素，犹如电能一般，把一种全新的能力注入各行各业，使各行各业在新的环境中实现新生，并创造出一个"互联网＋"生态体系。"互联网＋"能够实时动态地连接个体消费者与生产者、服务提供者，让创业者发现大量的新机会。显然，互联网已不再仅仅是虚拟经济，而是主体经济社会中不可分割的一部分。经济社会的每一个细胞都需要与互联网相连，互联网与万物共生共存将成为大趋势，连接一切是"互联网＋"的目标。

三、"互联网＋"思维

互联网时代传统企业遇到的最大挑战是基于互联网的颠覆性挑战。为了应对这种挑战，传统企业首先要做的是改变思想观念和商业理念。宽带资本田溯宁说：未来企业要互联网化，每家企业都要有互联网思维。在未来，不用互联网方式来思考问题，就没办法在社会展开竞争。最早提出互联网思维的是百度公司创始人李彦宏。在百度的一个大型活动上，李彦宏与传统产业的企业家探讨发展问题时首次提到"互联网思维"这个词，他认为：我们这些企业家今后要有互联网思维，可能你做的事情不是互联网，但你的思维方式要逐渐向互联网的方式去想象问题。

互联网思维，在学术界上没有明确的定义，但在实业界存在工具论和现象论两种理论。

一是从工具论角度，互联网是指人们日常生活工作的"基础设施"，是开始每一天工作、学习和生活的前提条件。就像所有的企业都要接通电源一样。今天，所有企业都必须连接互联网。互联网是被当作"器"来看待的，包括大数据、云计算、智能终端、可穿戴设备等，现在的工作、学习和生活都是基于互联网的架构与环境，"每个企业都有一朵云，每个人也都有一朵云"。

二是从现象论角度，给出不同理解：

（1）小米公司把互联网思维概括为"七字诀"：专注、极致、口碑、快。

（2）腾讯公司提出通向互联网未来的七个坐标：连接一切、互联网＋传统行业＝创新、开放式协作、消费者参与决策、数据成为资源、顺应潮流的勇气、连接一切的风险。

（3）和君集团提出九大思维：用户思维、简约思维、极致思维、迭代思维、流量思维、社会化思维、大数据思维、平台思维、跨界思维。

百度百科对"互联网思维"的定义：互联网思维是指在（移动）互联网＋、大数据和云计算等科技不断发展的背景下，对市场、用户、产品、企业价值链乃至对整个商业生态进行重新审视的思考方式。

互联网思维已经不再局限于互联网，与当初人类史上的"文艺复兴"一样，这种思维的核心即将开始扩散开去，对整个大时代造成深远的影响。互联网实质上是一种思维方式、一种生活方式、一种哲学论，其对整个商业世界的看法产生了一种全新的认识，包括互联网精神、互联网理念和互联网经济三个方面。

拓展阅读

运用互联网产品思维并颠覆传统的"三只松鼠"

"三只松鼠"是由安徽三只松鼠电子商务有限公司于2012年强力推出的第一个互联网森林食品品牌，代表着天然、新鲜以及非过度加工，仅仅上线65天，其销售在淘宝天猫坚果行业跃居第一名，花茶行业跃居前十名，发展速度之快创造了中国电子商务历史上的一个奇迹。

在2012年天猫双十一大促中，成立刚刚4个多月的"三只松鼠"当日成交近800万元，一举夺得坚果零食类目冠军宝座，并且成功在约定时间内发完10万笔订单，创造了中国互联网食品历史突破，2013年1月份单月业绩突破2000万元，轻松跃居坚果行业全网第一。

因为互联网极大缩短了厂商和消费者的距离与环节，三只松鼠定位于做"互联网顾客体验的第一品牌"，产品体验是顾客体验的核心，互联网的速度可以让产品更新鲜、更快到达，这就是"三只松鼠"坚持做"互联网顾客体验的第一品牌"和"只做互联网销售"的原因。

【启示】 传统企业被颠覆的真正原因是什么？我们认为，线下好一点的企业，在网上评分反而最低，它们不受欢迎是因为根本不了解用户，这是传统企业被颠覆的原因，但不要低估这些对手，2014年会出现传统企业的集体上线，这对纯粹的互联网品牌会形成真正的挑战。

褚橙，本来生活网

从2012年开始，生鲜电商逐渐成为电商领域的新热点，去年策划"褚橙进京"的生鲜电商本来生活网今年仍然在进行它的褚橙"爆款"营销。

本来生活的褚橙营销走了幽默营销路线，在预售期内，本来生活网站上就推出一系列青春版个性化包装，那些上印"母后，记得一颗给阿玛""虽然你很努力，但你的成功，主要靠天赋""谢谢你，让我站着把钱挣了""我很好，你也保重"等幽默温馨话语的包装箱，推出没多久就在本来生活网上显示"售罄"，可见其受欢迎程度。

本来生活网这一系列个性化包装，除了非常吸引眼球，也让人为"中国营销界玩得起幽默"感到欣慰，毕竟，在这个人艰不拆的社会里，能让中国人会心一笑的幽默还是太少了。

当然，光靠营销手段打响品牌并不是本来生活网大肆追崇的重点，本来生活始终坚信优质的食材是会说话的，严格把控各个环节保证最优的产品和服务，以食品本身的价值和媒介作用，足够在市场上站稳脚跟。

【启示】 从电商的品牌营销的角度，本来生活是选择了一个有爆点的产品，也就是电商比较常说的"爆款"产品，通过一个爆款产品的炒作同时提升电商平台的影响力，一个品牌在不是大众皆知或者品牌基础还比较薄弱的背景下，要在互联网上建立品牌知名度，必须有一个爆款产品来作为主打，并利用爆款产品和品牌的捆绑营销来达成实效目标。

四、"互联网＋"重点行动

(一)"互联网＋"创业创新

充分发挥互联网的创新驱动作用，以促进创业创新为重点，推动各类要素资源聚集、开放和共享，大力发展众创空间、开放式创新等，引导和推动全社会形成大众创业、万众创新的浓厚氛围，打造经济发展新引擎。

(二)"互联网＋"协同制造

推动互联网与制造业融合，提升制造业数字化、网络化、智能化水平，加强产业链协作，发展基于互联网的协同制造新模式。在重点领域推进智能制造、大规模个性化定制、网络化协同制造和服务型制造，打造一批网络化协同制造公共服务平台，加快形成制造业网络化产业生态体系。

(三)"互联网＋"现代农业

利用互联网提升农业生产、经营、管理和服务水平，培育一批网络化、智能化、精细化的现代"种养加"生态农业新模式，形成示范带动效应，加快完善新型农业生产经营体系，培育多样化农业互联网管理服务模式，逐步建立农副产品、农资质量安全追溯体系，促进农业现代化水平明显提升。

(四)"互联网＋"智慧能源

通过互联网促进能源系统扁平化，推进能源生产与消费模式革命，提高能源利用效率，推动节能减排。加强分布式能源网络建设，提高可再生能源占比，促进能源利用结构优化。加快发电设施、用电设施和电网智能化改造，提高电力系统的安全性、稳定性和可靠性。

(五)"互联网＋"普惠金融

促进互联网金融健康发展，全面提升互联网金融服务能力和普惠水平，鼓励互联网与银行、证券、保险、基金的融合创新，为大众提供丰富、安全、便捷的金融产品和服务，更好满足不同层次实体经济的投融资需求,培育一批具有行业影响力的互联网金融创新型企业。

(六)"互联网＋"益民服务

充分发挥互联网的高效、便捷优势,提高资源利用效率,降低服务消费成本。大力发展以互联网为载体、线上线下互动的新兴消费,加快发展基于互联网的医疗、健康、养老、教育、旅游、社会保障等新兴服务,创新政府服务模式,提升政府科学决策能力和管理水平。

(七)"互联网＋"高效物流

加快建设跨行业、跨区域的物流信息服务平台,提高物流供需信息对接和使用效率。鼓励大数据、云计算在物流领域的应用,建设智能仓储体系,优化物流运作流程,提升物流仓储的自动化、智能化水平和运转效率,降低物流成本。

(八)"互联网＋"电子商务

巩固和增强我国电子商务发展领先优势,大力发展农村电商、行业电商和跨境电商,进一步扩大电子商务发展空间。电子商务与其他产业的融合不断深化,网络化生产、流通、消费更加普及,标准规范、公共服务等支撑环境基本完善。

(九)"互联网＋"便捷交通

加快互联网与交通运输领域的深度融合,通过基础设施、运输工具、运行信息等互联网化,推进基于互联网平台的便捷化交通运输服务发展,显著提高交通运输资源利用效率和管理精细化水平,全面提升交通运输行业服务品质和科学治理能力。

(十)"互联网＋"绿色生态

推动互联网与生态文明建设深度融合,完善污染物监测及信息发布系统,形成覆盖主要生态要素的资源环境承载能力动态监测网络,实现生态环境数据互联互通和开放共享。充分发挥互联网在逆向物流回收体系中的平台作用,促进再生资源交易利用便捷化、互动化、透明化,促进生产生活方式绿色化。

(十一)"互联网＋"人工智能

依托互联网平台提供人工智能公共创新服务,加快人工智能核心技术突破,促进人工智能在智能家居、智能终端、智能汽车、机器人等领域的推广应用,培育若干引领全球人工智能发展的骨干企业和创新团队,形成创新活跃、开放合作、协同发展的产业生态。

实践拓展

"拼多多"的成功

黄峥在 2015 年创立拼多多，灵感来自他对农村市场和消费者需求的深入观察。与此同时，他对社交媒体的广泛使用也使得拼团购物的想法应运而生。

拼多多在 2015 年 9 月正式上线，其初衷是让消费者通过拼团的方式，以更低的价格购买到商品。2016—2017 年，拼多多推出了"拼团"功能，用户可以通过邀请朋友一起购买，以实现更低的价格。这种模式非常贴合中国用户的社交习惯，迅速吸引了大量用户。2018 年 7 月，拼多多在美国纳斯达克成功上市，一跃成为中国第三大电商平台。上市后，拼多多的市值迅速飙升，引起了市场的广泛关注。2019 年至今，拼多多不断探索新的发展模式，比如直播电商、农产品电商等，进一步拓宽业务范围，取得了重大成绩。

【思考】

1. 拼多多为何能在短短 9 年时间中受到客户的青睐？为什么能够成功上市？
2. 拼多多的成功对你有什么启发？

附　录

附录 1　MBTI 职业性格测试

　　霍兰德职业兴趣测验能帮助我们发现并确定自己的职业兴趣和能力专长,从而科学地做出求职择业的决定。该测验共分为四个部分:

　　列出自己心理理想的职业。

　　(1) 选择感兴趣的活动、擅长的活动、爱好的职业并进行能力自评。

　　(2) 按六种类型的几个方面得分由高到低取三种类型构成"三字母职业码"。

　　(3) 对照职业表(包括 1335 种职业),每种职业都标有职业码和所要求的教育水平。受测者可根据自己的职业代码寻找适合自己的职业。

【生涯练习】

降落兴趣岛

　　下面,我们就按照上面所介绍的霍兰德职业兴趣测验四步骤渐次展开自我测评吧!

第一部分:列出心中的理想职业

　　对未来的职业早考虑,职业既可以抽象,也可以具体。无论哪种情况,需要把三种最想做的工作或者最想学的专业按照顺序写下来。

1.	2.	3.

第二部分:选择感兴趣的活动、擅长的活动、喜欢的职业并进行能力自评

　　下面列举了若干种活动、职业,请就这些活动、职业判断你的好恶。喜欢的计 1 分,不喜欢的计 0 分,最后统计喜欢的活动的总分。

	R型	I型	A型	S型	E型	C型
	机械操作能力	科学研究能力	艺术创造能力	解释表达能力	商业洽谈能力	事务执行能力
表A	7	7	7	7	7	7
	6	6	6	6	6	6
	5	5	5	5	5	5
	4	4	4	4	4	4
	3	3	3	3	3	3
	2	2	2	2	2	2
	1	1	1	1	1	1
	R型	I型	A型	S型	E型	C型
	体育技能	数学技能	音乐技能	交际技能	领导技能	办公技能
表B	7	7	7	7	7	7
	6	6	6	6	6	6
	5	5	5	5	5	5
	4	4	4	4	4	4
	3	3	3	3	3	3
	2	2	2	2	2	2
	1	1	1	1	1	1
总分						

第三部分:确定你的职业倾向

将感兴趣的活动、擅长的活动、喜欢的职业以及能力自评的全部测验分数按照六种职业倾向填入下表,并作纵向累加。

测试内容	R型 现实型	I型 研究型	A型 艺术型	S型 社会型	E型 企业型	C型 常规型
感兴趣的活动						
擅长的活动						
喜欢的职业						
能力自评						
总 分						

请将上表中的六种职业倾向总分数按大小顺序依次从左到右排列:

其中,得分最高的三个职业兴趣代号组合是:

得分最低的三个职业兴趣代号组合是：

第四部分：寻找相应职业

根据测验得分，将测验得分居第一位的职业类型找出来，对照职业索引（附录），判断适合自己的职业类型。

如果采用三个代号组合的职业兴趣代号，应首先根据测验得分，选择得分最高的三个职业兴趣代号组合，然后根据职业兴趣代号在职业对照表中找出相应的职业。

例如，如果你的职业兴趣代码号是 RAI，那么手工雕刻者、玻璃雕刻者、手工绣花者等就是适合你的兴趣的职业。此外，这三个字母组成的其他编号如 RIA、IAR、IRA 相对应的职业也会比较适合你的兴趣。相反，得分最低的三个职业兴趣代号组合所对应的职业则相对不适合你的兴趣。

附录：霍兰德职业索引

R（现实型）：木匠、农民、操作 X 光的技师、工程师、飞机机械师、鱼类和野生动物专家、自动化技师、机械工（车工、钳工等）、电工、无线电报务员、火车司机、长途公共汽车司机、机械制图员、修理机器或修理电器师。

I（研究型）：气象学者、生物学者、天文学家、药剂师、动物学者、化学家、科学报刊编辑、地质学者、植物学者、物理学者、数学家、实验员、科研人员、科普作家。

A（艺术型）：室内装饰专家、图书管理专家、摄影师、音乐教师、作家、演员、记者、诗人、作曲家、编剧、雕刻家、漫画家。

S（社会型）：社会学者、导游、福利机构工作者、咨询人员、社会工作者、社会科学教师、学校领导、精神病工作者、公共保健护士。

E（企业型）：推销员、进货员、商品批发员、旅馆经理、饭店经理、广告宣传员、调度员、律师、政治家、零售商。

C（常规型）：记账员、会计、银行出纳、法庭速记员、成本估算员、税务员、核算员、打字员、办公室职员、统计员、计算机操作员、秘书。

RIA：牙医、陶工、建筑设计员、模型工、细木工、链条制作操作工。

RIS：厨师、林务员、跳水员、潜水员、染色员、电器修理、眼镜制作、电工、纺织机器装配工、服务员、装玻璃工人、发电厂工人、焊接工。

RIE：建筑和桥梁工程、环境工程、航空工程、公路工程、电力工程、信号工程、电话工程、一般机械工程、自动工程、矿业工程、海洋工程、交通工程技术人员，制图员，家政经济人员，计量员，农民，农场工人，农业机械操作，清洁工，无线电修理、汽车修理、手表修理人员，管工，线路装配工，工具仓库管理员。

RIC：船上工作人员、接待员、杂志保管员、牙医助手、制帽工、机器制造人员、机车（火车头）制造人员、农业机器装配工、汽车装配工、缝纫机装配工、钟表装配和检验师、电动器具装配工、鞋匠、锁匠、货物检验员、电梯机修工、托儿所所长、钢琴调音员、装配工、印刷工、建筑钢铁工作人员、卡车司机。

RAI：手工雕刻者、玻璃雕刻者、制作模型人员、家具木工、制作皮革品者、手工绣花者、手工钩针纺织者、排字工作人员、印刷工作人员、图画雕刻人员、装订工。

RSE：消防员、交通巡警、警察、门卫、理发师、房间清洁工、屠夫、锻工、开凿工人、管道安装工、出租汽车驾驶员、货物搬运工、送报员、勘探员、娱乐场所的服务员、起卸机操作工、灭害虫者、电梯操作工、厨房助手。

RSI：纺织工、编织工、农业学校教师、某些职业课程（诸如艺术、商业、技术、工艺课程）教师、雨衣上胶工。

REC：抄水表员、保姆、实验室动物饲养员、动物管理员。

REI：轮船船长、航海领航员、大副、试管实验员。

RES：旅馆服务员、家畜饲养员、渔民、渔网修补工、水手长、收割机操作工、搬运行李工人、公园服务员、救生员、登山导游、火车工程技术员、建筑工作、铺轨工人。

RCI：测量员、勘测员、仪表操作者、农业工程技术、化学工程技师、民用工程技师、石油工程技师、资料室管理员、探矿工、煅烧工、烧窑工、矿工、保养工、磨床工、取样工、样品检验员、纺纱工、炮手、漂洗工、电焊工、锯木工、刨床工、制帽工、手工缝纫工、油漆工、染色工、按摩工、木匠、农民建筑工作、电影放映员、勘测员助手。

RCS：公共汽车驾驶员、一等水手、游泳池服务员、裁缝、建筑工人、石匠、烟囱修建工、混凝土工、电话修理工、爆炸手、邮递员、矿工、裱糊工人、纺纱工。

RCE：打井工、吊车驾驶员、农场工人、邮件分类员、铲车司机、拖拉机司机。

IAS：普通经济学家、农场经济学家、财政经济学家、国际贸易经济学家、实验心理学家、工程心理学家、心理学家、哲学家、内科医生、数学家。

IAR：人类学家、天文学家、化学家、物理学家、医学病理、动物标本制作、化石修复者、艺术品管理者。

ISE：营养学家、饮食顾问、火灾检查员、邮政服务检查员。

ISC：侦察员、电视播音室修理员、电视修理服务员、法医、编目录者、医学鉴定师、调查研究者。

ISR：水生生物学者、昆虫学者、微生物学家、配镜师、矫正视力者、细菌学家、牙科医生、骨科医生。

ISA：实验心理学家、普通心理学家、发展心理学家、教育心理学家、社会心理学家、临床心理学家、目标学家、皮肤病专家、精神病专家、妇产科医师、眼科医生、五官科医生、医学实验室技术专家、民航医务人员、护士。

IES：细菌学家、生理学家、化学专家、地质专家、地理物理学专家、纺织技术专家、医院药剂师、工业药剂师、药房营业员。

IEC：档案保管员、保险统计员。

ICR：质量检验技术员、地质学技师、工程师、法官、图书馆技术辅导员、计算机操作员、医院听诊员、家禽检查员。

IRA：地理学家、地质学家、声学物理学家、矿物学家、古生物学家、石油学家、地震学家、声学物理学家、原子和分子物理学家、电学和磁学物理学家、气象学家、设计审核员、人口统计学家、数学统计学家、外科医生、城市规划家、气象员。

IRS：流体物理学家、物理海洋学家、等离子体物理学家、农业科学家、动物学家、食品科学家、园艺学家、植物学家、细菌学家、解剖学家、动物病理学家、作物病理学家、药物学家、生物化学家、生物物理学家、细胞生物学家、临床化学家、遗传学家、分子生物学家、质量控制工程师、地理学家、兽医、放射性治疗技师。

IRE:化验员、化学工程师、纺织工程师、食品技师、渔业技术专家、材料和测试工程师、电气工程师、土木工程师、航空工程师、行政官员、冶金专家、原子核工程师、陶瓷工程师、地质工程师、电力工程师、口腔科医生、牙科医生。

IRC:飞机领航员、飞行员、物理实验室技师、文献检查员、农业技术专家、动植物技术专家、生物技师、油管检查员、工商业规划者、矿藏安全检查员、纺织品检验员、照相机修理者、工程技术员、计算机程序员、工具设计者、仪器维修工。

CRI:簿记员、会计、记时员、铸造机操作工、打字员、按键操作工、复印机操作工。

CRS:仓库保管员、档案管理员、缝纫工、讲述员、收款人。

CRE:标价员、实验室工作者、广告管理员、自动打字机操作员、电动机装配工、缝纫机操作工。

CIS:记账员、顾客服务员、报刊发行员、土地测量员、保险公司职员、会计师、估价员、邮政检查员、外贸检查员。

CIE:打字员、统计员、支票记录员、订货员、校对员、办公室工作人员。

CIR:校对员、工程职员、海底电报员、检修计划员、发报员。

CSE:接待员、通讯员、电话接线员、卖票员、旅馆服务员、私人职员、商学教师、旅游办事员。

CSR:运货代理商、铁路职员、交通检查员、办公室通信员、簿记员、出纳员、银行财务职员。

CSA:秘书、图书管理员、办公室办事员。

CER:邮递员、数据处理员、办公室办事员。

CEI:推销员、经济分析家。

CES:银行会计、记账员、法人秘书、速记员、法院报告人。

ECI:银行行长、审计员、信用管理员、地产管理员、商业管理员。

ECS:信用办事员、保险人员、各类进货员、海关服务经理、售货员、购买员、会计。

ERI:建筑物管理员、工业工程师、农场管理员、护士长、农业经营管理人员。

ERS:仓库管理员、房屋管理员、货栈监督管理员。

ERC:邮政局长、渔船船长、机械操作领班、木工领班、瓦工领班、驾驶员领班。

EIR:科学、技术和有关周期出版物的管理员。

EIC:专利代理人、鉴定人、运输服务检查员、安全检查员、废品收购人员。

EIS:警官、侦察员、交通检验员、安全咨询员、合同管理者、商人。

EAS:法官、律师、公证人。

EAR:展览室管理员、舞台管理员、播音员、驯兽员。

ESC:理发师、裁判员、政府行政管理员、财政管理员、工程预算管理员、职业病防治人员、售货员、商业经理、办公室主任、人事负责人、调度员。

ESR:家具售货员、书店售货员、公共汽车的驾驶员、日用品售货员、护士长、自然科学和工程的行政领导。

ESI：博物馆管理员、图书馆管理员、古迹管理员、饮食业经理、地区安全服务管理员、技术服务咨询者、超级市场管理员、零售商品店店员、批发商、出租汽车服务站调度。

ESA：博物馆馆长、报刊管理员、音乐器材售货员、广告商售画营业员、导游、（轮船或班机上的）事务长、飞机上的服务员、船员、法官、律师。

ASE：戏剧导演、舞蹈教师、广告撰稿人、报刊专栏作者、记者、演员、英语翻译。

ASI：音乐教师、乐器教师、美术教师、管弦乐指挥、合唱队指挥、歌星、演奏家、哲学家、作家、广告经理、时装模特。

AER：新闻摄影师、电视摄影师、艺术指导、录音指导、丑角演员、魔术师、木偶戏演员、骑士、跳水员。

AEI：音乐指挥、舞台指导、电影导演。

AES：流行歌手、舞蹈演员、电影导演、广播节目主持人、舞蹈教师、口技表演者、喜剧演员、模特。

AIS：画家、剧作家、编辑、评论家、时装艺术大师、新闻摄影师、男演员、文学作者。

AIE：花匠、皮衣设计师、工业产品设计师、剪影艺术家、复制雕刻品大师。

AIR：建筑师、画家、摄影师、绘图员、环境美化工、雕刻家、包装设计师、陶器设计师、绣花工、漫画工。

SEC：社会活动家、退伍军人服务官员、工商会事务代表、教育咨询者、宿舍管理员、旅馆经理、饮食服务管理员。

SER：体育教练、游泳指导。

SEI：大学校长、学院院长、医院行政管理员、历史学家、家政经济学家、职业学校教师、资料员。

SEA：娱乐活动管理员、国外服务办事员、社会服务助理、一般咨询者、宗教教育工作者。

SCE：部长助理、福利机构职员、生产协调人、环境卫生管理人员、戏院经理、餐馆经理、售票员。

SRI：外科医师助手、医院服务员。

SRE：体育教师、职业病治疗者、体育教练、专业运动员、房管员、儿童家庭教师、警察、引座员、传达员、保姆。

SRC：护理员、护理助理、医院勤杂工、理发师、学校儿童服务人员。

SIA：社会学家、心理咨询者、学校心理学家、政治科学家、大学或学院的系主任、大学或学院的教育学教师、大学农业教师、大学工程和建筑课程的教师、大学法律教师、大学数学、医学、物理、社会科学和生命科学的教师、研究生助教、成人教育教师。

SIE：营养学家、饮食学家、海关检查员、安全检查员、税务稽查员、校长。

SIC：描图员、兽医助手、诊所助理、体检检查员、监督缓刑犯的工作者、娱乐指导者、咨询人员、社会科学教师。

SIR：理疗员、救护队工作人员、手足病医生、职业病治疗助手。

附录 2　菲尔人格测试

这个测试是菲尔博士在著名主持人欧普拉的节目里做的,国际上称为"菲尔人格测试",这已经成为很多大公司人事部门实际用人的"试金石"。

一、菲尔测试题

1. 你何时感觉最好

A. 早晨　　　　　　　　B. 下午及傍晚　　　　　C. 夜里

2. 你走路时是

A. 大步地快走　　　　　B. 小步地快走　　　　　C. 不快,仰着头面对着世界

D. 不快,低着头　　　　E. 很慢

3. 和人说话时,你

A. 手臂交叠站着　　　　B. 双手紧握着　　　　　C. 一只手或两手放在臀部

D. 碰着或推着与你说话的人　　　E. 玩着你的耳朵、摸着你的下巴或用手整理头发

4. 坐着休息时,你的

A. 两膝盖并拢　　　　　B. 两腿交叉　　　　　　C. 两腿伸直

D. 一腿蜷在身下

5. 碰到你感到发笑的事时,你的反应是

A. 一个欣赏的大笑　　　B. 笑着,但不大声　　　C. 轻声地咯咯地笑

D. 羞怯地微笑

6. 当你去一个派对或社交场合时,你

A. 很大声地入场以引起注意　　　B. 安静地入场,找你认识的人

C. 非常安静地入场,尽量保持不被注意

7. 当你非常专心工作时,有人打断你,你会

A. 欢迎他　　　　　　　B. 感到非常恼怒　　　　C. 在上述两极端之间

8. 下列颜色中,你最喜欢哪一种颜色

A. 红或橘色　　　　　　B. 黑色　　　　　　　　C. 黄色或浅蓝色

D. 绿色　　　　　　　　E. 深蓝色或紫色　　　　F. 白色

G. 棕色或灰色

9. 临入睡的前几分钟,你在床上的姿势是

A. 仰躺,伸直　　　　　B. 俯躺,伸直

C. 侧躺,微蜷　　　　　D. 头睡在一手臂上

E. 被子盖过头

10. 你经常梦到自己在

A. 落下　　　　　　　　B. 打架或挣扎　　　　　C. 找东西或人

D. 飞或漂浮　　　　　　E. 你平常不做梦　　　　F. 你的梦都是愉快的

二、菲尔测试题得分标准（经过上述十项测试后，再将所有分数相加）

1. A2B4C6　　　　　　　2. A6B4C7D2E1
3. A4B2C5D7E6　　　　　4. A4B6C2D1
5. A6B4C3D5　　　　　　6. A6B4C2
7. A6B2C4　　　　　　　8. A6B7C5D4E3F2G1
9. A7B6C4D2E1　　　　　10. A4B2C3D5E6F1

三、说明

低于 21 分：内向的悲观者。

你是一个害羞的、神经质的、优柔寡断的人，永远要别人为你做决定。你是一个杞人忧天者，有些人认为你令人乏味，只有那些深知你的人知道你不是这样。

21 分到 30 分：缺乏信心的挑剔者。

你勤勉、刻苦、挑剔，是一个谨慎小心的人。如果你做任何冲动的事或无准备的事，朋友们都会大吃一惊。

31 分到 40 分：以牙还牙的自我保护者。

你是一个明智、谨慎、注重实效的人，也是一个伶俐、有天赋、有才干且谦虚的人。你不容易很快和人成为朋友，却是一个对朋友非常忠诚的人，同时要求朋友对你也忠诚。要动摇你对朋友的信任很难，同样，一旦这种信任被破坏，也就很难恢复。

41 分到 50 分：平衡的中道者。

你是一个有活力、有魅力、讲究实际，而且永远有趣的人。你经常是群众注意力的焦点，但你是一个足够平衡的人，不至于因此而昏了头。你亲切、和蔼、体贴、宽容，是一个永远会使人高兴、乐于助人的人。

51 分到 60 分：吸引人的冒险家。

你是一个令人兴奋、活泼、易冲动的人，是一个天生的领袖，能够迅速做出决定，虽然你的决定不总是对的。你是一个愿意尝试机会、欣赏冒险的人，周围人喜欢跟你在一起。

60 分以上：傲慢的孤独者。

你是自负的自我中心主义者，是个有极端支配欲、统治欲的人。别人可能钦佩你，但不会永远相信你。

附录 3　学习动机测试

一、学习动机测试

本测验每一道题都有 3 个可供选择的答案 a，b，c，请仔细阅读每道题，选出你认为最符合实际情况的答案。难以决定时，请选出与你较接近的答案。

（1）你是否想在学习上成为班级第一名？

a. 不想　　　　　　b. 有时想　　　　　　c. 经常想

（2）你考试获得好成绩时，是否想得到老师表扬？

a. 经常想 　　　　　b. 有时想 　　　　　c. 不想

（3）你是否认为，学习上碰到不懂的地方，只要努力钻研一定会弄明白的？

a. 不认为 　　　　　b. 有时认为 　　　　　c. 经常认为

（4）你是否想在和同学的学习竞赛中获胜？

a. 经常想 　　　　　b. 有时想 　　　　　c. 不想

（5）你是否认为，只要用功学习成绩就会有所提高？

a. 不认为 　　　　　b. 有时认为 　　　　　c. 经常认为

（6）你是否认为，只要努力学习，即使不喜欢的功课也会变得有兴趣？

a. 经常认为 　　　　　b. 有时认为 　　　　　c. 不认为

（7）你在专心学习的时候，是否对周围发生的事不在意？

a. 不在意 　　　　　b. 有时在意 　　　　　c. 经常在意

（8）你是否认为，平时好好学习，考试时就会得到好成绩？

a. 经常认为 　　　　　b. 有时认为 　　　　　c. 不认为

（9）你是否认为，在测验和考试期间，可以不参加运动和游戏？

a. 不认为 　　　　　b. 有时认为 　　　　　c. 经常认为

（10）你是否认为，学习紧张的时候，可以不和同学玩？

a. 经常认为 　　　　　b. 有时认为 　　　　　c. 不认为

（11）你是否在疲劳的时候，还想再查看一遍已经做完的功课？

a. 不想 　　　　　b. 有时想 　　　　　c. 经常想

（12）你是否想在平时学习好功课，以便能随时回答老师的提问？

a. 经常想 　　　　　b. 有时想 　　　　　c. 不想

以上各题，凡奇数题1,3,5,7,9,11，选a得1分，选b得2分，选c得3分；凡偶数题2,4,6,8,10,12，选a得3分，选b得2分，选c得1分。各题得分相加得测验总分。

总分为12～21分：学习动机较弱。

总分为22～27分：学习动机中等。

总分为28～36分：学习动机较强。

中等强度的学习动机最有利于学习，也最有利于心理健康，动机过弱或过强都可能导致心理困扰。

附录4　学生学习时间管理自测量表

请根据自己在日常学习与生活中对待时间的方式和态度，选择最适合你的一种答案。

（1）星期天，你早晨醒来时发现外面正下雨，而且天气阴沉，你会做什么？（　　　）

A. 接着再睡 　　　　　B. 仍在床上逗留 　　　　　C. 按照一贯的生活规律

（2）吃完早饭后，在上课之前，你还有一段自由时间，你怎样利用？（　　　）

A. 无所事事，根本没有考虑学习点什么，不知不觉地过去了。

B. 准备学点什么，但又不知道学什么好。

C. 按照预先订好的学习计划进行,充分利用这段自由时间。

(3) 除每天上课外,对所学的各门课程,在课余时间里怎样安排?(　　)

A. 没有什么计划,高兴学什么就学什么。

B. 按照自己最大能量安排复习、作业、预习,并紧张地学习。

C. 按照当天所学的课程和明天要学的内容制定计划,严格有序地学习。

(4) 你每天晚上怎样安排第二天的学习时间?(　　)

A. 不考虑。

B. 心中和口头做些安排。

C. 书面写出第二天的学习安排计划。

(5) 我为自己拟定了"每天学习计划表",并严格执行。(　　)

A. 很少如此　　　　　　B. 有时如此　　　　　　C. 经常如此

(6) 我每天的时间表有一定的灵活性,以使自己拥有一些时间去应付预想不到的事情。(　　)

A. 很少如此　　　　　　B. 有时如此　　　　　　C. 经常如此

(7) 当你发现自己近来浪费时间比较严重时,你有何感受?(　　)

A. 无所谓　　　　　　B. 感到痛心　　　　　　C. 感到应该从现在起尽量抓紧时间

(8) 当你学习忙得不可开交而感到有点力不从心时,你怎样处理?(　　)

A. 开始有些泄气,认为自己脑子笨,自暴自弃。

B. 有干劲,有用不完的精力,但又感到时间太少,仍然拼命学习。

C. 开始分析检查自己的学习时间分配是否合理,找出合理安排学习时间的方法,在有限的时间里提高学习效率。

(9) 在学习时,常常被人干扰打断,你怎么办?(　　)

A. 听之任之　　　　　　B. 抱怨,但毫无办法　　　　C. 采取措施防止外界干扰

(10) 当你学习效率不高时,你怎么办?(　　)

A. 强打精神,坚持学习。

B. 休息一下,活动活动,轻松轻松,以利再战。

C. 把学习停下来,转换一下兴奋中心,待效率最佳时,再提高效率地学习。

(11) 阅读课外书籍,怎样进行?(　　)

A. 无明确目的,见什么看什么,并常读出声来。

B. 能一面阅读一面选择。

C. 有明确目的地进行阅读,运用快速阅读法,加强自己的阅读能力。

(12) 你喜欢什么样的生活?(　　)

A. 按部就班,平静如水。

B. 急急忙忙,精神紧张的生活。

C. 轻松愉快,节奏明显的生活。

(13) 你的手表或书房的闹钟处于什么状态?(　　)

A. 常常慢　　　　　　B. 比较准确　　　　　　C. 常常快

(14) 你的书桌井然有序吗?(　　)

A. 很少如此　　　　B. 偶尔如此　　　　C. 常常如此

（15）你经常反省自己处理时间的方法吗？（　　　）

A. 很少如此　　　　B. 偶尔如此　　　　C. 常常如此

选择 A：1 分；B：2 分；C：3 分。

35～45 分：有很强的时间管理能力。在时间管理上，你是一个成功者，不仅时间观念强，而且还能有目的、有计划、合理有效地安排学习和生活时间，时间利用率高，学习效果良好。

25～34 分：较善于对时间进行自我管理，时间管理能力较强，有较强的时间观念，但是在时间的安排和使用方法上还有待进一步提高。

15～24 分：时间管理能力一般，在时间的安排和使用上缺乏明确的目的性，计划性也较差，时间观念淡薄。

14 分以下：不善于时间管理，时间自我管理的能力很差，在时间的自我管理上是一个失败者，不仅时间观念淡薄，而且也不能合理地安排和支配自己的学习、生活时间。你需要好好地训练自己，逐步掌握时间管理的技巧。

附录 5　创业能力测评

一、测试描述

每题有"无""偶尔""有时""经常""一直是"5 个选项，请根据你的实际情况做出选择。

1. 我不喜欢人云亦云。
2. 我对很多事情喜欢问为什么。
3. 我的思维常常无拘无束，没有框框。
4. 我能摆脱习惯思维的束缚。
5. 我常从别人的谈话和书本中发现问题。
6. 我头脑灵活，能见机行事。
7. 我的想象力丰富。
8. 我想的主意与众不同。
9. 我相信书本里也有不正确、不完善的地方。
10. 我勇于提出新想法、新建议。
11. 我观察事物敏感。
12. 我做事用一些与众不同的方法。
13. 我头脑中记住的东西到需要用的时候能很快地回忆出来。
14. 我的求知欲望强。
15. 我不迷信权威。
16. 我从我的新想法中获得乐趣。
17. 我看重学习（或事业）的成功。
18. 我的联想能力强。

19. 我给自己安排了远大的目标。

20. 我喜欢幻想。

二、结果和分析

计分方法："无"计 1 分，"偶尔"计 2 分，"有时"计 3 分，"经常"计 4 分，"一直是"计 5 分。20 道题得分相加即为总得分。

总分在 80 分以上，说明创新能力水平程度高。

总分在 70～79 分，说明创新能力水平程度中等偏高。

总分在 60～69 分，说明创新能力水平程度中等偏低。

总分在 60 分以下，说明创新能力水平程度低。

附录 6　评估自己的智能结构

针对左侧的问题，请根据自己的实际情况，选择与自己最符合的选项。请注意，本份测试不记名、无对错，请根据自己的实际情况如实填写。

选项说明：

A 表示"不符合自己情况"；

B 表示"部分符合自己情况"；

C 表示"基本符合自己情况"；

D 表示"非常符合自己情况"。

题　目	选项
1. 我喜欢将难题分解成几个简单的问题再逐一解决	A B C D
2. 我善于讲故事或编写难以置信的故事	A B C D
3. 我认为自己独立性强，不依赖他人	A B C D
4. 我属于那类消息灵通人士	A B C D
5. 我善于协调各部分身体动作（例如：跳舞、演戏、体操）	A B C D
6. 我喜欢吹口哨、唱歌、唱游活动	A B C D
7. 我喜欢在课上或课外做实验	A B C D
8. 我喜爱阅读地图，观看一些设计图纸及含图像作品	A B C D
9. 在看或听故事时，我通常会按故事的情节猜想结局，而且猜中率很高	A B C D
10. 当我不太清楚别人表达的意思时，我会用自己的语言复述去确认	A B C D
11. 我会检讨自己做事成功或失败的经验，使下次做事更为顺利	A B C D
12. 我具有团队精神，既尽责又努力奉献	A B C D
13. 我相信一切事情都会有合理的解释	A B C D
14. 我可以充分地倾听别人的说话	A B C D

题　目	选项
15. 我喜欢棋类游戏	A B C D
16. 我善于模仿他人的动作、言谈举止	A B C D
17. 如果有机会，我会去参加乐队或合唱团	A B C D
18. 我喜欢提问，探究事情发生的原因	A B C D
19. 我能很轻松地想象一个立体事物的样子	A B C D
20. 我喜欢将事物的一些信息用表格统计列出	A B C D
21. 我喜欢用自己的语言去复述老师讲过的知识	A B C D
22. 我能理性地对待别人对自己的批评	A B C D
23. 我守秩序、懂得等待	A B C D
24. 我记得最清楚的事物是自己做过的，而不是曾经说过或看过的	A B C D
25. 我会弹奏一种或多种乐器	A B C D
26. 我喜欢用仪器来探究自然世界（例如：使用望远镜、放大镜、显微镜）	A B C D
27. 我对色彩很敏感（例如：很容易分辨不同深浅程度的红色）	A B C D
28. 我喜欢将知识点建立框架，以便查遗补漏	A B C D
29. 我认为自己的记忆力很好	A B C D
30. 在亲属、同学、朋友等人群中，我很清楚自己的地位和角色	A B C D
31. 我喜欢与他人交往，有很多朋友	A B C D
32. 我喜爱通过身体感觉（例如：用手触摸）	A B C D
33. 我喜欢听音乐	A B C D
34. 到户外活动，会留心观察自然景物，喜好发问、思考	A B C D
35. 我空间感不错，立体几何可以学得不错	A B C D
36. 我懂得估算或进行快速心算	A B C D
37. 我喜欢朗读课文和听讲故事	A B C D
38. 我一般从收音机或录音获得的信息比从电视或电影中获得多	A B C D
39. 我能客观评价自己，知道自己的优缺点	A B C D
40. 我喜欢参加一些团体活动（例如：排球、篮球或足球等）	A B C D
41. 我喜爱动手细致地完成手工艺作品（例如：缝纫、编织、雕刻、木工或做模型）	A B C D
42. 我能随音乐的节奏，用动作来表达自己的情绪或想法	A B C D
43. 我对自然景物有很大的兴趣	A B C D
44. 我喜欢用图表来解释说明观点	A B C D
45. 我喜欢把事物进行分类或分层次	A B C D
46. 我能准确地拼写单词	A B C D

题　目	选项
47. 我很清楚自己的个性和追求	A B C D
48. 我懂得关心、体谅和帮助别人	A B C D
49. 我喜爱惊险娱乐的活动或身体刺激游戏	A B C D
50. 我知道很多歌曲或乐曲的旋律	A B C D
51. 我喜欢把事物加以对比，找到它们的相同点和不同点	A B C D
52. 学习一些知识点时，我喜欢字斟句酌地去把握关键语句	A B C D
53. 面对团体的压力，我也能坚持自认为正确的意见	A B C D
54. 在往返学校的路上，我喜欢观察周围的景物，并且注意其不同的变化	A B C D
55. 我喜爱堆积木或砌模型等想象类游戏	A B C D
56. 我喜欢在解题的时候多想出几种解题方法	A B C D
57. 我很容易明白别人的指示、谈话内容及其言外之意	A B C D
58. 我会自觉地朝自己的目标努力，不需要外部的奖惩或约束来督促	A B C D
59. 我乐意接纳别人的意见	A B C D
60. 我很难做到长时间坐着不动	A B C D
61. 听着音乐做事，我会感到愉悦并能提高效率	A B C D
62. 当看到一个新的东西时，我总喜欢看它的反面是什么样子的	A B C D
63. 我能意识到自己情绪的变化	A B C D
64. 我喜爱讨论、辩论等应用语言文字的活动	A B C D
65. 我遇到做不出的题目时，会根据答案解析找到其中的规律，从而帮助自己以后解决类似的问题	A B C D
66. 我喜欢教其他人如何做某件事情	A B C D
67. 我喜爱体育活动和身体动作游戏	A B C D
68. 我喜欢将学过的知识进行总结归类，以便后期的复习	A B C D
69. 我在交流时常常引用看过或听过的资讯	A B C D
70. 当遇到问题时，我愿意寻求别人的帮助	A B C D
71. 我喜欢用思维导图（类似树状图、板书）的方式进行学习	A B C D
72. 我画画的水平不错	A B C D
73. 我喜欢按照逻辑去找事物的起因	A B C D
74. 我能辨别出别人唱歌走调	A B C D
75. 我一般能在陌生的地方找到路	A B C D
76. 我擅长玩数字游戏（例如：抽扑克牌算 24 点）	A B C D

　　回答完上表后,请对照以上选项,A 记为 1 分,B 记为 2 分,C 记为 3 分,D 记为 4 分,请在以下题号后记录下你每道题的得分,并将每个智能模块中对应的所有题目得分进行汇总,并填写到最右侧"总分"栏中。

智能	选项	得分	选项	得分	选项	得分	选项	得分	选项	得分	总分
语言智能	2		10		14		21		29		
	37		38		46		52		57		
	64		69								
数理智能	1		9		13		15		20		
	28		36		45		51		56		
	62		65		68		71		73		
	76										
空间智能	8		19		27		35		44		
	55		72		75						
身体智能	5		16		24		32		41		
	49		60		67						
音乐智能	6		17		25		33		42		
	50		61		74						
人际智能	4		12		23		31		40		
	48		59		66		70				
自然智能	7		18		26		34		43		
	54										
内省智能	3		11		22		30		39		
	47		53		58		63				

　　根据中国学生的能力普查结果,下表中列出了以上 8 种智能的强弱程度对应的分值标准。

智能	弱	偏弱	一般	偏强	强
语言智能	总分≤20	21≤总分≤29	30≤总分≤35	36≤总分≤42	43≤总分≤48
数理智能	总分≤28	29≤总分≤40	41≤总分≤46	47≤总分≤56	57≤总分≤64
空间智能	总分≤12	13≤总分≤19	20≤总分≤24	25≤总分≤28	29≤总分≤32
身体智能	总分≤14	15≤总分≤20	21≤总分≤24	25≤总分≤29	30≤总分≤32
音乐智能	总分≤14 分	15≤总分≤20	21≤总分≤25	26≤总分≤29	30≤总分≤32
人际智能	总分≤14 分	15≤总分≤21	22≤总分≤27	28≤总分≤32	33≤总分≤36
自然智能	总分≤10	11≤总分≤15	16≤总分≤18	19≤总分≤21	22≤总分≤24
内省智能	总分≤14	15≤总分≤21	22≤总分≤27	28≤总分≤32	33≤总分≤36

请对照上表，填写以下内容：

优势智能	属于"强"的智能	
	属于"较强"的智能	
	属于"一般"的智能	
弱势智能	属于"弱"的智能	
	属于"偏弱"的智能	

附录7　情商(EQ)测量

1. 与你的恋人或者爱人发生争吵后，你能在他面前掩饰你的沮丧。
　　　　　　　　　　　　　　　　　　　a. 同意　　b. 不同意
2. 当工作进行得不顺利时，你认为这是对未来的一个警告。　a. 同意　　b. 不同意
3. 在你最好的朋友开口说话以前，你就能分辨出他处于何种精神状态。
　　　　　　　　　　　　　　　　　　　a. 同意　　b. 不同意
4. 当你担忧某件事时，你在夜里几小时难以入睡。　a. 同意　　b. 不同意
5. 你认为大多数人必须更加努力而不要轻易放弃。　a. 同意　　b. 不同意
6. 与你最好的朋友告诉你一些好消息相比，你更容易受一部浪漫影片的感染。
　　　　　　　　　　　　　　　　　　　a. 同意　　b. 不同意
7. 当你的情况不妙时，你认为到了你该改变的时候了。　a. 同意　　b. 不同意
8. 经常想知道别人是怎样看待你的。　a. 同意　　b. 不同意
9. 你对自己几乎能使每个人高兴起来而感到自豪。　a. 同意　　b. 不同意
10. 厌烦讨价还价，尽管你知道讨价还价能使你少花20元钱。
　　　　　　　　　　　　　　　　　　　a. 同意　　b. 不同意
11. 你十分相信直率地说话，而且认为这样能使一切事情变得更容易。
　　　　　　　　　　　　　　　　　　　a. 同意　　b. 不同意
12. 尽管你知道自己是正确的，也会转移这一话题，而不愿来一场争论。
　　　　　　　　　　　　　　　　　　　a. 同意　　b. 不同意
13. 你在工作中做出一个决定后，会担心它是否正确。　a. 同意　　b. 不同意
14. 你不会担心环境的改变。　a. 同意　　b. 不同意
15. 你似乎是这样一个人：对于周末去干什么，你总是能够提出很有趣的设想。
　　　　　　　　　　　　　　　　　　　a. 同意　　b. 不同意
16. 假如你有一根魔棒的话，你将挥动它来改变你的外貌和个性。
　　　　　　　　　　　　　　　　　　　a. 同意　　b. 不同意
17. 不管你工作多么尽心尽力，你的老板似乎总是在催促你。　a. 同意　　b. 不同意
18. 你认为你的恋人或爱人对你寄予厚望。　a. 同意　　b. 不同意
19. 你认为一点小小压力不会伤害任何人。　a. 同意　　b. 不同意

20. 你会把任何事情都告诉你最好的朋友,即使是个人隐私。a. 同意　　b. 不同意

评定:同意记 1 分,不同意记 0 分

总分＝20 题的分数相加。

如果总分≥16,分析:你对你的能力很是自信和放心,因此,当处于强烈情感边缘时,你不会被击垮。即使在愤怒时,你也能进行有效地自我控制,保持彬彬有礼的君子风度。在控制你的情感方面,你是出类拔萃的,与他人相处得很融洽。但是,你太依赖社交技巧而忽视成功所需的其他重要因素,例如艰苦奋斗的作风和好的主意。

如果总分＜16 并且＞6,分析:你意识到自己和他人的情感,但有时忽视它们,不明白这对你的幸福是多么重要。你对下一步的提升和买一幢更漂亮的房子等诸如此类事情的关心支配着你的生活。然而,无论实际多少物质目标,你仍然感到不满足。试着去分析和理解你的情感,并且按照它去行动,你会更幸福。记住,人们可能压抑你,使你暂时消沉,但是,你总是能够从挫折中吸取教训,重新创造你的优势。

如果总分≤6,分析:你必须多一点对别人的关心,少关照自己。你喜欢打破社会常规,并且不会担心通过疏远别人来取得自己想得到的东西。你可能在短期内就会取得一定成果,但人们不久就将开始抱怨你。控制住你易冲动的天性,不是以粗暴的方式,而是试着去通过迎合他人来得到你所想要的一切。如果你得分不高,不要沮丧。你要学会去控制你的消极情感,充分利用你的积极情感。

主要参考文献

[1] 曲秀琴,聂爱林,刘巧芝. 职业发展与就业创业指导(配实践手册)[M]. 北京:高等教育出版社,2023.

[2] 龚永坚,吴芳珍. 大学生创业导航(第三版)[M]. 北京:高等教育出版社,2024.

[3] 王丽. 职业生涯规划(第三版)[M]. 北京:高等教育出版社,2023.

[4] 黄必义. 大学生职业发展与就业指导教程[M]. 北京:高等教育出版社,2024.

[5] 陈宇. 就业与创业指导(第二版)[M]. 北京:高等教育出版社,2024.

[6] 张元,孙定义. 职业生涯规划(第二版)[M]. 北京:高等教育出版社,2023.

[7] 戴艳,吴乐央. 大学生职业生涯规划(第四版)[M]. 北京:高等教育出版社,2023.

[8] 李怀康,梁美娜. 职业发展和就业创业指导(第二版)[M]. 北京:高等教育出版社,2023.

[9] 戴月波. 学涯 职涯 生涯:大学生职业生涯规划与就业指导[M]. 南京:南京大学出版社,2021.

[10] 鲁学军. 大学生职业生涯规划[M]. 南京:南京大学出版社,2020.

[11] 王敏弦,杨涵. 大学生创新创业教程:放飞梦想 扬帆起航[M]. 南京:南京大学出版社,2019.

[12] 鄢万春,吴玲. 大学生就业创业与职业发展指导[M]. 北京:科学出版社,2016.

[13] 李莉. 大学生就业指导实训教程[M]. 北京:北京理工大学出版社,2015.

[14] 赵建明. 大学生职业发展与就业指导[M]. 北京:电子工业出版社,2014.

[15] 杨东辉,刘春. 大学生就业指导与职业生涯规划[M]. 北京:中国建材工业出版社,2011.

[16] 赵世奎,文东茅. 三十年来高校毕业生就业制度变革的回顾与现行制度的分析[J]. 中国高教研究,2008(08):8-11.

[17] 杨冠华,李晓燕,杜金英. 大学生就业压力现状及其相关影响因素的调查分析[J]. 心理月刊,2024,19(5):220-222.